GUIDE TO MANUFACTURING
CROSS-BORDER INVESTMENT

中国制造业跨境投资导读

中国投资有限责任公司研究院　编写

人民出版社

丛书编委会

主　　编：彭　纯

副 主 编：居伟民　杨国中　屠光绍　刘　珺　沈如军
　　　　　郭向军　祁　斌　潘岳汉

执行主编：祁　斌

写作小组组长：陈　超　盛伟华
写作小组成员（按姓氏拼音排序）：
　　　　　贾　非　刘　烜　李　佳　刘少伟　聂　汝
　　　　　全文磊　邵亚楼　盛伟华　田勤政　唐昇儒
　　　　　王尔康　王　锦　王中阳　危结根　吴撼地
　　　　　许　真　张　栩　赵墨盈　邹　琳
校　　审（按姓氏拼音排序）：
　　　　　鲍建敏　陈　佳　田　园　王　艳　张　硕

本书执笔：张　栩

总　序

改革开放以来,我国经济发展取得了举世瞩目的成就,经济总量跃居全球第二,7亿多农村人口摆脱贫困,创造了史无前例的奇迹。但新时代我国仍然面临新的挑战。从经济发展阶段来看,尚未脱离所谓的"中等收入陷阱"。从金融发展水平来看,间接融资仍占绝对主导地位,不利于创新经济的发展,也孕育着潜在的系统性风险。从国际环境来看,经济全球化遭遇暗流,发达国家保护主义上升,文明冲突与地缘政治因素错综交织,而中美贸易摩擦更是提醒我们在中华民族的伟大复兴的道路上不会一帆风顺。

面对百年未有之变局,党的十九大提出以推进供给侧结构性改革为主线应对我国经济社会发展的内部挑战;积极促进"一带一路"国际合作,坚持"引进来"和"走出去"并重,推动形成全面开放新格局来应对国际挑战。

作为中国对外投资的旗舰平台,中投公司成立12年来搭建了专业化的投资团队,树立了专业、负责的良好国际形象,成长为全球第二大主权财富基金,境外投资年化收益率达 6%以上,并在帮助中国企业"走出去"方面积累了较多宝贵经验。在对外投资环境日趋严峻的新形势下,中投公司要在更高的水平上再出发,服务国家全方位、多层次、多领域的对外开放格局,围绕创新对外投资方式、加强国际产能合作,开展"中国视角"投资,积极参与"一带一路"建设。"中国视角"是中投公司的独特优势,中投公司通过在跨境投资中结合"中国视角",对内助力我国产业升级、推动供给侧结构性改革,对外帮助国外企业扩大中国市场,实现互利共赢,为中国企业"走出去"和海外资本"引进来"提供平台支持和服务,以促进"走出去"和"引进来"良性互动。

为深入了解中国需求以落实中国价值创造,同时寻找多方互利共赢的跨境投资机会,中投公司研究院编写"跨境投资导读"系列丛书。丛书聚焦"四大行业"(TMT、医疗、制造、消费)和"四大区域"(美国、欧洲、日本、"一带一路"沿线)。"四大行业"是当前跨境投资最活跃的领域,也是我国加快结构调整和产业升级的重要着力点。"四大区域"是按照主要国家和地区产业发展水平的阶梯差别选取的,是当前全球经济最活跃的地区。行业丛书从"中国视角"出发,系统地梳理和研究了不同行业的跨境投资情况和需求。

中投研究院在丛书编写过程中,对境内外产业界和投资界进行了广泛的资料搜集和调研访谈,力求客观全面,希望能够为企业海外投资实践有所启发和帮助。欢迎各界读者联系我们交流讨论。

目　录

前　言

过去 200 年来,三次工业革命为人类社会带来波澜壮阔的变革,将人类依次带入机械化、电气化和自动化时代。伴随着工业革命带来的劳动效率飞跃提升,人类社会经历了前所未见的经济飞速发展。当前,第四次工业革命开启,世界正快速迈向以信息技术、自动化技术等多技术相融合的智能制造时代。

经过改革开放 40 年的艰苦发展历程,就产业规模和产业完备程度而言,我国已成为制造业大国,然而在基础技术、产业结构、品牌质量方面仍然存在众多短板,亟待补强。在新一次工业革命开启之际,世界制造业分工格局面临重塑,机遇与挑战并存,我国更需要进行前瞻性布局,赢得发展先机。

如何更好地抓住历史机遇,迎接时代挑战,实现我国由制造大国到强国的转变,任重而道远。我们希望对中国制造业现状进行系统性梳理,从"补强"和"前瞻"两个角度深入分析,聚焦最具转型升级潜力的产业,充分发掘海外投资机会,借力海外并购实现制造强国。同时,积极创新海外投资方式,深度挖掘和撬动"中国因素",放大投资回报,实现产业和资本的共赢。

制造业的覆盖范围较广,涵盖轻工、工程及农业机械、仪器仪表和传感器、轨交设备、电气设备、航天航空设备、海洋工程装备及船舶,通用和专用工业设备等。

在细分领域选择上,我们认为"产业补强"和"前瞻布局"两个视角缺一不可。产业补强是我国产业升级转型的必由之路,前瞻布局是我国制造业能否抓住未来行业发展大潮,实现快速发展的关键一环。从产业补强和前瞻布局两个维度,根据产业结构、关键基础技术、品牌力三个方面,对我国产业发展水平进行系统性梳理和评估,探讨国内外行业发展现状、行业发展趋势,并由此发掘海外并购投资机会。

本书聚焦通用设备、工业控制和自动化、化工业、汽车及汽车零部件等中国最具转型升级潜力的细分子行业,探讨潜在并购机会和方向。半导体、家电等领域将分别在《中国 TMT 行业跨境投资导读》及《中国消费企业跨境投资导读》中单独分析。

上篇　制造业概述

第 一 章

中国制造业发展概述

自改革开放以来,特别是加入世界贸易组织(WTO)之后,我国制造业积极融入全球产业分工浪潮中,充分发挥比较优势,持续蓬勃发展。目前我国在制造业领域已实现规模经济和范围经济,产值世界第一,产业链基本完备,并已打造出部分优势产业。然而,整体而言,与世界先进制造业国家相比,我国仍然处于"大而不强"的阶段,差距主要体现在产业价值链位置偏低、关键基础技术缺失以及品牌力不足三个方面。

第一节 中国制造业发展现状

一、实现规模经济,产值世界第一

制造业对我国经济贡献巨大,根据世界银行的数据,2017 年,制造业附加值对我国经济的贡献度高达 29%,高于美国的 12%。

此外,制造业也是我国吸纳就业的重要部门和我国贸易出口的主力军。根据国家统计局的数据,2013 年制造业就业人数占全国城镇单位就业人数的 29%,工业制成品出口占货物出口总量的 95%。

我国已实际肩负起全球制造业中心的重任。2010 年,中国制造业附加值占世界比重由 2000 年的 6%快速提升至 20%,超越美国成为世界第一并保持至今,如图 1-1、图 1-2 所示。从出口来看,我国制造业出口总额占全球比重(16%,2013 年)也显著高于德国(9%)、美国(8%)、日本(5%)、韩国(4%)等工业发达国家。

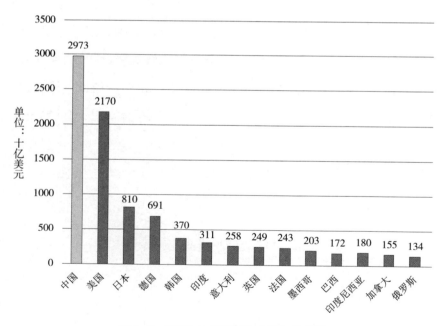

图 1-1　2015 年各国制造业附加值规模

注:现价美元计。

数据来源:联合国数据库

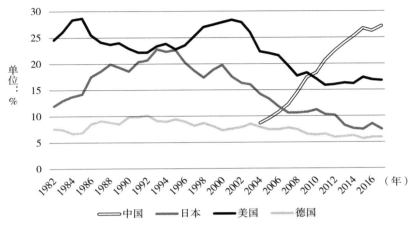

图 1-2　1982—2016 年各国制造业附加值全球占比

注：现价美元计。
数据来源：联合国数据库

二、成就范围经济，产业链基本完备

在此过程中，我国也逐渐建立起一整套全面完备的产业体系，制造能力基本实现细分行业全覆盖。在全球 500 多种工业产品中，有超过 220 种中国制造产品产量位居世界第一。2014 年，我国粗钢、电解铝、化肥、水泥以及平板玻璃产量分别占到全球的 50%、66%、35%、59%、60%，如图 1-3 所示。此外，凭借完备的制造业供应链体系，中国制造业企业可以实现高效的产品生产和装配。据估计，全球 91% 的个人电脑，74% 的太阳能电池板都在中国生产，中国还拥有全球 45% 的船舶，80% 的智能手机和 29% 的汽车制造产能。

同时，随着中国在研发资金和人才投入上不断加大，制造业技术水

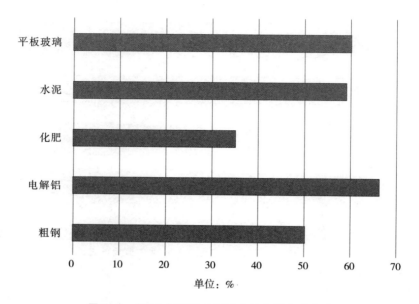

图 1-3　2014 年我国主要工业品产能全球占比

数据来源：国家统计局、工业和信息化部

平不断提升,在高铁装备、火电机组、高压输变电装备和石油钻探装备等领域逐渐形成优势行业。

高铁已经成为中国制造一张亮丽的名片。2017 年,中国高铁运营里程达到 2.5 万公里,超过全球其他国家总和。"四纵四横"的高铁网络已基本形成,构建了全球最现代化的高速铁路网,累计运送旅客超过70 亿人次。中国铁路在线路勘测设施、工程建设、列车控制、牵引供电、运营管理、安全保障和设备制造等领域都取得了一系列自主创新成果。中国铁路的总体技术水平已经迈入了世界的先进行列,部分技术处于世界领先的水平。2017 年 6 月,具有完全自主知识产权,自主化率超过 85%的中国标准动车组"复兴号"首次发车,标志着中国全面系统掌握高铁核心技术。

第二节　与全球先进水平对比分析

整体而言,与世界先进国家工业水平相比,我国制造业仍然处于"大而不强"的阶段。

虽然我国制造业增加值绝对值位列全球第一,然而人均水平却大大落后于工业发达国家。2012 年我国人均制造业增加值仅为 1532 美元/人,仅相当于日本(8351 美元/人)的 1/5,也大大落后于德国(7468美元/人)、韩国(6298 美元/人)、美国(6029 美元/人)、英国(3693 美元/人)和法国(3924 美元/人),如图 1-4 所示。

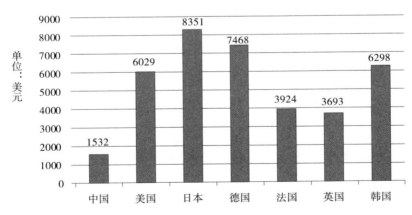

图 1-4　2012 年中国及工业发达国家人均制造业增加值

数据来源:国家统计局、工业和信息化部

根据中国工程院测算,中国 2014 年制造强国综合指数为 96.36,

远低于美国同期水平(161.05),与日本和德国的水平也有较大差距。

中国综合指数 96.36 中,规模发展指数为 49.22,占比为 51.08%;质量效益指数为 13.4,占比为 13.91%;结构优化指数为 18.78,占比为 19.49%;持续发展指数为 14.96,占比为 15.53%。规模发展对综合指数的贡献占了一半,结构优化为第二位,而持续发展,尤其是质量效益占比过低,直观地说明了我国制造业大而不强的情况。从质量效益指数及变化情况来看,中国 2013 年质量效益指数为 13.28,与美国(58.48)、日本(45)的同期水平相比差距很大,与德国(34.42)、英国(26.9)、法国(30.54)、韩国(28.95)也有相当大的差距,印度(11.36)和中国的水平接近。[1] 质量效益已成为严重制约我国制造业发展的瓶颈。

相对制造业发达国家,我们认为中国制造业的差距主要体现在产业价值链位置偏低、关键基础技术缺失以及品牌力不足三个方面。

产业价值链位置偏低从结构上降低了我国制造业的发展质量和效益,尤其在当前我国劳动力成本、能源成本和环境成本日益提高的情况下,提升我国在制造业产业链所处位置变得日益紧迫。

关键基础技术缺失从基础上削弱了我国工业制造能力,由此导致高端制造装备、关键材料和零部件高度依赖进口,已成为制约我国制造业转型升级的根本性原因,亟待突破。

品牌力不足从空间上限制了我国制造业提高无形资产价值附加值。随着我国经济增速转入新常态,部分产业国内市场份额逐渐稳固

---

① 机械科学研究总院:《2015 中国制造强国发展指数报告》,2015 年。

其至走向饱和,进军海外成为企业继续做大做强的自然选择。然而,由
于缺乏受认可的长期供货记录,品牌营销能力以及产品质量也仍有差
距,中国制造业仍然缺乏受认可的全球品牌,这成为我国企业开拓海外
市场的主要障碍。

一、产业价值链处于中低端

在不同企业参与的产品价值创造过程中,不同环节产生的价值各
不相同。在全球化浪潮中,生产环节和生产阶段的清晰划分对应了世
界不同地区的角色分工,价值链的特殊地位开始凸显。在产业价值链
中,不同分工和环节对于附加值的贡献区分度增强,这一趋势可以由
"微笑曲线"刻画,如图 1-5 所示。

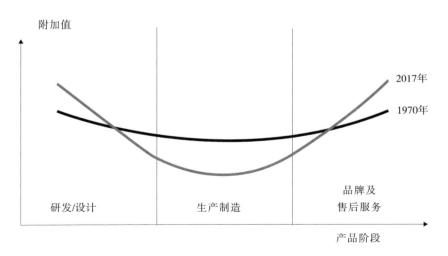

图 1-5 "微笑曲线"

数据来源:世界知识产权组织:《2017 年世界知识产权报告:全球价值链中的无形资产》,2017 年。

在价值链中低端,主要为劳动密集型和资源密集型的制造加工及组装环节,依赖生产要素的不断投入来驱动增长。而在价值链高端,主要为智力密集型的研发设计、品牌开发和服务环节,依靠不断创新和无形资产的创造来增加价值。

根据世界知识产权组织(WIPO)发布的《2017年世界知识产权报告:全球价值链中的无形资产》,其对全产业价值链的研究结果显示,在全球销售的制成品中,逾30%的价值来源于技术、设计及品牌等无形资本,这一比例由2000年的27.8%上升到2007年的31.9%,之后一直保持稳定,约两倍于有形资本的贡献度。无形资本收入在2000年至2014年间实际增长75%,2014年达5.9万亿美元。其中,食品、纺织品、汽车这三大产品类别占制造业全球价值链中无形资本总收入近50%。

(一)我国发展现状

在国际产业链分工中,中国企业多位于价值链中低端的加工及组装环节,而在研发设计、品牌营销等高附加值环节缺乏竞争力,在国际分工中获得的附加值较低。

根据世界银行的数据,2011年中国制造业在全球的出口规模占全球总份额的13%,占据重要地位。然而,从出口结构来看,传统劳动密集型产品占比仍然较高,达到20%。从出口产品附加值创造来看,根据经济合作与发展组织(OECD)测算,我国这一比重在主要经济体中处于中等偏低水平,还有很大提升空间。

以苹果公司售价349美元的 iWatch 产品(2015年)为例,据 IHS

估计,不考虑研发、管理、资本摊销等费用,其制造环节成本仅为 83.7 美元,约占售价的 24%,即价值链中 76% 的利润由苹果公司获取。在制造成本中,美国企业生产的显示屏、应用处理器、蓝牙和无线组件等成本合计约 40 美元,韩国企业生产的触控屏成本约 20.5 美元,日本企业生产的储存器成本约 7.2 美元,而中国企业提供的电池、附带配件等成本可能不足 7 美元,代工部分的组装测试等成本更是仅为 2.5 美元,占售价比重仅为 0.7%。由此来看,中国企业在制造 iWatch 价值链中仅获取了 5% 的总价值。[1][2]

同时,反映在出口数字中,中国对外出口顺差却被高估了。正如 WTO 总干事帕斯卡·拉米(Pascal Lamy)的观点,很多情况下,一个产品被标记为"中国制造"并被记入中国出口贸易额仅仅只是因为这个产品在中国完成最终组装,然而,在此之前,这个产品的商业价值创造是在多个国家完成的。[3]

仅仅因为中国承担了大量组装的工作并出口到其他国家,该产品的整体价值就被记入中国的出口统计中。在 iWatch 的价值创造中,中国并没有获取到其研发设计以及核心部件生产所产生的附加值——这些附加值实际主要由美国、日本、韩国等国家创造并获得,然而由于其在中国完成最终组装并出口到美国,其整体价值就被记入中国向美国

---

① IHS,"New Apple Watch Has Lowest Ratio of Hardware Costs to Retail Price, IHS Teardown Reveals",2015 年 4 月 30 日,见 http://news.ihsmarkit.com/press-release/technology/new-apple-watch-has-lowest-ratio-hardware-costs-retail-price-ihs-tear-down-r。

② 海通证券:《庞大出口背后,中国赚多少钱?》,2017 年 7 月 12 日。

③ Pascal Lamy,"Made in China tells us little about global trade",2011 年 1 月 25 日,见 https://www.ft.com/content/4d37374c-27fd-11e0-8abc-00144feab49a。

的出口统计中。亚洲开发银行（ADB）在报告"How iPhone Widens the United States Trade Deficit with the People's Republic of China"中指出，这一贸易统计也扭曲了中美间真实的贸易逆差情况。如果按照对产业链贡献的角度衡量中国对世界的出口状况，中国的出口优势和经济增长态势将会被重新衡量。①

（二）我国产业结构面临的挑战以及产生的问题

从内部产业结构发展结构看，低附加值领域企业多为粗放式发展，效率低，污染大，且存在重复建设问题，是我国供给侧改革主要针对的领域。从外部发展环境看，一方面，受到国内日趋上升的环境和劳动力成本压力，另一方面，亚洲制造业低成本国家也在迅速发展，引流低端制造业迁移，中国企业面临的竞争更加激烈。

1. 低附加值环节，效率低，污染大

资源密集型和劳动密集型等低附加值产业在我国制造业中占比较高，然而这类产业的发展高度依赖生产要素的不断投入，且资源利用效率偏低。据《中国制造2025》估算，我国单位 GDP 能耗约为世界平均水平的 2.6 倍，造成较为严重的资源浪费和环境污染。

在制造业劳动生产率方面，我国虽逐年稳步上升，但与世界平均水平还有较大差距。2015 年，我国单位劳动产出仅相当于世界平均水平的 40%，美国的 7%，如图 1-6 所示。在高端制造领域，美国劳动生产

---

① Yuqing Xing, Neal Detert, "How the iPhone Widens the United States Trade Deficit with the People's Republic of China", 2010 年 12 月, 见 https://www.adb.org/publications/how-iphone-widens-united-states-trade-deficit-peoples-republic-china。

率更是我国的 20 倍以上。更值得注意的是,我国效率的提升速度仍然低于工资成本的增幅。过去 10 年中,中国制造业劳动生产率提高100%以上,低于制造业工资成本增幅;而同期美国制造业劳动生产率年均增速接近5%,高于劳动力成本增长速度。

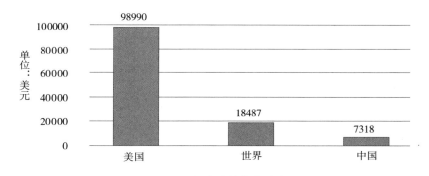

图 1-6　2015 年全球单位劳动产出对比

数据来源:国家统计局

　　劳动效率提升较慢,一方面与我国制造业企业发展阶段和实力有关,另一方面,由于进入门槛低,部分行业如钢铁、电解铝、平板玻璃、水泥等存在重复建设和产能过剩的问题。行业集中度不高,规模效应不足,价格竞争激烈,企业对于投入一次性额外成本加强自动化的意愿不高。

　　我国工业机器人的使用强度也远低于发达国家水平。根据国际机器人联合会(International Federation of Robotics,IFR)的数据,以每万名工人中工业机器人数量来衡量一个国家的工业机器人发展水平,2016年中国的 68 台虽然较 2013 年的 23 台大幅增长,但仍然低于全球 74台的平均水平,较韩国 631 台、德国 309 台、美国 189 台更是相距甚远。

从自动化运用程度较高的汽车行业来看,我国机器人运用比例也大大低于发达工业国家,如图1-7所示。

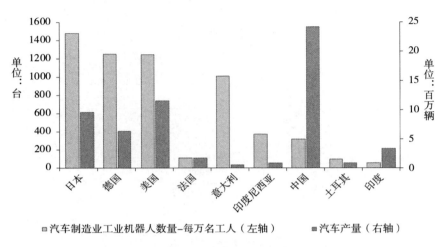

图1-7　各国汽车行业机器人使用率和产量对比

数据来源:IFR,IHS Global Insights,Goldman Sachs Global Investment Research

中国已经进入了国际产能供应的饱和区间(20%—30%),占比再度大幅提升的空间有限,粗放式的产能扩张将难以为继。同时,随着边际效用的降低,经济效益也将显著下降。2012年我国工业增加值率为22.1%,较2000年下降了4个百分点。而发达国家的制造业增加值率水平一般在35%以上,美国、德国等国家甚至超过了40%,如图1-8所示。唯有提高劳动生产效率,中国才有望突破这一瓶颈。

2.人口红利进入下行通道①

全球制造业的迁移是一个不断追求优化生产成本的过程。在我国

————————

① 华泰证券:《近十五年宏观经济周期回顾:经济增长动能切换,人口红利变迁》。

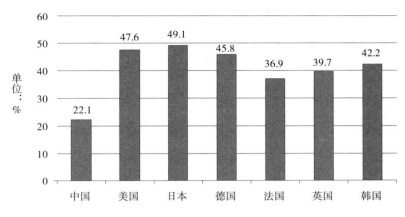

图1-8　2012年各国制造业增加值率

数据来源：国家统计局、工业和信息化部

制造业近几十年来高速发展的背后，人口红利带来的低成本劳动力是一个重要支撑因素。在一个国家享受人口红利的周期内，由于能够提供源源不断的劳动力，使得资本的边际递减效应被大大削弱，从而使得资本利用率能够维持在较高水平。衡量人口红利的重要指数是社会抚养比（即0—14岁青年人口加上65岁以上老年人口数量之和占15—64岁劳动年龄人口总数的比重），从20世纪90年代初开始，我国的15—64岁劳动年龄人口占比保持持续上升的趋势，并于2010年达到75%的峰值，与之对应的人口抚养比也降到最低点34%，人口红利达到顶峰。

在这一阶段，我国GDP的年均实际增速达到近11%的较高水平。凭借着大规模的低成本劳动力，我国在全球制造业价值链劳动密集型的生产加工环节优势凸显，市场份额迅速扩大，由此带动的出口贸易成为我国GDP增长的关键驱动力。

2011年是我国人口红利拐点，劳动力人口比重逐年下降，社会总抚养比指数逐年上升。与此同时,GDP 的潜在增长率与实际增长率进入波动下行通道。人口红利的衰减使得劳动力成本增长,生产线工人工资逐年攀升,用工荒频频出现。制造业跨国公司也开始逐步向孟加拉国、越南、印度等仍在享受人口红利的国家转移。

3. 外部竞争压力加剧

随着劳动力成本、环保成本和能源成本的增加,曾经作为中国企业主要竞争力的成本优势,可能正逆转成为发展阻力。

波士顿咨询(BCG)2014 年对出口排名世界前 25 位的经济体制造业成本进行了量化比较,选取人力成本、原材料和零部件采购成本、劳动生产率、能源成本、汇率水平等作为决定制造业成本竞争力的关键因素。全球制造业成本最低的国家前四名分别为印度尼西亚、印度、墨西哥、泰国。中国仍然在低成本国家之列,位列第六,然而我国制造业人口成本增速惊人,从 2004 年至 2013 年,我国制造业小时人工成本增长超过 200%,年均增速超过 10%。

相比较之下,曾经的高成本生产国,如美国,凭借持续提高的劳动生产率和进一步降低的能源成本,将与中国的制造业成本劣势缩减到仅约 5%。与此同时,如今的低成本生产国如印度尼西亚、印度等国家,正凭借更低的生产成本承接全球劳动密集型制造业产能转移,并吸引跨国资本直接投资在当地设厂,中国作为低成本制造业大国的竞争优势正在逐渐被替代①,如图 1-9 所示。

---

① "The Rising Cost of Manufacturing",2015 年 7 月 31 日,见 https://www.nytimes.com/interactive/2015/07/31/business/international/rising-cost-of-manufacturing.html。

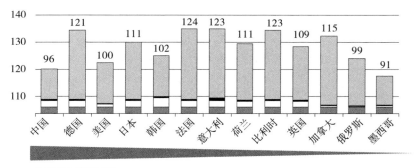

图 1-9　2014 年制造业综合成本指数(美国＝100)

数据来源:波士顿咨询(BCG),《全球制造业经济变化》(2014 年 8 月)①

4. 产业升级面临障碍

技术密集型的产业链一般具有高附加值,是中国制造业转型升级后未来的发展趋势。由于中国长期处于中低端产业链中,如何突破高附加值环节的进入壁垒是未来亟待解决的问题。

高附加值环节的进入壁垒主要体现在两个方面:一是由于产品附加值高,此环节的供应链体系相对成熟稳定,客户更加看重零部件厂商经多年验证的高质量供货记录和合作体系,对价格敏感度相对较低。作为"新进入者"的中国企业,若仅拥有价格优势,通常难以打入供应链高附加值环节;二是技术自主掌握要经历较长的学习周期,并对研发投入、教育投入和人才培养等多方面都有要求,另外已

① Harold L.Sirkin, et al., "The Shifting Economics of Global Manufacturing: How Cost Competitiveness is Changiny Worldwide", 2014 年 8 月 19 日,见 https://www.bcg. com/publications/2014/lean-manufacturing-globalization-shifting-economics-global-manu-facturing.aspx。

有技术掌握者对核心技术的保护严格,很难直接引入。以汽车工业为例,经过百年发展,全球供应链体系几乎被美、日、欧供应商垄断。中国企业在技术上仍然未能突破具有高技术高附加值的高端自动变速箱、主动车身控制系统等领域,大部分为整车供应链体系中相对附加值低的三至四级部件供应商,同时仍主要供应国产品牌汽车,附加值低。完成我国产业升级转型,关键在于实现技术和品牌的全面突破。

二、关键基础领域技术缺失

虽然近年来我国加大研发投入,但总体上,我国自主研发能力仍然落后于发达国家,基础环节技术缺失、基础工艺能力不足、关键零部件等关键制造业基础能力仍然缺失并严重依赖进口,导致我国制造能力落后。

(一)自主研发能力仍然不足

从国家角度对比,虽然我国研发投入持续增长,研究经费仅次于美国,位居世界第二。根据工业和信息化部 2017 年的数据,我国研发投入强度(占 GDP 比重)仍低,仅为约 2%,与以色列(4.25%)、韩国(4.23%)、日本(3.49%)等创新型国家相比,差距仍然明显。事实上,研发投入强度从某种程度上,也间接反映出一个国家的产业结构。高附加值产业如飞机、汽车、精密仪器制造等,通常需要更高强度的研发投入。高附加值产业占比的提升,通常也将带动一个国家整体研发投入力度增强。

从企业角度对比,我国工业企业研发经费投入仍然较少,企业仍然存在重生产轻研发的情况。根据欧盟委员会发布的"2017 全球工业企业研发投入排行榜"(2017 EU Industrial R&D Investment Scoreboard),研发投入前 2500 名企业中,美国和欧盟入围企业最多,分别达到 821 家和 567 家,中国入围 367 家,排名第三。然而在研发投入排名前 50 强中,中国企业仅华为一家入围,排名第六。此外,虽然中国企业研发投入同比增速达到 19%,远高于美国和欧盟的 7%,但研发投入占全球比重仍然较低,仅为 8%,远低于美国和欧盟的 39% 和 26%。从单个企业研发经费投入的绝对规模来看,德国大众以 137 亿欧元位列榜首。与此相对应,中国最大的汽车公司,上汽集团以 12.8 亿欧元排名 116,约为德国大众研发投入的 9%。

(二)关键基础能力落后

制造业是一项系统工程,"木桶效应"明显,任何一个基础环节的技术缺失都将导致产品出现品质和性能的缺陷。在我国制造业能力与国际先进水平差距的背后,是核心零部件、关键材料、先进生产工艺等基础环节的落后。基础环节能力的缺失导致我国工业产品,特别是需要精密加工的工业品在一致性、稳定性、可靠性方面与国外差距明显。许多国产基础件产品和精冲模的使用寿命仅为发达国家同类产品的 1/3;由于叶片材料和加工质量等问题,国内的涡喷和涡扇发动机主要轴承寿命也与国际先进水平差距较大。

同时,基础研发能力不强,致使我国在众多关键领域尚未实现自主突破,使我国制造业核心技术环节受制于人,高度依赖进口。据工业和信息化部估计,我国技术对外依赖度超过 50%,工业产品新开发技术约 70% 属于外源性技术。国家统计局数字显示,2013 年,我国高端装备、电子设备、仪器仪表的进口额达到 8179 亿美元。以集成电路行业为例,我国超过 80% 的芯片都依赖进口。2017 年全年我国集成电路进口额达到 2600 亿美元,超过石油进口额。此外,我国高达 95% 的高档数控系统、几乎全部工程机械用高档液压件、高端装备紧固件、工业机器人用减速器、伺服电机、汽车发动机用链条系统、IGBT(绝缘栅双极型晶体管,insulated gate bipolar transistor)等都依靠进口,如表 1-1 所示。①

表 1-1　部分行业市场需求规模

行业	零部件	主要进口国	进口产品所占份额(%)
乘用车	自动变速器(含 CVT)	德国、美国、日本	100
汽车发动机	CVT 无级变速箱专用链条、钢带	德国、日本	100
	高端发动机正时链系统	日本、德国、美国	100
高速列车	高铁齿轮转动箱	德国、日本、法国	90
	制动装置	德国、日本	100
工程机械	大功率液力变矩调速齿轮装置	德国、法国、日本	90
核　电	蜗亮循环泵大型行星传动装置	德国、英国	98
新能源	风电密封、核电密封、水电密封	德国、日本、法国	90
机器人	减速器	日本	90

数据来源:工业和信息化部、中金公司研究部

----

① 《海关总署介绍 2017 年全年进出口情况》,2018 年 1 月 12 日,见 http://www.gov.cn/xinwen/2018-01/12/content_5255987.htm#1。

三、品牌力缺乏

品牌力意味着企业产品获取额外附加值、提高盈利水平、增加市场占有率的能力,而我国制造业企业在品牌设计、品牌建设和品牌维护等方面普遍发展滞后。我国制造业不仅缺乏世界知名品牌,甚至还存在整体品牌形象不佳的问题。

根据世界品牌实验室(World Brand Lab)按照品牌影响力的三项关键指标市场占有率、品牌忠诚度以及全球领导力评分,2017 年世界品牌 500 强中(The World's 500 Most Influential Brands),排名第一的美国占据 233 席,法国、英国、日本分别占据 40 席、39 席、38 席,我国内地虽然有 37 个品牌入选,但相对于 13 亿人口大国和世界第二大经济体,中国品牌显然还处于"第三世界"。① 图 1-10 展示了 2012 年各国制造业所拥有的世界知名品牌数。

从中国上榜品牌 500 强的制造业企业平均品牌价值上看,我国品牌价值与工业发达国家差距更大。2015 年中国上榜制造业企业的平均品牌价值仅为 55 亿美元,远远落后于韩国的 176 亿美元。

更需要看到的是,在过去 30 年间,"中国制造"为全球众多家庭提供了大量生活必需品,成为世界市场的一支重要力量。然而,"中国制造"仍然以低价主导,并与"价格低""质量不可靠""信誉问题突出"等形象相连。从"国家品牌效应"角度来看,国外消费者在选择不熟悉的

----

① 世界品牌实验室:《2017 年世界品牌 500 强》,见 http://www.worldbrandlab. com/news/201712/index.htm。

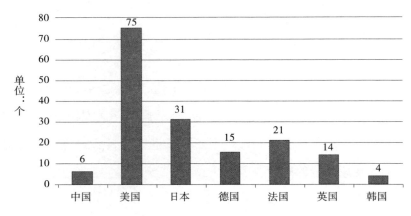

图 1-10　2012 年各国制造业拥有的世界知名品牌数

数据来源：工业和信息化部

外国产品时,往往会根据自身对该国产品的整体印象进行购买,来源国的负面印象会给来自欠发达国家的公司带来重大的市场障碍。

据工业和信息化部统计,我国产品质量国家监督抽查合格率仅为 90%左右,出口商品长期处于国外通报召回问题产品数量首位,我国工业产品质量损失呈逐年增加的趋势,制造业每年直接质量损失超过 2000 亿元,间接损失超过万亿元。发达国家产业结构中,质量敏感型产业增加值占制造业增加值比重通常较高,如德国为 42%,美国为 38%,日本为 35%,而我国不足 20%。

(一)产品质量不高是关键阻碍

质量是赢得国际市场的根本途径。一国产品的质量水平与其国际市场份额呈强正相关,与国际贸易中价值链地位呈强正相关。国际货币基金组织对全球 58 个国家(覆盖了 94%的国际贸易)三个时期(174

个观测值)的贸易相关数据进行了动态分析,其中就产品质量和国际竞争力的关系形成以下结论:(1)发展中国家,尤其是亚洲国家,产品质量的提升是全球市场份额增长的主要来源;(2)发展中国家在向全球市场,尤其是向发达国家销售产品时,质量提升作用显著,甚至高于单纯的产品结构形式的改变;(3)质量提升不仅有助于产品出口,而且有助于出口价格的提高,使发展中国家获得更好的贸易地位;(4)质量提升有助于建立和维护国家声誉,对发展中国家尤为重要。①

(二)缺乏品牌溢价,难以实现价值链提升

我国企业经过几十年的发展,在研发、制造和分销等环节都具备了国际先进水平,当前的竞争焦点已经转移到品牌建设上来。以家电业为例,中国家电业的出口规模全球第一,出口量几乎等于美国、日本、德国和韩国出口量的总额。在研发上,自主家电的研发投入保持在3%,与国外企业投入比例相近。与国外家电业相比,我国家电业的最大问题就是品牌影响力弱,贴牌生产多,整体上自主品牌出口仅占8%—10%,导致品牌溢价能力偏低。

"中国制造"转型"中国品牌"的进程将影响我国制造业转型升级的效果。中国制造业将在未来转型升级,摆脱低成本和低价格的竞争战略,转向更高端的产业链位置。但品牌形象与产业链定位不符,将会

---

① Ashoka Mody, et al.,"The Dynamics of Product Quality and International Competitiveness", 2007 年 4 月 1 日, 见 https://www.imf.org/en/Publications/WP/Issues/2016/12/31/The-Dynamics-of-Product-Quality-and-International-Competitiveness-20647。

影响我国制造业升级转型后的附加值提升。此现象已经在我国制造业快速发展过程中显露,但在未来将会有更大的潜在风险。

随着我国经济增速转入新常态,制造业的固定资产投资增速在逐步放缓。同时,国内市场份额逐渐稳固或饱和,增长空间变窄。部分国内中高端制造业龙头企业开始寻求开拓海外市场,寻找新的增长点。摆脱低附加值的贴牌生产模式可帮助中国制造企业实现可持续的健康发展。然而,缺乏海外品牌质量、认知度以及营销渠道成为中国企业进军海外市场的主要障碍。

第 二 章

海外并购是新时代实现制造业升级的有效路径

实现我国制造业升级转型，一方面，我们需要"苦练内功"—— 坚持自主研发和人才引进，发掘内生动力；另一方面，我们也需要"借助外力"，通过海外并购，加速实现中国制造业转型升级。

第一节　中国企业海外并购实践

过去，中国工业和经济基础薄弱，在资金、技术、人才和产业配套上都需要借力外资企业，实行"以市场换技术"。

通过市场换技术，中国成长为"制造大国"，实现工业产值突破，并形成了完备的产业链，培养了大量制造业生产和管理人才，实现规模经济优势和范围经济优势。更重要的是，我国装备制造业通过引进技术、消化吸收与再创新,成功实现自主国产化,中国在轨道交通、发电及输变电、通信、港口设备等大型设备领域,突破性地实现从无到有、由弱变强的快速发展。

如今,在中国经济和制造业发展的新时期,我们已经建立起完备的产业链基础,市场充分开放,被动地凭借我国市场优势的吸引力换取技术的模式已难以进一步实现中国制造业的转型升级。同时,随着我国资本市场的蓬勃发展,我国应主动以资本优势为主导,把国际先进的技术、工艺、协同性业务、管理经验"引进来",利用海外成熟的品牌、客户关系、营销渠道实现"走出去",借力海外投资实现制造强国,已成为更优选项。

一、中国企业海外并购图景总览

根据商务部、国家统计局、国家外汇管理局《中国对外直接投资统计公报》,自2012年起,中国对外投资流量开始占据全球第三的位置,而到了2015年,对外直接投资流量达到1457亿美元,首次位列全球第二,所占比重达到了9.9%,成为当之无愧的国际投资大国。

对外投资的兴起积极带动我国海外并购的发展。2008年全球金融危机后,中国企业逐步开启海外并购步伐。特别在2013年至2016年,中国企业海外并购呈现蓬勃发展态势,并购交易范围和规模都实现快速增长。

商务部《中国对外投资合作发展报告》数据显示,2016年中国企业在全球74个国家(地区)实施共计765笔海外并购,总金额达到1353

亿美元,两项数据均创历史新高,其中在发达经济体的并购额达到了67%。

然而,在繁荣背后也出现了非理性的并购行为,国家随即出台一系列海外并购监管政策,对中国企业海外并购行为进行引导和规范。同时,受到海外审查和全球宏观经济不确定性的影响,2017年中国海外并购交易金额回落明显。德勤《中国企业海外投资运营指南》数据显示,2017年中国海外并购实际交易金额约962亿美元,同比下降29%,显示中国企业海外并购开始回归审慎和理性,如图2-1所示。

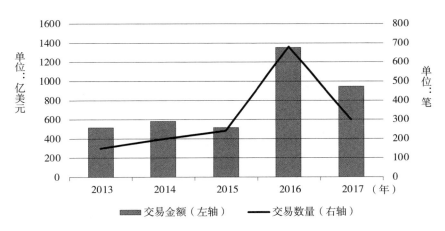

图2-1 2013—2017年中国海外并购交易总览

数据来源:商务部:《中国对外投资合作发展报告》;德勤:《中国企业海外投资运营指南》

从行业关注重点来看,我国对海外并购标的行业选择也与我国产业发展历程相吻合。从2013年开始,中国企业海外并购的重心向新经济领域转型,特别是高端制造等领域并购活跃。而曾经占据主要份额的矿产资源类领域则吸引力逐渐降低,并购金额大幅下降,如图2-2所示。

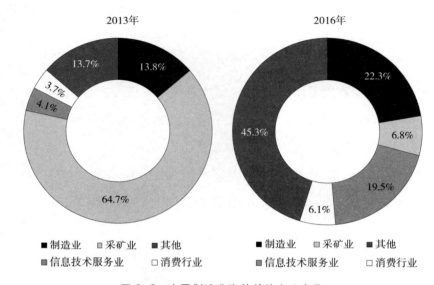

图 2-2　中国制造业海外并购占比变化

数据来源:商务部、国家统计局、国家外汇管理局:《中国对外直接投资统计公报》,2017 年。

（一）主要并购目的地

欧洲、北美地区以及亚洲为我国制造业海外并购的主要目的地,如图 2-3 所示。

欧洲:欧洲地区发展历史悠久,经济政治环境与美国相似,比较稳定,自 2016 年开始,欧洲经济也呈现出了缓慢增长的复苏态势,投资环境不断改善。因而,中国企业在欧洲的投资并购也比较活跃,根据商务部公布的数据,2012 年至 2016 年,中国对欧洲地区投资存量增长了 2.4 倍。从投资并购地区分布来,绝大多数流向了欧盟国家,其中以德国、卢森堡、法国、英国为主。

欧洲是中国制造业海外并购最主要的区域,交易总量高,单笔交易

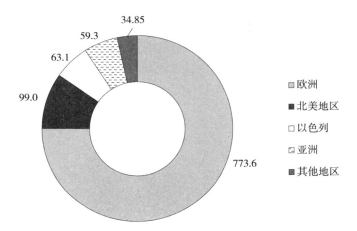

图 2-3 2014—2017 年各地区并购交易金额（单位：亿美元）

数据来源：Dealogic

金额大。根据 Dealogic 数据，2014 年至 2017 年，中国对欧洲制造业的海外并购总交易金额达到 773.6 亿美元，占中国全球制造业并购份额的 75%。

北美地区：中国企业在北美地区的主要海外并购目的地为美国和加拿大，这一地区经济发达，政治稳定，投资环境良好。据商务部数据显示，2016 年，中国企业共对美国实施并购项目 164 笔，实际交易金额 354 亿美元，主要分布在制造、交通运输和仓储、软件和信息技术服务、房地产、文化娱乐等领域。制造业主要并购案例包括青岛海尔 55.8 亿美元收购美国通用电气公司家电业务项目，艾派克集团 27 亿美元收购利盟国际等。

亚洲：长期以来，亚洲地区都是中国企业海外并购的主要目的地之一。近五年来，亚洲地区一直保持着中国企业海外并购最大市场的地位，投资流量持续增长。从投资存量行业角度来看，制造业始终处于中国企业对亚洲国家投资主要集中的五大行业领域之一。近年来，我国对亚洲地区制造业的并购交易数量较为稳定,但单笔规模提升,交易总量呈上涨趋势。亚洲国家和地区人口众多,市场广阔,具有很大的发展潜力,因而中国企业对亚洲国家和地区的海外并购充满机遇。我国对亚洲制造业并购的标的选择地区分化明显,主要集中在日本、韩国、中国香港地区和马来西亚。但随着我国"一带一路"建设的不断推进,中国与亚洲各个国家和地区的经济合作将会更加紧密,中国制造业企业在亚洲各国的海外并购有望迎来新的阶段。

(二)制造业板块海外并购主要行业

制造业不同子行业对我国企业并购吸引力差异较大。据 Dealogic 数据显示(2014—2017 年),我国对海外制造业并购主要集中在化工行业、汽车行业和机械制造行业,占制造业总体交易金额的 95%,如图 2-4 所示。

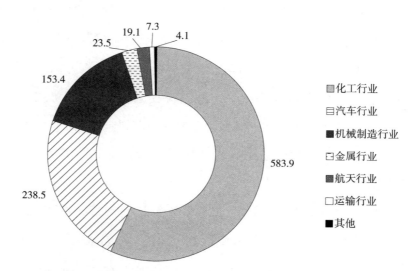

图 2-4 2014—2017 年制造业各子行业并购交易金额(单位:亿美元)

数据来源:Dealogic

以占比最大的化工行业为例，据 Dealogic 数据，2014—2017 年，虽然交易数量只有 59 笔，远少于汽车和机械制造业，然而其交易金额总额达到 583.9 亿美元，平均单笔交易金额接近 10 亿美元。典型案例包括中国化工集团收购瑞士先正达和以色列安道麦公司，交易金额分别达到 430 亿美元和 38 亿美元。

第二节　海外并购案例分析

一、美的收购库卡公司①

2017 年 1 月 6 日，美的发布公告称，公司已完成要约收购全球工业机器人巨头库卡公司股份的交割工作，并已全部支付完毕本次要约收购涉及的款项。

拥有百年历史的库卡公司总部在德国南部城市奥格斯堡，是全球领先的机器人、自动化设备及解决方案的供应商，专注于工业机器人制造、自动化控制系统两大业务。2015 年收购瑞士瑞仕格（Swisslog）之后其在自动化系统集成上更进一步。库卡公司半数机器人与控制系统应用于汽车行业。

美的最初于 2016 年 5 月 19 日宣布拟通过要约收购的方式，以 115 欧元/股的价格收购库卡公司，但在实施过程中一度遭到德国政府部

---

① 陈超（中投公司）：《2017 跨境投融资十大案例》。

门、库卡公司第一大股东福伊特集团以及当地舆论环境的压力。通过多方面的协调和沟通,库卡公司监事会及执行管理委员会于 2016 年 6 月 28 日达成一致意见,建议库卡公司股东接受本次要约收购。最终,美的获得库卡公司约 81.04% 的股权,加上收购前已持有的 13.51% 的股权,合计持有库卡公司 94.55% 的股权。在其后的监管部门审批过程中,交易顺利通过了多国政府部门的审查,包括欧盟、美国等地的反垄断审查,德国联邦经济事务和能源部的审查,以及美国外资投资委员会(CFIUS)和国防贸易管制理事会(DDTC)的审查等。

面对德国政府和大股东的反对,美的采取了一系列卓有成效的收购策略。首先,积极开展公关游说,同时借助德国总理默克尔访华的契机,坚定对方合作的信心,为收购进一步奠定了基础;其次,是抓住库卡公司规模小、利润低的弱点,给出具有吸引力的报价,并向库卡公司充分展示了中国广阔的国内市场以及收购后能够产生的协同效应。在一系列缜密的操作下,美的顺利通过了德国监管部门的审批,获得了库卡公司大股东的支持,最终成功完成交易。此次收购历程为有意在德国及欧洲开展收购的中国企业提供了诸多有益的借鉴。

一是立足实业,认清行业大势,充分研究投资标的。美的对库卡公司的收购是基于对行业发展态势及自身业务布局的精准把握。在监管审批收紧的背景下,企业更应该深入了解行业动态,明确发展定位,吃透收购标的的各项信息,避免盲目收购带来的不必要成本。

二是充分沟通,谋求对方信任,尽可能减少并购阻力。近些年,中国对欧洲直接投资呈持续上升态势,相伴而生的是欧洲不断发酵的"中国投资威胁论"。中国企业在该地区的收购因此面临较大的监管审批压力。对此,中国企业应积极开展对外沟通和交流,特别是尽可能加强与投资国政府和监管部门的对话,充分了解当地的投资政策和投资环境;同时,主动介绍我国企业的投资原则、动机和做法,表达合理诉求,加深双方的理解;再就是积极利用国际化人才进行游说和公关,及时化解可能出现的舆论偏见,赢得当地民众的理解和支持。此外,中国企业还应认真研究监管审批的先例,总结经验教训,尽可能规避敏感资产,或者对相关资产主动进行剥离,以减少监管阻力,增加成功把握。

三是精准定位,适时快速出击,避免战线过度拉长。在监管审批风险日益加大的背景下,收购战线拉得越长,不确定性和相关成本支出就越大,尤其是涉及敏感技术时,更容易引起被收购方所在国政府的戒备,从而可能抬高审批壁垒。中国企业可借鉴美的收购经验,充分利用各方资源,在可靠的前期调研基础上,通过具有吸引力的报价和快速到位的收购价款,及时赢得股东支持,推动交易顺利进行。

四是积极承担社会责任,提升本土化经营能力,树立中国企业的良好形象。美的在收购库卡公司的过程中,除了支付收购价款外,还做出了长达七年半的承诺,承诺内容包括:保持库卡公司的独立性,不退市,尊重库卡公司的品牌及知识产权,保留工厂和员工至 2023 年年底,以及支持库卡公司的战略计划等。这些承诺,一方面树立了美的作为负责任的收购方的形象,帮助其自身进一步获得了德国方面的信任;另一方面,也为交易完成后的整合和协同效应的发挥争取到了足够的时间。面对收购阻力,中国企业更应积极承担社会责任,包括在劳动保护方面严格遵守欧盟标准,积极培训和使用欧盟成员国的员工和管理者等,不断提升本土化经营能力,增强当地政府及企业对中国企业的认同感,实现境外投资的可持续发展。

中国企业参与德国及欧洲收购项目的阻力依然存在,欧洲排外情绪的升温和离心倾向的加大,仍将是中国企业需要面对的挑战,复杂的商业和法律环境也仍将是企业需要克服的难题。对此,中国企业需要深入思考应对战略,做好前期准备和调研,积极对外沟通和交流,充分发掘"中国视角",以实现并购双方互利共赢的愿景,为海外收购注入良性循环和可持续发展的正能量。

二、吉利集团收购沃尔沃

沃尔沃原是福特旗下瑞典豪华汽车品牌,2010 年被吉利集团收购之后,双方合作释放出巨大协同效应。吉利集团依托沃尔沃技术实现自主品牌及技术转型升级,沃尔沃也凭借中国庞大的汽车市场实现全球复兴。吉利集团收购沃尔沃是借助海外并购实现技术及品牌引进,并与中国市场良好结合的范例。

吉利集团成立于 1986 年,1997 年开始进入国内汽车市场。在重技术研发、重资本开支的汽车行业,作为民营企业的吉利集团,无论资金实力还是技术实力都显薄弱,其发展主要依赖逆向研发和低价竞争。2008 年之后,金融海啸卷席全球,美国汽车巨头首当其冲,遭受重创。此时的福特急切通过出售资产实现自救。2010 年,吉利抓住机会以 18 亿美元成功收购福特旗下沃尔沃。此时,吉利集团全年销售 41 万辆,排名中国第八。沃尔沃全年销量 37 万辆,其中中国市场销量 3 万辆。2016 年,吉利集团成功跻身中国乘用车企业销量前五强,实现销量

76.6 万辆。凭借与沃尔沃合作打造的新中高端品牌领克（Lynk & Co），吉利集团更将 2020 年销量目标设定为 200 万辆，进入全球汽车企业前十强。

并购沃尔沃的成功有以下重要因素：

借力中国市场，助推收购品牌复兴。收购之后，吉利集团不仅为沃尔沃持续注入资金，更全面协助沃尔沃提升中国市场份额，助推沃尔沃实现全球复兴。2013 年沃尔沃开始扭亏为盈，2014 年中国更成为沃尔沃全球最大单一市场。2016 年沃尔沃全球实现销量 53 万辆，连续三年创销量纪录，其中中国市场贡献销量 9 万辆。

整合全球研发、设计和采购能力，全面提升自主品牌竞争力。在动力总成、汽车安全技术等关键技术，沃尔沃为吉利集团提供了大量支持。2013 年，吉利集团与沃尔沃在瑞典哥德堡联合成立了欧洲研发中心（CEVT），共同打造下一代汽车生产平台——紧凑型模块化基础架构（CMA）。欧洲研发中心的设立也为瑞典创造了几百个就业岗位，获得瑞典政府盛赞。除引进技术之外，在汽车设计上，沃尔沃也帮助吉利集团实现设计语言全面升级，提升产品竞争力。2011 年，时任沃尔沃设计总监彼得·霍布里（Peter Horbury）被任命为吉利集团设计副总裁。结合中国元素，霍布里帮助吉利集团全面重塑其设计语言，推出一系列畅销车型。其 2015 年推出的吉利"博瑞"更是实现了中国自主品牌在中高端轿车领域的重要突破。此外，吉利集团与沃尔沃共同进行全球零部件采购，不仅为吉利集团带来更好的采购报价，更重要的是帮助吉利集团进入国际一流零部件商供应体系，帮助吉利集团实现质量突破。

　　建立合资品牌,目标"走出去"。2017 年,作为吉利品牌全面升级战略重要的一步,沃尔沃宣布入股吉利集团旗下中高端品牌领克(Lynk & Co)。双方还将共同开发下一代纯电动汽车平台技术,并通过技术共享和联合采购实现品牌沃尔沃汽车、吉利汽车和领克汽车之间的协同合作。以中国市场为依托,凭借沃尔沃先进技术,未来领克品牌将全面进军海外市场,实现中国品牌"走出去"。

第 三 章

关于中国企业海外并购策略的一些思考

在中国制造业企业海外并购短暂的发展历史中，尽管存在一些效果卓越的并购案例，但总体而言，中国企业"走出去"之路并不顺畅，面临重重挑战。

应对挑战，如何更好地抓住历史机遇，通过海外并购实现我国由制造大国到强国的转变，任重而道远。我们应该积极创新海外投资方式，深度挖掘和撬动"中国因素"，实现并购双方的互利共赢。同时，我们从"补强"和"前瞻"两个角度进行深入分析，聚焦最具转型升级潜力的产业，发掘投资机遇。

第一节 中国企业海外并购面临重重挑战

一、海外并购失败率较高

在投资过程中,由于缺乏经验,中国企业对谈判流程的规范性和透明度重视程度较低,效率不高,并且容易出现误解和分歧,降低了中国买家的可信度。外国卖方出于对交易过程中可能出现的问题的担忧和固有偏见,与中国企业交易的意愿较低,中国企业海外并购不得不支付额外"中国溢价",抑或仅仅成为外国卖方提高整体交易价格的"掩护马"(stalking horse),交易成功率不高。[①]

另一方面,在投后整合阶段,由于缺乏整体战略或是缺乏对中外市场和文化差异的足够理解,并购标的未能有效实现与企业自身业务的协同发展,由此带来的并购失败案例不胜枚举。

二、保护主义兴起

伴随着中国海外并购的迅猛发展,各国保护主义也日益显现,并呈现加强态势,进一步为中国企业海外投资设置了重重障碍。

美国外国投资委员会(CFIUS)正向着审查更为严格,范围更为广

---

① 吕立山:《国际并购游戏规划——如何提高中国企业走出去成功率》,机械工业出版社 2017 年版。

泛,对投资者背景调查更为审慎的方向改革。

据美国财政部统计,中国不仅已连续多年位居 CFIUS 审核榜前列,未能通过审查的案件数量也呈现上升态势。往年因 CFIUS 审查而导致交易未能完成的数量均不超过 10 笔,而这一数字在 2017 年直线上升至 20 笔。

在欧洲地区,保护主义也呈兴起之势。据欧洲亚洲中心《中国对欧直接投资:趋势和意义》报告,近年来欧盟内部出现"中国投资威胁论",主张对华强硬,在欧盟层面设立统一投资审查制度等的呼声有所升高,尤其是在核能、基础设施和通信设备等敏感领域,要限制中国资金进入。从最近吉利集团收购戴姆勒股权,德国政府的表态上,这一趋势也可见端倪。不过,从积极的角度来看,在监管审查方面,与美国的 CFIUS 审查相比,德国及其他欧洲国家有关国家安全的相关审批而言依然是相对宽松的。以德国为例,虽然 2018 年早些时候德国修改了有关对国家安全可能造成影响的交易审批流程,具体而言,相关审批流程时限变长,以及某些"关键基础设施",例如,通信和 IT 行业也被划入了审批范围。但总体而言,德国政府去阻止某一交易的实施条件仍然相对较高,即交易对象为德国公司超过 25% 的股权,且该交易将会显著威胁德国国家安全,而一般情况下,收购德国高新技术企业并不会对国家安全造成影响。

第二节　深度挖掘"中国视角",实现互利共赢

面对挑战,中国企业应当充分发掘"中国视角",借助庞大且充满

活力的中国市场和产业生态系统,帮助海外企业获得全新增长动力,实现并购双方互利共赢,降低政策干预风险,同时增强中国买方吸引力。

一、强大的消费市场为高端制造发展提供强大需求保障

(一)中国消费市场规模庞大且仍然不断增长

中国消费市场规模庞大,在多个细分领域,我国需求量都位居全球第一,如表 3-1 所示。

表 3-1 2016 年部分行业市场需求规模

类 别	内容描述
汽 车	国内市场汽车销量 2800 万辆,全球占比 30%,销量全球第一
家 电	国内销售额超过 7400 亿元
轨道交通	国内轨道交通设备市场规模超过 4000 亿元,全球第一
通信设备	国内三大运营商资本性支出(CAPEX)合计超过 500 亿美元,为全球第一
智能手机	国内智能手机销量超过 4 亿部,全球占比约 30%,全球第一
半导体	中国半导体消费额 1075 亿美元,在全球占比达 32%
安 防	国内安防市场规模超过 5000 亿元,全球第一

数据来源:中信证券研究部

同时,我国消费市场仍然保持快速增长。仅仅在 2017 年"双 11"购物节这一天,这一由阿里巴巴策划并推出的消费狂欢日销售额就达

到 250 亿美元,每小时交易额超过 10 亿美元。在如此规模之下,根据阿里巴巴公布的数据,2017 年"双 11"的同比增长速度仍然高达 40%。据瑞穗银行预测,2018 年中国零售市场规模有望达到 5.8 万亿美元,与美国市场规模相当,同时,中国将凭借更快的增长速度在未来成为全球最大市场,如图 3-1 所示。

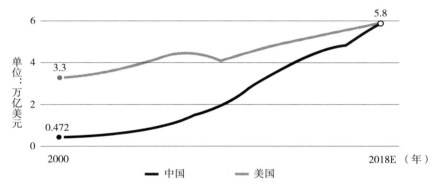

图 3-1　2000—2018 年中美零售市场规模统计及预测

数据来源:瑞穗银行、《华盛顿邮报》

(二)消费升级驱动高端产品需求进一步扩大

近年来,随着财富不断积累以及消费者更加成熟,中国市场正在经历新一轮消费升级,更多的消费者正从购买大众产品转向高端产品。以豪华车市场为例,伴随着消费升级浪潮,中国豪华车渗透率快速提升。根据工业和信息化部的数据,2017 年,中国豪华车销量超过 254 万辆,超越美国成为全球最大市场。豪华车销量同比增幅达到 19%,远远高于普通乘用车市场整体 1.4% 的增速,如图 3-2 所示。

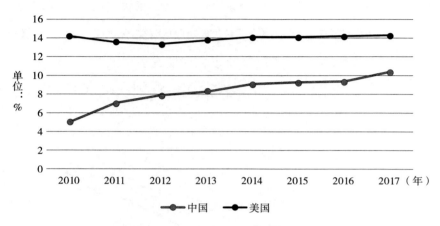

图 3-2　2010—2017 年中美豪华车渗透率

数据来源：Marklines、中信证券研究部

（三）高端制造在中国市场应用空间广阔

消费升级对我国制造业生产供给的质量提出了更高的要求。然而我国当前制造业企业能力远远不足，对产品性能品质等方面的需求升级缺口增大。巨大的消费升级需求正在反向促进我国制造业转型升级。

（四）努力发挥后发优势，发展智能制造

数字化、网络化是制造业未来产业升级的重要发展方向。同时，借助人工智能的发展，未来工厂有望实现智能化升级。

对中国而言，如原中国工程院院长周济所述，必须努力发挥后发优势，采取"并行推进、融合发展"的技术路线。传统工业发达国家的制造业升级是一个经过数十年漫长顺序发展的过程，分别经过自动化升

级,数字化升级,并走向网络化升级,最终迈向智能制造阶段。中国制造业的自动化、数字化和网络化改造,无须再重复顺序发展的路径,可选择并行推进,以实现智能制造的跨越式发展。

与此同时,我们也看到跨越式发展所面临的巨大挑战。中国制造业自动化程度仍然处于较低水平,广大制造业企业,特别是中小企业,尚未完成数字化转型,只有在转型过程中踏实完成数字化补强,才能夯实智能制造发展的基础。

大数据技术是实现智能制造的核心基础。工业大数据技术在现代制造业中的运用范围非常广泛,包括研发设计、供应链管理、生产制造、市场营销和销售以及售后服务。大数据技术与这些环节的结合都将大幅度助力其能力提升。以生产环节为例,过去,工程师和工人们只能基于自身经验和摸索改进工艺,然而借助大数据技术,工艺改进有望自动化甚至智能化,生产效率和品质有望由此得到全面提升。

在市场体量上,中国具备其他工业国家无法比拟的优势,庞大的用户基础和生产过程数据流有望为企业带来源源不断的智能化燃料,帮助企业实现快速学习和迭代升级。那些在竞争中脱颖而出的智能制造企业,有望快速实现商业化并取得规模效应。中国有望成为全球工业智能制造最大试炼场,并孕育出智能制造领先企业。

我们也骄傲地看到中国已经成为世界人工智能领域(AI)的主要竞争者。在大数据、人工智能和深度学习领域具有领先优势,并且发展势头强劲。搭乘中国人工智能发展东风,中国制造业有望最终实现跨越式发展。

工业物联网是实现智能制造必不可少的神经网络。通过分布在物理世界的传感器,物联网采集大量工业数据,经分析后应用于各行业的生产流程以及制造业的产业结构调整中,实现决策智能化。从生产流程角度,物联网提高企业判断能力,调整企业生产流程,提高生产效率。从产品质量的角度,物联网可以帮助企业改进产品性能,帮助企业降低能耗、保障安全。从产品生命周期管理的角度,物联网帮助制造业企业分析实时库存状况,分析各类设备或产品的运行状态,实现预测性维护,避免非计划停机。

我国正在积极部署物联网基础设施,未来几年,三大运营商将加大在窄带物联网(NB-IoT)方面的部署,加快基站升级步伐。中国移动预计,到 2020 年,其有望实现 1000 亿元收入规模,实现 50 亿互联网连接数。

我国重点工业企业也在积极布局物联网应用。三一重工的工业物联网始于 2008 年,是中国最早的工业物联网平台之一,构建了业内独一无二的嵌入式一体化工业物联网整体解决方案。三一重工的工业物联网系统庞大,对 20 万台机器,5000 多个参数进行实时监控,积累了丰富的工业数据。基于这些数据,三一重工可以进行:(1)宏观经济研究:公司每半个月向国家上报经济预测,基于 20 万台机器收集到开工率和工作时长的数据,对当地经济进行直观预测;(2)售后服务:基于采集到的数据,三一重工可以通过工业物联网进行远程故障诊断,对客户产品出现的问题提出解决方案;(3)精准产品研发:三一重工通过对设备工业活动的状态监测,了解实际工作状态,诊断性改善产品研发;(4)设备故障预测:三一重工对大量的工程机械做故障的预测,并进行货款的控制。

二、"人才红利"有望成为中国制造业发展的全新动力

过去,大量高性价比劳动力带来的"人口红利"支撑了中国传统制造业的快速发展。未来,随着自动化和智能化程度的加深,适应高端制造的工程师和研发人员有望成为核心劳动力和创新源泉。在中国,随着经济腾飞而培育起来的大量高等教育背景人才,正在形成"人才红利",有望助力我国新时代制造业的腾飞,成为我国经济发展的全新驱动力。

(一)中国人才储备规模可观

据广发证券测算,中国在过去10年培养了6000万大学毕业生和450万研究生,人才累积雄厚。海外人才引进和留学人员回流也是一大重要来源。截至2016年,海外高层次人才引进计划共引进人才6000余人,各地引进高层次留学人才超过5万人。完成学业后选择回国发展的留学人员比例由2012年的72%增长至2016年的82%。大量高等教育背景人才的累积带来中国"工程师红利"的雄厚基础。

(二)人才创新能力持续提高

我国"人才红利"已初露端倪,从论文发表数量和专利申请数量来看,我国创新能力正在持续增强。

根据世界知识产权组织(WIPO)数据,2017年,中国专利申请数量

达到 4.89 万件,同比增加 13.4%,排名世界第二。同期,排名第一的美国专利申请数量为 5.66 万件,如图 3-3 所示。

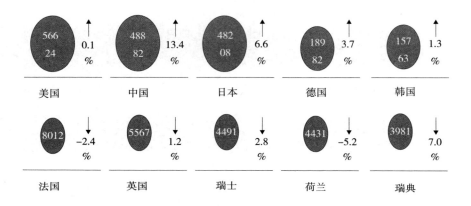

图 3-3　2017 年专利申请数量前十位国家及 2016 年以来的增长百分比

数据来源:WIPO

此外,根据国际发明人研究院(NAI)和知识产权所有者协会(IPO)联合发布的数据,清华大学 2017 年在美国实用新型专利授权数量与加利福尼亚大学(含伯克利加州大学等)、麻省理工学院、斯坦福大学共同连续四年居全球大学前五名。①

三、发挥中国制造业生态系统优势

制造业是重资产的行业,高度依赖基础设施。过去,中国强大的基础设施曾为我国制造业腾飞奠定了坚实基础。展望未来,中国领先的

————————

① NAI,IPO,"Top 100 Worldwide Universities Granted U.S.Utility Patents 2017",见 http://www.academyofinventors.com/pdf/top-100-universities-2017.pdf。

交通、信息网络和完备的产业集群为中国制造业构建强大生态系统。以深圳制造业生态系统为例,凭借强大物流和信息流基础设施以及完备的产业集群,深圳制造业企业在生态圈内能够高效地完成从设计到开发,再到规模化生产的全流程,并迅速进入全球市场,节省大量成本,如图 3-4 所示。

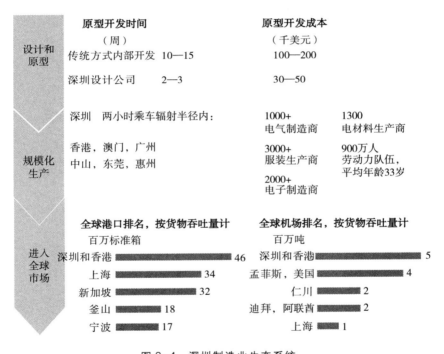

图 3-4　深圳制造业生态系统

数据来源:McKinsey & Company、《2014 年深圳统计年鉴》、德鲁里、国际机场协会

(一)交通网和信息网发达

中国打造了完善的交通和信息网络,通过现代化的交通运输基础

设施——公路、铁路和机场以及覆盖 7 亿人口的移动互联网络,将中国制造与全球市场高效连接。

我国已经拥有超过 13 万公里的高速公路,12.7 万公里的铁路网,2.5 万公里的高铁,均是世界第一,毛细血管般的快速运输网络将全国各制造基地牢牢地连接在了一起,工业化的触角伸向了全国几乎所有地区、所有角落。而我们的吨公里运输成本,公路仅相当于美国的一半,铁路几乎是全球最低。

高铁的便利不仅体现在方便务工人员的流动,更大的优势在于高铁释放了原有货运线的承载能力,大幅降低物流成本,提高企业运营效率;"四纵四横"主干线依次交叉,形成济南、石家庄、郑州、武汉、长沙等十字交叉节点城市,其独有的交通便利优势,结合内陆地区的劳动力成本优势,未来制造业的发展潜力无限;制造企业从沿海地区搬往内陆地区已经形成趋势。

中国还具备强大的基础设施建设和保障能力。郑州于 2010 年引进了富士康之后,2012 年郑州机场开始二期大扩建,郑州机场的货运量从 2011 年的 10.3 万吨增加到 2016 年的 45.7 万吨,郑州机场高速公路在两年间实现四车道到八车道通行。我国强大的基础设施保障能力使郑州的制造商在 16 天内能将商品送达欧洲消费者手中,而之前走海路运输则要多达 38 天之久。2017 年郑州成为 Amazon 在我国中西部的首个直邮口岸。

（二）产业集群完备

产业集群的完备可以使制造业企业在国内找到全面的解决方案,

帮助企业完成产品的快速配套,为工业生产提供便利并降低成本,形成良性循环,吸引更多产业链上下游企业加入,扩大集群范围,扩大规模优势,进一步降低成本。

中国已经建立起世界上最为完备而独立的产业体系,覆盖从最上游原材料开采到最下游终端产品生产。受益于此,中国制造业的供应商基础远远好于其他国家,密集的生产企业以及供应商网络有望帮助企业提高生产效率,加快创新,如图 3-5 所示。

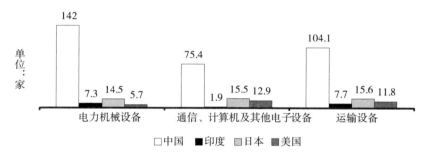

图 3-5　2013 年各国制造业生态系统供应商基础

数据来源:McKinsey & Company

中国产业集群已经形成特色区域。例如,我国电子元器件行业已经形成以长三角地区、珠三角地区、环渤海地区三大核心区聚集发展的空间格局:长三角地区是国内晶圆制造、封测企业最为集中的区域,珠三角地区具有强大的市场需求和销售渠道体系优势,环渤海地区拥有高校和科研单位集中的知识优势,如表 3-2 所示。

表 3-2　中国装备制造产业五大行业集群

产业中心		主要行业	主要产业集群
长三角地区	上海	汽车整车及零部件制造、智能装备制造和能源装备制造、民用航空装备、船用关键件制造、核电装备等	上海临港地区:高端装备制造业产业集群、战略新兴产业集群
	江苏	智能制造装备、高端专用装备、海洋装备、新一代电子信息设备等	江苏沿江八市:汽车及零部件产业集群、船舶制造产业集群、电子信息产业集群
环渤海地区	北京	航空航天、汽车、卫星、数控机床等	北京中关村:卫星应用产业集群、轨道交通产业集群、集成电路产业集群、高端装备与通用航天产业集群、新能源汽车产业集群
	辽宁、山东、河北	海洋工程装备、数控机床、轨道交通装备等	大连:金州电子信息产业集群、大连湾临海装备制造产业集群;济宁:任城区工程机械制造产业集群;烟台:海洋工程与造船产业集群;日照:汽车及装备制造产业集群
珠三角地区	广州、深圳、佛山、珠海、东莞	通用航空、机器人应用、电子信息设备制造等	广州:机器人产业集群;汕尾:电子信息产业集群、发动机装配产业集群
东北地区	辽宁	重型机床、金属冶炼、机车车辆制造、航空装备、海洋工程装备等	沈阳:大东汽车及零部件产业集群、铁西装备制造产业集群;丹东:仪器仪表产业集群;铁岭:专用车产业集群
中西部地区	湖南、山西、江西	轨道交通装备、航空等	株洲:轨道交通装备制造产业集群;太原:多元化装备制造产业集群;南昌:航空工业城;九江产业集群
	四川、重庆、陕西、贵州、云南	航空装备、卫星、轨道交通装备、机床等	成都电子信息产业集群

数据来源:中金公司研究部

第三节　布局下一代工业技术，把握历史机遇

工业4.0时代正从生产方式、产业形态、商业模式等众多方位，全面重塑全球产业分工格局。对中国制造业而言，这既是挑战，又是机遇。一方面，随着工业智能化程度的加深，先进制造技术得以广泛运用，生产成本将不再是决定企业成本的决定性因素。未来工业社会有望建立起全新生产体系，打破中国中低端制造业赖以生存的劳动力和价格优势，中国制造业将面临结构性挑战，升级转型压力紧迫。另一方面，世界制造业固有产业分工格局的打破和演进，或为中国企业提供历史性加速发展机遇。紧紧抓住新一轮科技革命和产业变革与我国加快转变经济发展方式历史性交汇的难得机遇，将大大加快我国工业化和建设制造强国的进程。

目前，我国仍然处于工业化进程的中后期，但也应该看到后发国家在工业化过程中，面临着更为宽广的技术选择。借鉴发达国家的历史经验和日新月异的科学技术，特别是信息技术的广泛应用，将使得我国工业化进程在时间上大大加快。我国工业化进程中要吸收、应用当代最新技术，而不会重复发达国家的发展历程，因此，我国工业化的进程同时也是工业现代化的过程。制造业是实现我国工业化的主体，同时也是加速实现以自动化、信息化为特点的工业现代化的主要推动者。只要我国利用好后发优势，充分利用信息技术迅猛发展所带来的机会，就有可能依靠制造业的转型升级，确保在2020年基本实现工业化，同

时实现工业现代化。

以汽车行业为例,当前我国传统汽车工业发展面临全方位挑战——核心技术落后,产业价值链低端,品牌质量和海外销售渠道缺失。然而,在工业 4.0 时代,新的机遇也展现在中国汽车行业面前。

传统汽车行业产业链极其庞大且复杂,海外汽车厂商及零部件供应商牢牢把控各个关键产业链环节,拥有极大先发优势。然而,随着电动汽车的出现,一方面,汽车行业产业链受到很大程度简化,行业格局的重塑为中国企业在产业价值链中的位置提升提供了新的可能性和发展空间;另一方面,随着技术换道,我国与发达国家差距最大的传统汽车动力系统技术(发动机和变速箱),在未来电动化大潮中,已经可被替代。而在相对较新的三电技术(电机、电池、电控)领域,虽然仍存差距,但已在全力追赶。同时,走向智能驾驶时代,算法和大数据变得更加重要,中国丰富的 IT 工程师和广大的消费人群将为自动驾驶技术开发提供强大的智力和数据支持。最后,营销模式的创新,有望颠覆传统经销商模式,从而大幅降低进入发达国家市场的销售渠道门槛。

一、发展未来工厂的主要驱动因素①

(一)劳动力成本高企

长期以来,传统制造业对于降本增效的不懈追求,不断地促进工业

————

① 主要内容来自 Goldman Sachs Global Investment Research, *Factory of the Future* 系列报告。

自动化的发展。在新时代下,工业自动化发展在全球范围内仍然大有可为。

　　一方面,发达国家的制造业工程师平均劳动力成本仍然高于中国四倍,同时面对人口老龄化,劳动力人口在下降。为应对发展中国家竞争,发达国家需要不断加大工业自动化水平。另一方面,发展中国家如中国也面临劳动力成本不断攀升的挑战——与发达国家3%的工资增幅相比,中国工资水平增幅一直保持在两位数水平,如图3-6所示。

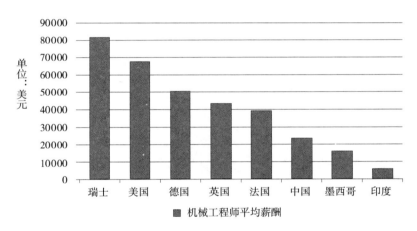

图3-6　工程师劳动力成本地域分布情况

数据来源:PayScale(2016年1月),高盛全球投资研究估计

(二)专业技术型人才稀缺

　　除了劳动力成本高企之外,拥有专业技术劳动力的稀缺也是推动未来工厂发展的关键因素。根据美国制造业研究院的调查,84%的美国公司受困于该问题。发达国家专业劳动力的缺乏主要是因为制造业工人群体年龄老化,而在新兴市场,主要是因为年轻人从事制造业工作

的意愿越来越低。

(三)寻求加快对市场变化的反应能力

产品的开发周期对成本的影响极大,同时市场竞争激烈,消费者都期望更快的产品迭代,因此,制造商都在寻求缩短新产品进入市场的周期。通过采用部分未来工厂技术,菲亚特集团的玛莎拉蒂将新车型的上市时间从 30 个月缩短到 16 个月。

此外,更短的上市周期还意味着更低的库存与更高的资本收益。未来工厂整合从供应商、制造商、分销商到消费者的信息链,从而精确地预测和控制全供应链的库存量。据源讯公司(Atos)预计,供应链的空闲时间可最高降低 58%。对市场的快速反应还包括提供更多的产品个性化定制能力。

(四)政策推动

在如今的全球化时代,各行业的产能过剩已经成为普遍现象,各个国家都在努力提升自身的制造业竞争力,包括德国、美国、中国在内的国家都启动了制造业升级的计划。

(五)相关技术日趋成熟

随着科技的飞速进步,关键的自动化技术,如感应器、控制器计算能力及机器人技术,已经日趋成熟,能够极大地帮助传统制造业进行自动化改造和升级。

虽然目前智能制造的商业化应用前景仍然没有清晰,但各个领先企业都在积极推出商用化应用产品及平台。2016 年 11 月在日本国际机床展览会(JIMTOF)上,机器人和数控设备领域的全球领导者发那科联合其合作伙伴罗克韦尔自动化有限公司(Rockwell)、思科(Cisco)展示了它们的"FIELD 系统"及下一代物联网制造智能工厂平台。该系统可以监控和统一管理机床的运行状态。与此同时,德国西门子、日本三菱电机和欧姆龙等公司正在提议开发类似的智能工厂开放平台。

二、发达国家的再工业化战略

全球产业竞争格局正在发生重大调整,各国纷纷抢占制造业新一轮竞争制高点。为继续保持制造业领先地位,发达国家纷纷提出再工业化战略,并希望引导制造业回流,试图重塑制造业竞争新优势并引领全球竞争重回制造业。

美国在金融危机之后提出"先进制造业回归"计划和"美国制造创新网络"计划,促进高端制造业回流;德国实施"工业 4.0"战略;英国制定"制造业 2050"规划;日本发布"制造业白皮书",实行"互联工业"。

(一)美国先进制造业发展计划

2009 年初,美国开始调整经济发展战略,同年 12 月,公布《重振美国制造业框架》。2011 年 6 月和 2012 年 2 月,相继启动"先进制造伙伴(AMP)"计划和"先进制造业国家战略"计划,实施再工业化。美国"先进制造伙伴(AMP)"计划目的为巩固美国制造业竞争优势并确保其在世界制造强国中的领先地位,并获得美国政府 5 亿美元投入。

美国国家科技委员会于 2012 年 2 月发布《先进制造业国家战略计划》,明确提出了实施美国先进制造业战略的五大目标,即加快中小企业投资,提高劳动力技能,建立健全伙伴关系,调整优化政府投资,加大研发投资力度。为保证目标的有效落实,计划中规定了每个目标的近期和远期指标,明确指定参与每一个目标实施的主要联邦机构,展现了美国政府振兴制造业的决心和愿景。

"美国制造创新网络(NNMI)"计划的核心是制造创新机构,联通业界和学术机构,合作解决基础研究和生产之间的衔接问题。NNMI计划的愿景是使美国在先进制造领域居于全球领先地位。为实现这一愿景,该计划设立如下战略目标:提升美国制造的竞争力,促进创新技术的转化,加速先进制造劳动力的发展,帮助制造创新机构构建稳定和可持续发展的商业模式。①

(二)德国"工业 4.0"战略

在德国学术界和产业界的建议和推动下,2013 年 4 月汉诺威工业博览会上,德国正式提出"工业 4.0"战略(INDUSTRIE 4.0)。这是德国《高技术战略 2020》确定的十大未来项目之一,由德国联邦教研部与联邦经济技术部联手资助,联邦政府投入达 2 亿欧元,旨在支持工业领域新一代革命性技术的研发与创新,被看作提振德国制造业的有力催化剂。

"工业 4.0"战略是以智能制造为主导的第四次工业革命或革命性

---

① "Capturing Domestic Competitive Advantage in Advanced Manufacturing",见 https://www.manufacturing.gov/reports。

的生产方法。该战略旨在通过充分利用信息通信技术和网络空间虚拟系统——信息-物理融合系统(cyber-physical system,CPS)相结合的手段,将制造业向智能化转型。

"工业4.0"战略将建立一个高度灵活的个性化和数字化的产品与服务的生产模式,并会产生各种新的活动领域和合作形式,改变创造新价值的过程,重组产业链分工。通过实施这一战略,将实现小批量定制化生产,提高生产率,降低资源消耗量,提高设计和决策能力,弥补劳动力高成本劣势。德国将实现双重战略目标:成为现今工业生产技术(CPS)的供应国和主导市场。

"工业4.0"战略确定了八个优先行动领域:标准化和参考架构、复杂系统的管理、一套综合的工业基础宽带设施、安全和安保、工作的组织和设计、培训和持续性的职业发展、法规制度、资源效率。德国三大工业协会——德国信息技术、通信、新媒体协会(BITKOM),德国机械设备制造业联合会(VDMA)及德国电气和电子工业联合会(ZVEI),牵头建立了"工业4.0平台",并由协会的企业成员组成指导委员会,各大联合会以及组织组成主题工作小组,共同推动"工业4.0"战略的发展。

(三)英国"制造业2050"规划

2013年10月,英国政府科技办公室推出报告《英国工业2050战略》(*The Future of Manufacturing:a New Era of Opportunity and Challenge for the UK*)。此报告是定位于2050年英国制造业发展的一项长期战略研究,旨在通过强大的、出口为导向的制造业帮助英国实现经济复苏,通过"英国制造""英国创造""英国发明""英国设计"和制造者的前进来带动英国发展。

报告认为制造业并不是传统意义上"制造之后进行销售",而是"服务加再制造(以生产为中心的价值链)",并提出了未来英国制造业的四个发展趋势:第一,制造业技术驱动特征将更加明显,技术突破加快,对市场的响应时间更短,更贴近顾客。这需要英国加快研发成果向应用领域的转化,有效保护知识产权。第二,全球制造业布局调整,需要把握新的市场机遇。财富结构和人口结构的变化将带来制造业基地和市场的变化,新兴经济体地位提高,服务外包和离岸业务等使得全球价值链碎片化越来越明显,新的商业模式将不断涌现。这需要英国保持其高技术产品的优势地位,加大对制造业外商直接投资(foreign direct investment,FDI)的吸引。第三,可持续性发展和环境保护方面的要求对制造业生产过程影响深远。这需要政府加强环境监管,提高企业能源效率、材料回收和废物处理标准。第四,对高技能劳动力的需求越来越迫切。这需要政府加大力度培养高素质劳动力,提高工程类课程质量,吸引国际人才。

自制定战略以来,英国政府推出了一些具体的制造业产业政策提振制造业。其中包括"高价值制造发射中心"(high value manufacturing catapult centre),主要利用七家位于英国各地的研究中心为公司开发、营销产品提供设备、技术和信息。"高级制造供应链"(advanced manufacturing supply chain initiative)计划提供1.25亿英镑的基金,鼓励供应链和主要生产商的协同分布。"制造咨询服务机构"(Manufacturing Advisory Service)为制造商提升生产力和竞争力提供专业指导。该机构此前由地方政府主管,现在由英国政府接管。"地区发展基金"(the regional growth fund)主要为有潜力的项目提供投资。此外,英国政府还以很大力气鼓励制造业就业。英国商务、创新与技能部就发起了众多项目,目的是塑造"制造业有吸引力的职业选择"形象。

(四)日本"制造业白皮书"

安倍在参加德国汉诺威消费电子信息及通信博览会(CEBIT)的时候,向世界传达了"互联工业"的概念,并把它作为日本在第四次工业革命中的目标。

日本制造业的4.0时代稳扎稳打,持续推进。2014年,日本政府在经济增长战略中明确提出"机器人带来产业革命"的指导方针,并成立了专业技术人员组成的"实现机器人革命会",目标为到2020年使制造业领域的机器人市场规模翻番,非制造业领域扩大至20倍。2015年,日本政府在发表的"制造业白皮书"中,提出了"重振制造业"的战略目标。

三、未来工厂相关技术和应用案例①

未来工厂概念意在通过全新的技术运用,帮助企业进一步降低制造业成本。相关技术方向包括生产和设计的仿真技术、自动化生产技术和工厂内物流和仓储技术等。

---

① 主要内容来自 Goldman Sachs Global Investment Research,*Factory of the Future* 系列报告。

（一）生产和设计的仿真技术

包括覆盖从产品设计开发到生产的全生命周期管理（PLM）软件以及具备云计算和大数据分析能力的物联网（IoT）软件。PLM 的引入可有效降低新产品，特别是复杂产品的开发周期和成本，如美德维实伟克（MWV）通过运用达索（Dassault）的 PLM 软件，将新产品开发到面世的周期从 18 个月降低到 6 个月。当前，这一技术的两大提供商为西门子以及达索等。

物联网平台即服务（PaaS）集成软件应用，云存储，大数据分析以及工业互联网操作系统服务的应用，可有效提高生产效率和设备有效工作时间。这一领域的主要服务提供商包括思科（Cisco）和通用电气（GE），其他提供商还包括罗克韦尔（Rockwell Automation），施耐德以及西门子。同时传统的软件和互联网服务提供商，如 SAP、IBM、Amazon 等也在积极介入这一领域。

应用案例：通用电气（GE）工业物联网。

氯化镍电池工厂应用：通用电气（GE）在美国纽约州内的氯化镍电池厂内实现高度物联网运营——通过 1 万多个传感器进行数据监控，工厂可以实时监测电池制造的核心温度，电池制造所耗费能源，生产车间的气压等，流水生产线上的管理人员可以直接通过手持设备获取数据，实时监督生产过程。

喷气发动机制造应用：在美国加利福尼亚州的通用电气（GE）软件研发中心，工作人员通过测试筛选 2 万台喷气发动机各种细小的警报信息，可以提供发动机维修的前瞻性评估数据，可以提前一个月预测哪些发动机急需维护修理,准确率达到 70%。另外,此系统的运用可以大幅度降低飞机误点概率。

通用电气(GE)与埃森哲合作成立 Taleris,为全球的航空公司和航空货运公司提供服务。通过云计算服务,Taleris 能快速传递飞机航行信息,随后为之定制维修方案。航空公司也因为能够对飞机上的各项性能指标进行实时监测和分析,并预测故障,减少损失。

(二)自动化生产相关技术

包括工业机器人、协作机器人(cobots)以及增材制造技术等。工业自动化产业发展前景光明。随着自动化设备引入成本的逐年下降,使得更多的厂商从成本和效率角度,开始考虑"机器换人"。2016 年,一台小型机器人的年化成本已经低于上海制造业普通技术工人的平均工资。同时,随着市场竞争日益激烈,供应商不仅需要实现规模经济,还需要加强产品性价比以在竞争中谋求发展。其中,协作机器人可用于替代高重复性但低技能的工种,以及适用于产品种类较为分散、规模效应不足的制造领域,且较传统工业机器人成本回收周期更短(1—1.5 年),近年来增长快速。这一领域的提供商除了传统的四大机器人家族外(发那科、安川、库卡公司、ABB),还包括 Teradyne 等。

应用案例:面对中国企业在电子行业的竞争,美国田纳西州企业(Scott Fetzer Electrical Group,SFEG)通过运用协作机器人,有效地提高了 20% 的生产效率。相较于使用传统工业机器人,使用协作机器人部署难度更低,使用灵活度更高。SFEG 将协作机器人部署于 AGV 平台之上,根据业务需求不同,灵活应用于多个不同业务环节。

（三）工厂内物流及仓储相关技术

包括自动导引车（AGV）和射频识别技术（RFID）等。AGV 系统广泛运用于工厂物流及仓储之中的物料处理和运输，可有效实现及时（just-in-time）物流，并有望成为工业物联网中的重要组成部分。AGV系统的部署可有效降低劳动力成本以及提高生产弹性。Egemin——德国凯傲（Kion）旗下 AGV 品牌企业估计，一套 AGV 系统的成本回收期为 2.75 年。这一领域的主要提供商包括新松机器人、凯傲（Kion）、德马泰克（Dematic）以及库卡公司等。

应用案例：哈雷–戴维森通过运用 AGV 系统，将其约克工厂的传统物流供应链进行数字化改造。改造完成后，公司库存规划周期由过去的 21 天缩减至 6 小时，并显著改善了库存效率，将改造前系统的8—10 天库存水平提高至 3 小时。

此外，新的技术如机器学习，AR/VR 及机器视觉等技术也有巨大应用潜力。以机器视觉为例，其在制造业中的应用范围广泛，涵盖强加产品质量检查，以检测流水线上的产品缺陷；协助过程控制，以加快产品生产速度，如读取条形码以确保零部件位于正确的区域；辅助工业机器人的引导和定位。机器视觉市场的主要参与者包括康耐视（Cognex）、基恩士（Keyence）、欧姆龙等，以及许多专门研究机器视觉系统特定组件（如激光）的其他公司。技术变革的演进也将极大地改变制造业竞争格局。软件厂商开始进入曾经完全被硬件厂商所主导的工业领域。同时，传统制造业设备厂商也面临越来越大的压力加强其产品的智能化水平。这类公司长期以来的关注集中在为客户提供更低成本的产品制造解决方案,然而,传感器和物联网软件的出现迫使它们将智能化技术嵌入到其产品中。2016 年 3 月思科(Cisco)收购物联网平台提供商 Jasper 便是很好的案例。事实上,美国的固定资产投资热点正在由硬件转向软件领域。同时,英、美、日软件占固定资本的比重也在逐年上升。自 2009 年美国私有企业在软件领域的固定投资首次追平硬件设备以来,这类企业在软件领域投资不断加强。

同时,由于众多关键技术的革新通常由小型私有企业所引导,2016年高盛预计会出现更多的行业并购。高盛相信具备传统优势的制造类企业,如通用电气(GE),西门子、ABB,凭借健壮的资产负债表,将进一步整合小企业。同时,虽然仍面临很多并购阻碍,受到不断攀升的劳动力成本压力,中国企业亦将寻求在国际市场并购代表未来制造业发展方向的成功企业。

在行业格局快速演变的将来,更需要企业提前布局新技术。先进技术的提供者或将成为市场有力的竞争者,而无法快速适应者将会面临淘汰。

在可预期的未来十年,产品生命周期管理软件(PLM)、物联网平台、协作机器人、工厂内物流技术、增材制造和人工智能等技术将成为新的行业增长点。在不同区域和不同行业,这些新技术的被接纳程度仍然取决于以下三个因素:一是所属行业的工业设备的平均已使用年限,陈旧的设备或无法与新技术兼容;二是所在区域的自动化升级动力,如是否面临劳动力成本上升以及熟练工人短缺,政府是否有足够政策支持力度等;三是新技术的技术成熟度,如应用成本以及附加值提升能力。

四、未来工厂的发展趋势

渐进式演变是未来工厂技术的发展特征,自 2013 年汉诺威工业博览会首次提出"工业 4.0"概念后,每年的汉诺威工业博览会都被看作智能制造发展的风向标,未来工厂的前景也逐渐清晰。2018 年的汉诺威工业博览会宣称"工业 4.0 已步入下一阶段",几个有关未来工厂发展趋势的判断渐成共识,也成为业内公司的着力点。

业内关注点已从具体应用向系统架构演变。随着制造业智能化升级进程的推进,越来越多的企业开始布局未来工厂,关注重点已经超越了产品的具体功能,而是打造整体系统架构,从而助力用户业务模式顺利过渡到数字化、智能化阶段,助推其业务整体转型升级。那些能够提供完整解决方案,以系统的视角覆盖用户问题、痛点和期望的企业,越来越多地获得业内人士的关注。

博世提出了 OTD(order to deliver)链概念,从系统视角审视制造业升级涉及的整个功能模块链条,将以往针对不同环节的零散功能软件打包,从而帮助用户实现从供应商管理到物流运输的全供应链智能优化。西门子作为行业领导者,选择以技术规划咨询服务为切入点,凭借完备的产品集合针对不同行业为客户量身定制整体系统构架和关键环节方案,以一站式服务的方式赢得了包括汽车制造、电子装配、石油化工、航空航天等诸多行业的客户。达索(Dassault)作为工业软件的巨头,也将其解决方案的覆盖面从单纯的软件扩展到整个产线布局,从生产的规划、执行、监督一直延伸到工业云应用。一个明显的趋势是,传统的子行业厂商都在谋求扩张和转型,软件、硬件、技术咨询的边界越来越模糊。

从各自为战到行业生态整合。2018年汉诺威工业博览会的主题为"产业集成——连接与协作"。智能制造是一个复杂的系统工程,在经过多年单兵作战式的发展后,目前业界的广泛共识是,各厂商的解决方案应该通力协作形成有机整体,才能有效应对挑战。

在2018年汉诺威工业博览会上,从主流平台大厂到子行业解决方案提供商,大多数产品在设计中都考虑了对其他产品的开放性和协作性。以西门子为例,其软硬件数字化解决方案已覆盖众多行业,但西门子没有止步于此,在其新版本 MindSphere 工业云平台中,西门子特别加入了三个维度的开放性设计。首先,MindSphere 的开放接口不仅能够连接西门子工控系统,还能够连接所有符合 OPC(OLE for process control)标准的第三方设备。其次,用户可以选择用自己的云服务器来存储数据。最后,开放第三方应用框架,允许用户创造自己的应用。微软也联合了包括施耐德、ABB、罗克韦尔等诸多大牌厂商,围绕 Azure 云构建工业互联网领域的生态系统。

未来工厂追求科技以人为本。在2018年汉诺威工业博览会上,人的作用被提升到智能制造的核心位置,各种协作机器人成为博览会的亮点。库卡公司、ABB、费斯托(Festo)等机器人公司均在不断优化人机协作通用机器人。费斯托(Festo)展示了最新的"蜘蛛"和"飞狐"仿生机器人,这些机器人能够跟随模仿操作人员的动作,在系统中对自动完成编程,对生产作业进行实时仿真。库卡公司展台除了大量工业机器人之外,还展示了理发、倒啤酒、冲咖啡的机器服务员。欧姆龙研发的 AI 机器人乒乓球教练 Forbheus,在往年的基础上加入了更多人机协作的元素,通过更加精准的传感器来判断出选手的发球、回击,甚至还可进行预判。

"数字化双胞胎"(digital twin)成为未来工厂的重要模式。在传统工厂中,一个产品从研发到生产制造再到后期的运营维护是一个相当长的过程,而中间环节一旦出现错误也会带来极大的成本增加。而"数字化双胞胎"就是针对缩短产品开发生产周期、降低试错成本的需求应运而生的数字化解决方案。"数字化双胞胎"是一个拟人化概念,是指将产品做数字化仿真建模,并将现实世界中复杂的产品研发、生产和维护映射到虚拟世界的镜像产品中,通过这种虚实相连,产品数据不断迭代,帮助虚拟模型不断优化,从而可以增强数字化仿真程度,不断优化解决方案。

在 2018 年汉诺威工业博览会中,包括西门子、SAP、IBM 等众多厂商都推出了基于"数字化双胞胎"概念的工业物联网解决方案。西门子展示了"产品数字化双胞胎""生产工艺流程数字化双胞胎"以及"性能数字化双胞胎",企业可以借助这一技术在实际生产之前就能在虚拟环境中模拟实际效果,其效率与精度和实际操作完全一致,从而大大缩短上市周期。IBM 则展示了大型电梯设备的数字化预测性维护,通过大数据的实时收集和分析,在数字模型中预测实际设备的问题,以便维护人员提前采取措施排除隐患。SAP 展示了"数字化双胞胎网络系统",这套系统打通了制造商和运营商的产品数据,支持产品全生命周期的数字化映像管理。"数字化双胞胎"已经从概念走向现实,并且从以往的航天、航空、国防、电力等特殊领域走向更多的行业。

五、数据安全问题获得更多关注

数字化工业物联网的深入发展增大了传统厂商关键数据在网络上的敞口,也引发了人们关于数据安全的隐忧。2018 年汉诺威工业博览会首次设置了专门的工业安全专区,体现了对该议题的关注。

在博览会上,西门子首席技术官(CTO)博乐仁发表了关于"工业4.0"时代数据安全的主题演讲并介绍了其工业云平台 MindSphere 的安全性设计。西门子还展示了一套检测工业物联网异常现象的解决方案,能够识别黑客入侵和恶意软件的攻击,并自动采取对抗措施。惠普则展示了其基于人工智能技术的物联网安全产品 Aruba IntroSpect,这个产品能够通过机器学习识别网络行为中的微小差异,以此追踪传统手段不能识别的网络攻击。

下篇　细分行业投资机会展望

第 四 章

汽车及汽车零部件行业[①]

第一节　中国汽车行业发展概览

一、中国汽车行业发展历史概览

新中国成立伊始，我国汽车工业从无到有。1952 年，吉林长春汽车工业工厂成立，自此一汽、北汽等自主品牌开始起步。1956 年解放牌载货卡车批量生产，1958 年东风牌小轿车试制成功，标志着中国具有了汽车自主生产能力。

改革开放后中国汽车"市场换技术"，融入世界汽车工业体系。

---

①　本章由中信证券陈俊斌团队撰写。

1983 年,首个中外合资企业北京吉普汽车有限公司签约诞生,标志着中国汽车行业进入合资合作发展时期。10 年内,以北京吉普、广州标致、上海大众为代表的美、日、德、韩、法等多国与中国的合资企业陆续诞生,几乎垄断了中国汽车市场,促进了自主品牌的崛起。

21 世纪中国加入 WTO 后,中国市场地位上升,自主品牌实现突破。随着中国汽车行业市场化改革深化,中国汽车市场的国际地位不断上升,以吉利、奇瑞、长城为代表的自主品牌经受住市场挑战,竞争力快速提升。2006 年,奇瑞拥有了中国首个汽车发动机自主品牌 ACTE-CO,向美国出口 500 台,实现自主发动机品牌出口"零的突破"。2009 年,中国汽车市场成为世界第一大汽车市场。2010 年吉利集团正式收购沃尔沃,标志着自主品牌从市场、制造到研发,全面纳入世界汽车工业体系。根据中国汽车工业协会的数据,2016 年,自主品牌在 SUV 细分领域销量占比接近六成,全面领先合资品牌。

二、中国汽车市场持续增长

中国是全球第一大汽车市场,连续八年销量全球第一。2017 年,中国汽车销售 2888 万辆,同比增长 3%,销量自 2009 年开始已经连续八年位居全球第一,是全球最大的汽车市场,是全球第二大市场美国的两倍左右,如图 4-1 所示。

乘用车本质为"消费品"属性。随着公车改革推进,中国乘用车市场私人消费占比在 90%以上。我们认为,乘用车的核心驱动力是消费

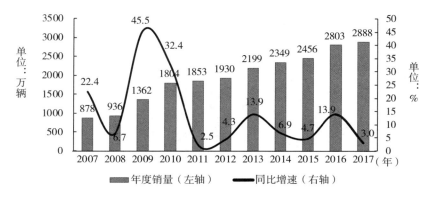

图 4-1　2007—2017 年中国汽车销量变化趋势

数据来源：中国汽车工业协会、中信证券研究部

者的购买力和消费意愿。随着经济发展，中国人均产值和可支配收入快速提升，平均车价对人均 GDP 的比值持续下降，从 2004 年的 5.6 下降至 2014 年的 3.1，人均购车能力大幅提高，是驱动乘用车销量增长的核心因素。

　　长期来看，中国汽车销量仍有增长空间。2016 年，中国汽车渗透率为 140 辆/千人口，低于成熟市场国家及全球平均水平，如图 4-2、图 4-3 所示。

　　同时，根据中国汽车工程学会 2017 年发布的《节能与新能源汽车技术路线图》，预测中国汽车产销规模在 2020 年、2025 年、2030 年将分别达到 3000 万辆、3500 万辆、3800 万辆，如图 4-4 所示。

三、中国汽车市场格局

　　自主品牌形成集体向上潮流，市场份额稳步提升。伴随着 SUV 市

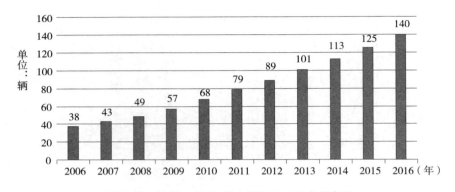

图 4-2　2006—2016 年中国千人口汽车保有量

数据来源:中国汽车工业协会、中信证券研究部

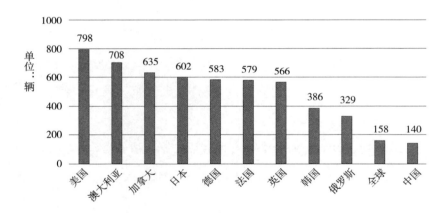

图 4-3　各国千人口汽车保有量

注:中国为 2016 年数据,其他国家为 2014 年数据。

数据来源:Wind、中信证券研究部

场的强势表现和高端化进程的逐步开展,中国汽车自主品牌不断提升盈利能力,正在通过越级竞争从主流外资品牌手中夺取市场份额。2016 年,自主品牌市场占有率达到 46.8%,接近半壁江山,较 2011 年提高了 3.8 个百分点;日系、德系、美系、韩系分别占有 14.6%、14.2%、12.2%、8.3%,如图 4-5 所示。

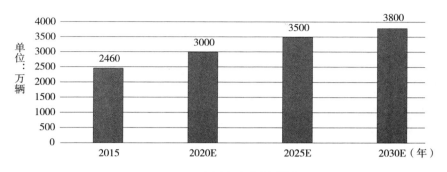

图 4-4 中国汽车产销预测

数据来源：中国汽车工程学会；《节能与新能源汽车技术路线图》，2017 年；中信证券研究部

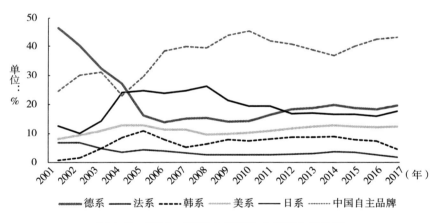

图 4-5 2001—2017 年各国汽车集团市场份额

数据来源：中国汽车工业协会、中信证券研究部

　　自主品牌龙头优势显现，未来行业前五名企业集中度有望持续提升。中国汽车自主品牌数量较多，当前乘用车主要品牌在 60 家左右，行业集中度较低。2017 年，自主品牌前五分别为吉利、长安自主、长城、上汽自主、广汽自主，分别占全国总销量的 5.65%、4.56%、3.84%、2.24%、2.06%，合计占全国总销量的 18.36%。随着消费升级以及自主品牌龙头与合资、外资的差距减少，与二三线自主品牌的优势加大，未来自主品牌格

局将发生明显变化,预计龙头品牌市场占有率将逐渐提高,如图4-6所示。

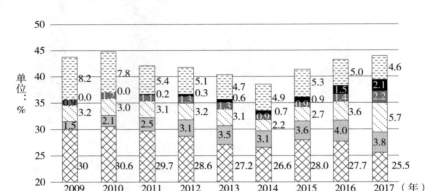

图 4-6　2009—2017 年自主品牌分企业市场份额

数据来源:中国汽车工业协会、中信证券研究部

　　自主品牌层级分化显现,行业集中度持续提升。随着几大主流品牌市场份额的迅速扩大,自主品牌汽车企业的层级正在分化。2016年,前十大自主品牌的占有率达到 88.3%,相比 2010 年提升 2 个百分点;同时,自主品牌增速也高于行业增速,表明中国汽车企业的集中度仍在提高。长期来看,自主品牌将呈现竞争更加激烈、集中度提高、劣势企业遭淘汰的局面。

第二节　全球汽车行业发展水平对比

一、全球主要产业链分布及竞争格局

　　世界市场趋于一体化,产销重心从欧美向亚洲转移。汽车行业是资金技术密集型的现代化工业,是世界经济的重要组成部分。随着全球经济一体化趋势日益显著,汽车行业的国际化程度不断加强,各国汽车的生产制造、产品设计、市场拓展、资本合作、技术开发之间的联系日趋紧密,形成了崭新态势。世界汽车工业源起于德国1886年第一辆现代汽车的诞生,而欧洲、美国和日本成为汽车工业发展起步最早的国家,也是今天最重要的三个汽车工业发展中心。区域内人均汽车保有量较高,消费需求以更新、更换车辆为主,首次购车的比例较低,汽车消费市场的饱和度较高且稳定。而亚洲地区发展中国家较多,整体上汽车工业发展较晚,区域内人均汽车保有量较低,消费需求以首次购车为主,加上亚洲经济增长迅速,人口众多,是当今全球范围内潜力最大的汽车市场。随着汽车市场重心向亚洲移动,各欧美汽车龙头企业日益重视亚洲市场,在亚洲投资建厂布局,以扩大其亚洲市场份额;而以日本、韩国、中国为代表的亚洲本土国家也将汽车工业确定为本国经济的支柱产业,发展迅速。

垄断寡头受新兴力量冲击,形成"6+3+X"竞争新格局。经过一百余年的发展,世界汽车工业已经进入平稳发展时期,来自美、德、日等汽车强国的各龙头汽车企业形成了世界汽车市场的重要力量,汽车市场寡头垄断局面已经形成;同时,以中国、印度为代表的新兴汽车大国正在成为世界市场的新力量,对世界汽车格局形成冲击。经过一系列兼并重组,世界汽车工业现形成"6+3+X"新格局。"六大集团"包括日本丰田集团、德国大众集团、通用、福特、雷诺-日产联盟、菲亚特-克莱斯勒联盟;"三小集团"包括现代-起亚、本田、标致-雪铁龙;此外,以戴姆勒、宝马为代表的德国品牌,以铃木为代表的多家日本品牌,加上快速成长的吉利、奇瑞等中国品牌和塔塔等印度品牌,共同形成了全球汽车市场上的其他重要力量,如表 4-1 所示。

表 4-1 主要汽车大国的代表企业与产销水平

国　家	代表汽车企业	2016 年产量（万辆）	产量排名	2016 销量（万辆）	销量排名
中　国	上汽、一汽、广汽、东风、吉利集团	2812	1	2803	1
美　国	通用、福特	1220	2	1787	2
日　本	丰田、本田、尼桑、三菱	920	3	497	3
德　国	大众、戴姆勒、宝马	606	4	371	4
印　度	塔塔	449	5	367	5
韩　国	现代、起亚	423	6	182	11
法　国	雷诺、标致、雪铁龙	208	11	248	7
意大利	菲亚特、法拉利	110	19	205	9

数据来源：中信证券研究部

二、中国是全球最大的汽车市场

中国是全球最大的汽车市场,约占全球总销量的 30%。其次为美国和日本,但均与中国市场存在较大的销量差距。

三、中国还缺少全球领先的整车、零部件集团

（一）整车：品牌能力落后，高端车型欠缺

中国当前缺少全球领先的汽车集团。2014—2016 年,全球前十

大汽车集团中中国仅上汽集团一家,占比 10%,与中国销量占全球 30%的比例相比,大幅落后。利润方面,由于中国汽车市场尚未饱和,增速高于全球,汽车企业盈利能力高于全球同行。上汽集团 2016 年在全球十大汽车集团中利润排名第三,高于销量和收入排名。但综合考虑,中国目前仍缺少全球领先的整车、零部件集团。然而值得关注的是,近年来包括吉利集团、上汽在内的中国自主品牌汽车企业增长势头迅猛。2016 年 11 月 5 日,在吉利集团创业 30 周年庆典晚会上,吉利集团正式发布了"吉利汽车 20200 战略",吉利集团到 2020 年要实现年产销 200 万辆目标,进入全球汽车企业前十强。长城汽车计划到 2020 年发布几十种新产品,年产销量达到 200 万辆。如果这两家自主品牌汽车企业的目标能够如期达成,到 2020 年中国将拥有数家世界级的汽车企业,中国自主品牌汽车企业未来的增长值得期待。

本土市场:自主品牌占据 SUV 市场优势,仍然主打中低端市场。中国轿车市场依然以合资品牌为主导,销量排名前十车型中九个为合资品牌,自主品牌仅有吉利集团的帝豪 EC7 入围,排名第九;SUV 市场仍出现 13.3%的增长,自主品牌保持着对合资品牌的竞争优势,销量排名前十车型有六个上榜。尽管在设计、配置、安全等方面已可以媲美合资品牌,自主品牌在核心技术、质量把控方面还存在差距,仍然以中低端市场为主打方向。自主品牌也尝试冲击高端市场,但仍需要长期积累研发,以获得更好的市场成绩。

海外市场:自主品牌出口实现增长,较少进入发达国家市场。根据中国汽车工业协会的数据,2017 年,中国汽车出口量呈现较快增长态势,共计 89.1 万辆,同比增长 25.8%,是出口连续四年下降后出现的首次增长,如图 4-7 所示。国产品牌虽然已销售到八十余个国家,但整体销量仍处在较低水平,且主要出口至伊朗、阿尔及利亚、埃及、智利为代表的发展中国家,出口至发达国家的数量很少,要形成地区影响力还有待大力发展和开发。

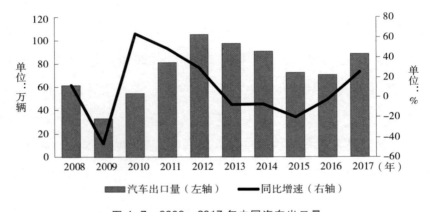

图 4-7   2008—2017 年中国汽车出口量

数据来源:中信证券研究部

(二)汽车零部件:供应体系成熟,关键技术落后

汽车零部件行业是汽车整车行业的上游行业,是汽车工业发展的基础。根据国家统计局制定的《国民经济行业分类与代码》,汽车零部件及配件制造业是指机动车辆及其车身的各种零配件的制造,汽车零部件类别如表 4-2 所示。

表4-2　汽车零部件类别

零部件类别	主要产品
汽车零件	离合器总成、变速器总成、传动轴总成、分动器总成、前桥总成、后桥总成、中桥总成、差速器总成、主减速器总成、前后悬挂弹簧总成等
汽车部件	缓冲器（保险杠）、制动器、变速箱、车轴、车轮、减震器、散热器（水箱）、消声器、排气管、离合器、方向盘、转向柱及转向器等

数据来源：《国民经济行业分类与代码》、中信证券研究部整理

汽车零部件按照功能又可细分为以下种类，如表4-3所示。

表4-3　汽车零部件功能类别

零部件功能类别	主要产品
发动机系统	气缸及配件、滤清器及配件、风扇、曲轴、增压器、飞轮、凸轮轴、活塞和连杆、进排气系统零部件、化油器及配件、油箱及油管等
制动和传动系统	差速器、取力器、同步器、离合器、制动器总成、液力变矩器、万向节、半轴、球笼、十字节、减速器、变速箱、分动器、ABS 等
转向和行驶系统	轮毂、轮胎、车架、动力辅助转向装备、万向机、转向操纵系统、转向传动装置、转向器等
底盘系统	悬挂系统、减震器、汽车悬架等
内外饰件系统	车门外直条总成、门框/侧框/侧梁装饰条总成、三角窗装饰条总成、顶盖/风窗饰条总成、不锈钢光亮饰条总成、防擦条、立柱饰板（B 柱/C 柱）、行李架总成、天窗框、压条总成、内饰板等
车身配件	车灯、车厢及配件、座椅及附件、汽车玻璃及车窗、车镜、雨刷系统、驾驶室、仪表台、保险杆和中网、引擎盖、门窗和叶子板等
汽车电子电器	空气调节系统、电机、天线、启动马达、车载影音装置、喇叭及配件、车载导航/通信装置、蓄电池、车载电子诊断装置、点火系统、车灯等

数据来源：《中国证券报》、中信证券研究部

　　全球零部件行业趋巨头垄断结构，我国由外资企业、国有企业、民营企业三大主体构成竞争格局。当前全球零部件生产企业的大型集团化不断深化，使得整车厂商与一级零部件供应商之间的结构发生相应

的变化,一级零部件供应商的数量不断减少,市场力量不断增强。整个行业已形成少数几家零部件巨头垄断某个零部件的生产,而提供给多家整车厂商的结构。然而,国内行业的竞争格局仍然多元化,主体由外资企业、国有企业、民营企业构成,以整车企业为核心,形成近似"箭靶状"的组织结构模式:外资零部件企业大多与合资汽车品牌有配套关系;国有零部件企业主要是过去形成的配套体系,以内部配套为主;民营零部件企业中具有实力的企业与整车厂有直接配套关系,其他多为二级、三级供应商,部分企业在售后市场、出口市场上取得一定发展。此外,整车制造企业与零部件生产企业之间缺少科学的专业化分工与协作的体系,没有有效的竞争与合作的协调机制,一级、二级供应商之间的界限不突出,多级供应体系发展不成熟,如表4-4所示。

表4-4　中国汽车零部件行业竞争格局

市场主体	供应商等级	配套关系	特 点
外资企业	一级	多与合资汽车品牌有配套关系	资金、技术、管理水平高且有外资支持,市场竞争能力强
国有企业	一级	过去形成的配套体系,以内部配套为主	生产服从整车厂部署并获得支撑,依附性很大;产品单一但规模大;市场、技术、营销、服务等投入较少,直面市场竞争能力弱
大型民营企业	一级为主	主要与整车厂配套	规模较大,资金较强,技术领先,质量、成本具有全球竞争优势
中型民营企业	二级为主	产品专业性较强,部分在售后、出口市场取得发展	数目较多,竞争较激烈,技术、价格、成本是竞争实力关键;对市场反应灵敏,经营机制灵活;专业性较强,处于高速发展阶段
小型民营企业	三级为主	靠低端配套产品,为大中型配套企业加工维持经营	数量多,规模较小,抗风险能力较差,缺乏核心竞争力

数据来源:中国产业信息网、中信证券研究部

相比整车企业,中国零部件企业相比全球领先水平的差异更大。当前全球汽车零部件市场主要由德国、日本等工业强国掌控,国内产业相对薄弱。2017 年全球零部件百强企业(以 2016 年收入排序)主要分布在德国、日本、美国、法国、加拿大等地,其业务主要集中在车身、发动机、电子电气元件、节能减排部件、变速箱等附加值高的部分,具有技术、规模、品质、品牌等多方面的先发优势,其中以德国博世、大陆和美国江森自控、日本电装及爱信精机、法国佛吉亚和法雷奥等公司为代表的销售收入超百亿美元的世界知名零部件企业,引领着行业的发展方向。中国零部件公司仅四家进入百强,且排名最领先的为延锋内饰,为华域汽车收购江森内饰后整合得到,并非中国自主成长的企业;业务上,中国零部件企业除依靠中国巨大商用车市场发展起来的潍柴和锡柴等发动机、变速器总成企业外,很多企业仍以铸造件、内外饰件等业务为主,品牌影响力不强,核心技术不突出,产品替代性强。

中国零部件集中在低附加值领域,关键零部件仍依赖进口。经过几十年的发展,自主品牌汽车零部件企业已基本覆盖了绝大部分汽车零部件领域,在动力总成及附件系统、电子电气和灯具系统、悬架和行驶系统、传动系统、制动系统、转向系统、车身及附件、通用件等主要零部件方面都涌现出了不少有竞争力的企业。中国汽车零部件及配件行业主营业务收入逐年上涨。然而,发达国家主导着一些关键性零部件的供给,据中信证券估计,汽车零部件工业产值占汽车工业总产值的比重在 60%—70%,占据着 70% 以上的中国市场份额。而中国由于零部件产品更多地集中在低附加值产品领域,占比仅在 30% 左右,市场份额不足三成。此外,中国在发动机动力组成、自动变速箱、电子电器、电气系统等通用产品上,以及燃油供给系统、点火系统、能源专用部件等部分关键、高精尖、高附加值和高利润零部件产品领域上,仍基本处于空白,几乎全部依赖进口,这严重挤压了自主品牌的盈利空间。受困于外商技术壁垒封锁和前期研发投入的缺乏,中国仍难以在短期大规模替代进口关键零部件,需要在关键零部件的设计开发、制造工艺及供应链管理等方面逐渐适应跨国汽车企业对整车匹配的较高要求,加强整车同步研发、零部件系统集成等方面的技术研发,如表4-5、图4-8所示。

表4-5　国内汽车零部件细分领域龙头

企业	细分领域	2016年营业收入(亿元)	海外份额(%)	市场地位
延锋内饰	内饰件	864	27	国内最大汽车内饰供应商,多产品国内份额第一,包括座椅(32%)、仪表板(32%)、内门板(26%)、方向盘(24%)、保险杠(23%)
福耀玻璃	汽车玻璃	166	34	全球最大汽车玻璃供应商,国内市场份额达65%,全球份额20%
中信戴卡中国	铝车轮和铝制底盘	162(2015年)		全球最大的铝车轮和铝制底盘零部件供应商
宁波华翔	内外饰件、金属件等	124	21	全球第二大桃木内饰件供应商,国内市场份额50%以上
万向钱潮	万向节、轮毂单元、轴承、汽车底盘及悬架系统等	107	15	万向节国内市场占有率65%,国外市场占有率12%
敏实集团	饰件、饰条、车身结构件	94	38	主导产品国内市场占有率30%
万丰奥威	铝车轮、环保涂覆、镁合金材料	94	63	铝车轮国内市场占有率第二,全球市场占有率10%;收购的美瑞丁占北美镁合金市场份额60%以上

数据来源:中国产业信息网、中信证券研究部

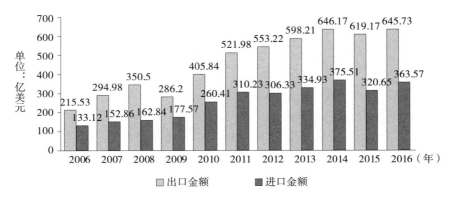

图 4-8　我国汽车零部件进出口金额

数据来源：中国产业信息网、中信证券研究部

第三节　全球汽车行业发展趋势

一、电动化

电动化已成全球趋势。全球范围内，新能源汽车已经成为全球产业和政府的共识。韩国政府最早制定新能源汽车发展目标，到 2020 年小型电动车普及率达 10%；中国政府于 2012 年制定新能源汽车发展规划，到 2020 年生产能力达 200 万辆，累计产销 500 万辆，规模为全球第一；传统燃油车强国美国、日本、德国早期对新能源汽车较为谨慎，但到 2016 年，德国、日本都已宣布重点发展电动化，仅美国尚未提出全国范围的新能源汽车规划，如表 4-6 所示。

表 4-6 各个国家和地区新能源汽车产销目标及发布时间

国家和地区	发布时间	新能源汽车产销目标
日 本	2016 年 3 月 1 日	2020 年累计销量 100 万辆
德 国	2015 年 12 月 1 日	2020 年 100 万辆保有量,2030 年 500 万辆保有量
法 国	2011 年 5 月 1 日	2020 年累计 200 万辆产量
韩 国	2009 年 10 月 1 日	2020 年小型电动车普及率 10%
中 国	2012 年 6 月 1 日	2020 年生产能力 200 万辆,累计产销 500 万辆
爱尔兰	2010 年 4 月 1 日	2020 年电动车普及率 10%
挪 威	2013 年 2 月 1 日	2020 年累计销量 5 万辆,新能源汽车市场份额占机动车市场的 2%
美国加利福尼亚州	2016 年 1 月 1 日	2025 年 150 万辆保有量

数据来源:中信证券研究部

　　世界各国大力度补贴新能源汽车的生产与销售。世界上主要国家都给予了新能源汽车的生产与销售不同程度的优惠政策,包括价格补贴和减税政策等。其中,中国的补贴力度最大,对单辆新能源汽车的购买者能够提供至多 20 万元人民币的补贴。其他国家对于单辆新能源汽车的购买者提供的补贴数额为数千元人民币到数万元人民币不等,如表 4-7 所示。

表 4-7 各国新能源汽车鼓励政策及发布时间

国 家	发布时间	新能源汽车鼓励政策
美 国	2009 年 12 月 31 日	The Federal Internal Revenue Service(IRS)Tax Credit;对一定价格范围内的电动汽车购买提供减税优惠
中 国	2015 年 4 月 22 日	对不同种类的新能源汽车进行 2.5 万—20 万元人民币的价格补贴
印 度	2014 年 4 月 18 日	对电动汽车和混合动力汽车提供最高 15 万卢比的补助,对两轮电动车提供最高 3 万卢比的补助
日 本	2009 年 5 月 29 日	对环境友好型或者燃料利用效率高的车辆提供减税和免税优惠
法 国	2016 年 9 月 29 日	对电动汽车购买者提供至多 6000 欧元的补贴,同时对电动汽车有 4000 欧元的报废补贴
德 国	2016 年 1 月 29 日	对电动汽车和混合动力汽车购买者提供至多 5000 欧元的补贴
英 国	2015 年 4 月 1 日	对一定价格范围内的电动汽车提供至多零售价 35%,至多 5000 欧元的补贴

数据来源:中信证券研究部

全球主要汽车集团在新能源汽车方面均雄心勃勃。全球主要汽车集团除通用(GM)暂未提出 2020 年及以后的销量目标外,其他几大汽车集团都已经设定了 2020 年的目标。其中现代和标致雪铁龙 PSA 分别设定了年销量 30 万辆和 10 万辆的目标,其余各大汽车集团均预计 2020 年新能源汽车销量将占它们总销量的 10%—25%。全球各大汽车集团均计划在 2020 年前后推出多个新能源车型,新能源车市场的竞争格局已初步显现。在中国市场方面,全球主要汽车集团也制定了雄心勃勃的发展战略,未来可能对中国自主品牌新能源汽车的产销形成较大竞争压力,如表 4-8 所示。

表 4-8　全球主要汽车集团对于 2020 年以后新能源汽车的目标

汽车集团	销量目标	新车规划	中国战略
大　众	2025 年总销量的 20%—25%	2020 年新能源车型 20 款,2025 年 30 款纯电动车型	2020 年 40 万辆,2025 年 150 万辆
奔　驰	2025 年总销量的 15%—25%	发布 EQ 子品牌,2025 年前推出 10 款,首款 2018 年投产	大部分车型国产
宝　马	2017 年 10 万辆,2025 年总销量的 15%—25%	发布 BMW i 子品牌,2020 年之前,所有车系具备电动选项	已推出 6 款新车,并发布之诺品牌,已推出 2 款新车
福　特	2020 年总销量的 10%—25%	2020 年前推出 13 款	2020 年前推出国产蒙迪欧 Energi 和纯电小型 SUV,未来全系引入中国
通　用（GM）			2020 年前推出 10 款以上车型,涵盖雪佛兰、别克、凯迪拉克、宝骏品牌
本　田	2030 年总销量的 2/3	2018 年北美地区推出一款插电混动车型,然后推出主要车型的插电式版本,并增加车型数量	2020 年混动车占比 50%,并推出 PHEV 车型
丰　田	2050 年 HEV、PHEV 占总销量的 70%,FCV、EV 占 30%	2016 年推出 Prius PHEV,2020 年量产 EV 车型	2018 年国产卡罗拉、雷凌 PHEV,合资自主推 EV
日　产	2020 年 EV 占总销量的 20%	优先 EV,目标大众市场,日产 LEAF、雷诺 Zoe	以启辰为重心,推出多款廉价 EV 车型
现　代	2020 年销量 30 万辆	2020 年之前推出 26 款（12 款 HEV、6 款 PHEV、2 款 EV、2 款 FCV）	2020 年,销量占比 10%,推出 9 款车型
PSA	2020 年销量 10 万（估计）	2020 年前,推 7 款 PHEV 和 4 款 EV	2020 年前推出 5 款车型,2 款 EV

数据来源:中信证券研究部整理

　　中国新能源汽车产能迅速增长。新能源汽车也成为国内各大传统整车企业和新兴互联网汽车企业的竞争焦点。以吉利集团、比亚迪、上汽为首的传统整车企业正在全国多省市进行产能规划布局,产能计划从 2017 年的 182 万辆迅速扩张到 2020 年的 535 万辆,增长接近三倍。而蔚来汽车、车和家等新兴企业同样进军新能源汽车市场,2020 年产能预计达到 223 万辆,自主品牌市场占有率预计近三成,进一步加剧了新能源汽车市场的竞争。

随着市场对新能源汽车的认可度在逐渐提高,全球各个国家不断有企业加入新能源汽车制造业,新能源汽车在全球范围内呈快速发展趋势。大型汽车企业多由过去的观望态度转向战略性投入,在各国政策的扶持下,对新能源汽车的投入金额逐年增加。全球主要汽车生产厂商已将新能源汽车作为各自发展战略中的重要环节,并且逐渐加大全球范围的布局与投入。

中国新能源汽车销量占全球的一半。2017 年中国新能源汽车销量排名全球第一,且超过其他国家新能源汽车销量总和。从销量上看,中国已经成为名副其实的全球第一大新能源汽车国家,走在全球前列。此外,从产业链上来看,核心的原材料、三大电、三小电,中国均实现国产,并且国产化比例远高于传统车在自动变速箱等核心动力总成国产化的比例。

二、智能化

美国加利福尼亚州是全球最主要的无人驾驶汽车测试基地。加利福尼亚州是全球首个通过无人驾驶汽车正式法规的地区,也是主管美国汽车安全的最高部门 NTHSA(美国高速公路安全管理局)总部所在地,开放性、包容性以及权威性使得加利福尼亚州成为全球无人驾驶汽车测试的主要基地。加利福尼亚州无人驾驶路测许可（Autonomous Vehicle Testing Permit）由加利福尼亚州车辆管理局（Department of Motor Vehicles,DMV）颁发,获得许可的公司可以在加利福尼亚州特定的公共道路上进行无人驾驶汽车的测试。从 2014 年 9 月颁发第一批无人驾驶路测许可至今,加利福尼亚州车辆管理局已累计授予全球 45家公司路测许可,覆盖传统汽车企业、零部件供应商、科技巨头、初创公司等,如图 4-9 所示。

图 4-9　加利福尼亚州无人驾驶路测许可名单

数据来源:加利福尼亚州车辆管理局官网、中信证券研究部

以下是全球主要企业无人驾驶汽车发展进程的介绍。

谷歌 Waymo:海量测试数据,领跑无人驾驶产业。2015 年 10 月,Waymo 完成了全球首次真正意义上的无人驾驶旅程;2016 年 12 月,增加100辆无人驾驶的克莱斯勒 Pacofoca Hybrid 小型货车；2017年11月，Waymo 发布了首份安全报告，完成了里程约560万公里的公路试驾和约40亿公里的模拟驾驶，测试车辆配备3个覆盖短、中、长距离的激光雷达，8个视觉模块以及雷达，采用 Altera 的 Arria FPGA 芯片和英特尔的 XMM 通信芯片。2017年11月，Waymo 宣布计划将在不久后邀请部分人类乘坐全自动驾驶汽车，车内并不会有任何人类司机，只有一名坐在后排位置的工作人员负责监控记录参数。

特斯拉：Autopilot 高速迭代，2020年推出 L5 无人驾驶。2017年9月，特斯拉正式向迪拜的出租车公司交付50辆配备"全自动驾驶功能"的 Model S 和 Model X。其自动驾驶车型搭载3个前置摄像头（不同视角，广角、长焦、中等）、2个侧边摄像头（左右各1个）、3个后置摄像头、1个后置倒车摄像头、12个超声波传感器（传感距离增加一倍）和1个前置雷达（增强版）；采用 NVIDIA Drive PX2 芯片（40x Autopilot 1.0 处理速度）。预计2020年推出 L5 级别全自动无人驾驶汽车。

通用（GM）：在2018年部署数千测试无人车，大力推进无人驾驶路测。2016年3月，通用（GM）宣布收购 Cruise Automation，借助 Cruise Automation 的软件人才及快速的开发能力，加速通用（GM）在自动驾驶汽车技术领域的研发。2017年6月，通用（GM）已经制造了130辆雪佛兰 Bolt 电动汽车，配备5个32线激光雷达，并开始在公共道路上进行测试。通用（GM）和 Lyft 在2018年部署数千辆无人驾驶汽车进行路测，将超级巡航技术推向市场，用于装备高端的凯迪拉克轿车。

苹果：发力人工智能，布局自动驾驶系统。2017年4月，苹果获得加利福尼亚州路测许可。其原型车代号 Titan，使用了雷克萨斯

RX450h 车型,配备了标准的第三方传感器和硬件,包括六个 Velodyne 的激光雷达传感器,几个雷达单元和一些摄像头。在车辆的前部和后部有两个主要的激光雷达装置,每个装置都被其他四个装有传感器和摄像机的部件包围。目前,苹果全力发展人工智能,不仅仅应用于自动驾驶汽车,可能还将涉及机器人领域。

大众:推出 L5 级概念车。大众规划最早于 2021 年推出不带方向盘和踏板的全自动驾驶 Level 5 电动汽车、货车及卡车,同时发力共享汽车。其 L5 级无人驾驶纯电动概念车 Sedric 采用五个独立的激光雷达、七个摄像头以及多个雷达探测器;采用 Mobileye 的 EyeQ3 和 Altera 的 Cyclone、英伟达的 Tegra K1 芯片;利用 ESC(electronic stability control)和电子制动力放大器作为执行机构。此外,新款奥迪 A8 轿车将配备 Level 3 自动驾驶技术。

奔驰:开发无人驾驶系统 DAVOS,推进轿车和卡车无人驾驶。奔驰于 2013 年 9 月开始无人驾驶汽车的公开试验,2014 年 7 月首次在德国高速公路上展示了自己的新型梅赛德斯-奔驰无人驾驶卡车——Future Truck 2025;2015 年 1 月,在美国拉斯维加斯举行的国际消费电子产品展(CES)上推出无人驾驶概念汽车 F015 Luxury in Motion。测试车型采用多传感器融合方案,搭载多个相机和毫米波雷达。奔驰预计到 2020 年奔驰大部分车型将能实现自动驾驶。

宝马:联合 Mobileye 及英特尔,打造无人驾驶电动车 iNext。40 辆宝马无人驾驶汽车于 2017 年下半年开始路测,该车型配备了四个 Ibeo 低线束激光雷达,四个短距离毫米波雷达和五个摄像头(包含单目和双目,车前挡风玻璃上方装有三个,车后挡风玻璃装有两个);采用的芯片来自英特尔和英伟达。预计将在 2021 年前开发一款完全满足 SAE L3、兼容 SAE L4 的无人驾驶汽车 iNext；最早将于 2030 年为汽车配备 5 级自动驾驶功能。

福特：发力无人驾驶共享汽车，未来提供租车和专车服务。2016 年 11 月，福特与黑莓签署了合作协议，按照协议规定，双方将直接展开合作，以此推动福特公司使用黑莓的 QNX 安全操作系统。2017 年 9 月，福特与弗吉尼亚理工交通研究所合作测试自动驾驶新技术，其自动驾驶车型中搭载四个激光雷达。福特希望 2021 年前推出全自动无人驾驶共乘汽车提供租车和专车服务。

日产：稳步推进系统开发，2020 年实现 L4 级自动驾驶。2016 年，日产在日本发布了 ProPilot——首款具有 L2 级自动驾驶功能的汽车。2017 年 4 月，日产加入了 Mobileye 的众包无人驾驶汽车地图开发的工作，Mobileye 同时也驱动了日产计划的 ProPilot 系统。Piloted Drive 3.0 将于 2020 年推出，不再需要驾驶员介入，实现真正的无人驾驶，希望在 2020 年之前推出约 10 辆无人驾驶汽车。测试车传感器采用了位于车顶的 360°摄像头，12 个超声波雷达（4 个在前、4 个在后、4 个在侧面）和前后左右 4 个高清摄像头和 4 颗激光传感器、保险杠内的 5 个雷达以及 GPS 导航等。

本田：利用人工智能推动 ADAS 开发，计划 2025 实现高度自动驾驶。2016 年 6 月，本田在美国洛杉矶的 GoMentum Station 进行了无人驾驶项目的实地测试；2016 年 12 月，本田与 Waymo 达成合作，共同研发无人驾驶技术。本田同时和软银合作，利用人工智能推动 ADAS 开发，加快自动驾驶技术产业化。本田基于讴歌 RLX 改装了自动驾驶测试车,采用雷达、激光雷达和多台摄像机。计划在 2020 年左右开始销售具有高速公路自动驾驶功能的量产汽车;之后向普通道路扩展,争取 2025 年前后在技术上实现面向个人汽车用户的高度自动驾驶。

德尔福:提供无人驾驶解决方案及零部件,打造无人驾驶技术平台。2014 年 11 月,德尔福与美国 Ottomatika 公司共同开发新一代自动驾驶系统;2015 年 3 月,上路实测自家研发的首款搭载自动驾驶系统的改装版奥迪 SQ5,完成了从美国旧金山的金门大桥到纽约市中心大约 3500 英里的无人驾驶测试;2017 年 5 月,德尔福加入宝马—英特尔—Mobileye 阵营。测试车型搭载的传感器包括:安装在挡风玻璃上的摄像头,安装在车辆前后方的长距离雷达传感器,安装在车辆四个拐角处、车辆前方和车辆后方的中距雷达传感器以及四个激光雷达。测试车型采用英特尔芯片。预计 2019 年开发出量产 CSLP 自动驾驶平台。

博世:致力于提供无人驾驶集成解决方案及相应零部件。2015 年 5 月,博世改造了两款特斯拉旗下的 Model S 纯电动汽车,用于测试其最新无人驾驶技术;2017 年 4 月,博世和戴姆勒宣布合作研发共享出行的 L4/5 级别的无人驾驶出租车,预计 2021 年产出;2017 年 6 月,博世和全球导航品牌 TomTom 共同合作开发了首个雷达高精度地图 Radar Road Signature。其测试车型搭载六个 Ibeo 四线激光雷达、六个毫米波雷达以及一个立体摄像头;采用英伟达 Drive PX2 芯片;利用 iBooster 机电制动助力器及 ESP 电子稳定系统作为执行机构。计划 2020 年推出高速路驾驶员(highway pilot)系统,最终在 2025 年推出自动驾驶员(auto pilot)系统。

大陆:2020 年实现高度自动化驾驶。2017 年 9 月,大陆在法兰克福展示"CUbE"的自动驾驶概念汽车,配备了比当前市面上量产汽车的驾驶辅助系统更高级的传感器技术,从而实现更高程度的自动驾驶技术。其测试车型主要采取"雷达+摄像头"的多传感器融合方案。大陆希望整合思科(Cisco)无线网络交换技术、IBM 云计算嵌入式系统和HERE 地图数据技术,争取在 2020 年前开始量产 3D Flash 激光雷达和高度自动化驾驶 CUbE 无人汽车,并在 2025 年前实现全自动化驾驶。

法雷奥:发力无人驾驶系统,优化感知性能。2016 年,法雷奥完成了长达 13000 英里的环美路试之旅,测试其驾驶辅助功能。2018 年,法雷奥在加利福尼亚州对其搭载 Cruise4U 系统的大众高尔夫车型进行全方位的自动驾驶应用测试,该系统能够掌控车辆进行转向、加速和制动,并且进行实时环境检测和数据采集与及时处理。法雷奥的测试车型搭配了其自产的 SCALA 激光传感器(Ibeo 公司提供了技术支持),前置摄像头、采用了 Mobileye 的 EyeQ 视频芯片。法雷奥将车载摄像头、雷达和激光雷达技术相互结合,使系统能够检测到距车身 10厘米到 200 米范围内的肉眼无法察觉的障碍物。

英伟达:发力无人驾驶车载电脑。公司为全球主流汽车企业如奥迪、特斯拉、奔驰、宝马等提供无人驾驶车载电脑 Drive PX。此外,英伟达还展示了旗下首款自动驾驶汽车 BB8,使用林肯 MKC 车型,能够识别道路走向、变道,感知行人、其他车辆与交通信号灯,并在需要时做出避让,确保安全。BB8 配备了六个高清摄像头、激光雷达以及毫米波雷达,由自主研发的 Drive PX 2 车载超级电脑进行控制。

UBER:布局无人驾驶出租车服务。2017 年 3 月,UBER 获得加利福尼亚州无人驾驶路测许可;2017 年 11 月,UBER 宣布与沃尔沃达成战略伙伴关系,计划未来使用沃尔沃 XC90 车型来组建其自动驾驶车队;UBER 在美国加利福尼亚州、亚利桑那州,加拿大多伦多等地积极开展路测,车队累计里程已达到 100 万英里。UBER 现有两款无人驾驶路测车辆:ATG 和 ATC。ATG 是在沃尔沃 XC90 的基础上改装的,顶部装有一个 360°三维激光雷达,车身周围有 360°超声波、毫米波雷达,以及七个摄像头;ATC 是在福特 Fushion 的基础上改装的,顶部有大量传感器,包括一个 360°激光雷达和多个面向车辆前方的摄像头,以及一个在车头下方的 Velodyne Puck 激光雷达。

Lyft:打造无人驾驶打车平台。2017 年 11 月,Lyft 获得加利福尼亚州无人驾驶路测许可。公司成立 Lyft Level5 自动驾驶研究团队,从 AutonomouStuff 采购了四辆改装后的福特公司车型。公司只开发自动驾驶系统,不生产汽车,并使用开源软件建立自动驾驶打车平台。Palo Alto 落地运营;2019 年目标在夜晚以及雨天环境下也能实现运行;2020 年目标有 500 辆自动驾驶车辆上路运营,乘客可付费搭乘,同时会配备"安全司机"用于突发状况时接管车辆。

百度:2017 年 7 月 5 日举办的百度 AI 开发者大会上,百度公布了"Apollo"整体战略和开放路线图,吸引了众多开发者加入"Apollo"阵营。

截至 2018 年,"Apollo"平台已经有了 70 多家合作伙伴。其中,既包括了领先的主机厂商和一级供应厂商,又包括了关键零部件生产商和多家初创企业。另外,多家出行服务企业、一流高校和政府部门也已进入了生态。

三、共享化

　　各大汽车集团发展战略转型,共享服务成为必争之地。世界范围内,各大汽车集团均积极做出战略调整以应对颠覆性市场变革,其中出行共享化和出行服务供应被超过半数的企业明确设立为未来发展战略,成为竞争热点。PSA、戴姆勒、丰田、福特等集团均向出行服务供应方向进军,而我国上汽、广汽等集团也向网联化、共享化进行转型,抢占国内出行行业的战略制高点,如表4-9所示。

表4-9　各大集团(含中国)发展战略的转变、时间

企业	发布时间	发展战略转变
大众	2016年6月	发布"2025 Together战略",彻底转型。将电动化作为未来10年里最核心的战略基石之一
戴姆勒	2016年9月	推出"瞰思战略"(CASE),将从智能互联、自动驾驶、共享出行、电动驱动四方面打造技术平台
宝马	2016年3月	推出"第一战略",提供更有趣、人性化的出行方式,改变未来高端豪华车行方式,确立了品牌&设计、产品、技术、消费者体验&服务、数字化、盈利能力六大战略方向
福特	2017年4月	不仅做移动出行服务供应商,还要做一家信息服务公司
通用	2016年3月	在中国推出60多款全新及改款车型,重点发展电气化发展以及车联网技术
本田	2016年3月	同时兼顾推出跑车、继续研发混动车/电动车以及氢燃料电池车
丰田	2016年11月	从"以销量为利润增长点"的发展模式转变为"以服务升级驱动利润增长";提出打造"移动出行服务平台"的理念
日产	2015年5月	力图在2020年实现完全的无人驾驶,到2020年累计在全球销售150万辆电动车

续表

企业	发布时间	发展战略转变
现代	2015 年 5 月	2020 年全面实现电动化,出炉新能源计划,从提高汽车效率和实现零排放两个方面推进电动车辆的开发
PSA	2016 年 4 月	"PUSH TO PASS 加速超越"战略规划开启成为效率领先的标杆性全球汽车制造商,成为在全球范围提供最佳出行方案的企业
西门子	2014 年 10 月	提出"2020 愿景":将专注于电气化、自动化和数字化,在资源配置上向自身最具长期增长潜力的若干领域倾斜,实现更加扁平的组织架构,增强对客户的引导
上汽集团	2017 年 4 月	提出了"电动化、网联化、智能化、共享化"的"新四化"战略发展方向
东风	2016 年 12 月	2017 年实施质量提升战略,全价值链走质量效益型发展之路当好新能源事业的旗手,持续挖掘潜在市场,树立市场的引领意识
一汽集团	2014 年 4 月	发布新能源汽车发展战略:在 2020 年完成关键总成资源布局,实现插电混合动力和纯电动动力平台搭建等目标,在自主新能源汽车中具有领先的技术优势和市场优势
北汽集团	2015 年 9 月	提出 2020 战略"π 计划"。先进技术的持续引进和本土化转化还将是未来五年整车及核心零部件技术研发重心,致力实现智能化、电动化、低碳化和轻量化四方面突破
广汽集团	2016 年 6 月	实施"一五一三"战略,全方位提升核心竞争力,实现可持续发展。其中的"三"即是实现电动化、国际化、网联化三个方面的重大突破
吉利集团	2015 年 11 月	发布发展战略"蓝色吉利行动",旨在 2020 年前后实现新能源技术、智能化、轻量化技术行业领先等五个目标,标志着吉利集团将全面转型新能源汽车企业

数据来源:中信证券研究部

基于不同的使用目的,多数汽车可以被划为以下四类:(1)商务车,彰显身份地位的车辆;(2)运动车,满足用车人对汽车性能的需求,如越野、赛车等;(3)工作车,用于运营的车辆;(4)私家通勤用车,解决上下班交通功能等。伴随消费者逐渐成熟以及用车成本逐渐提升,占销量比重较大的通勤车可能逐渐回归运输的本源，以实现从"A"到"B"的功能为目的。

汽车共享可以分为"出行共享"和"车辆共享"两类。出行共享（有司机）是当前阶段的主要模式。依靠千亿量级的本土出行市场，滴滴和 UBER 合并前的估值加总超过 300 亿美元。商业模式创新背后，派单算法优化和车辆定位追踪技术是关键。

"共享出行+无人驾驶"，汽车将从简单的交通工具转变为移动智能终端，或将重构汽车行业。共享出行开始改变消费者用车行为，从重"拥有权"向重"使用权"过渡。在美国等成熟市场，UBER、Lyft 等共享出行的普及开始导致部分家庭暂缓购买第二辆或第三辆汽车。我们预测，随着汽车共享的推进，未来家庭购买第二辆或者第三辆汽车的动力很有可能下降。中国市场仍处于汽车普及期，首次购车比例较高，新车销量被共享经济显著侵蚀的概率不大。但中国汽车产销量稳居世界第一，汽车保有量每年增加近 2000 万辆。伴随时间推移，汽车持续普及以及年轻人对于汽车外部性需求的下降，中长期看，传统汽车市场存在无可回避的压力。

传统汽车企业在车辆投放、网点扩张、共享技术开发、车辆回收等方面具有天然优势，或将掌握车辆共享主动权。戴姆勒、宝马、大众、通用、福特等国际主流主机厂纷纷推出共享汽车品牌。2014 年德国宝马的汽车共享服务"DriveNow"达到盈亏平衡点可被看作是标志性事件，证明了主机厂在汽车共享领域的商业价值和未来潜力。我们判断，在传统汽车制造产业逐步陷入"红海"的背景下，有创新精神的主机厂，有望在共享经济爆发的黎明前夜，展开前瞻技术和商业模式的积极探索。

传统汽车企业多种路径进入车辆共享市场。目前主要有三种路线:(1)利用自身汽车产品,建立汽车共享平台,如宝马 DriveNow、戴姆勒 Car2Go、吉利集团曹操专车、北汽 GreenGo 等;(2)入股汽车共享平台,如宝马投资 Scoop、大众投资 Gett、丰田投资 UBER 等;(3)和汽车共享平台达成合作,优先提供某些车型,如通用和 Lyft、宇通和滴滴等,如表 4-10 所示。

表 4-10   传统汽车企业布局车辆共享

传统汽车企业	汽车共享布局
宝　马	DriveNow 分时租赁服务,提供 i 系和 mini 车型
	投资拼车应用 Scoop,Scoop 种子轮共融资 510 万美元
	联合旧金山车队管理软件 RideCell,推出 ReachNow 拼车服务
	投资代客泊车服务 Zirx,Zirx A 轮融资 640 万美元,B 轮融资 3000 万美元
	投资众包交通地图 Moovit,Moovit C 轮融资 5000 万美元
	投资智能手机汽车监控软件 Zendrive
戴姆勒	Car2Go 汽车共享服务,提供 Smart 车型
奥　迪	Audi On Demand 汽车共享计划,提供送车和取车服务
大　众	Quicar 汽车共享服务,提供高尔夫、甲壳虫等车型
	投资 Gett 3 亿美元,扩张大众欧洲打车服务市场
通　用	投资私家车共享服务 RelayRides,利用 Onstar 系统进行深度合作
	Maven 汽车共享服务,客户可接入车辆并自主驾驶
	投资 Lyft 5 亿美元,Lyft 司机将优先使用通用的汽车

续表

传统汽车企业	汽车共享布局
福　特	GoDrive 汽车共享服务,提供嘉年华和福克斯车型
丰　田	投资 UBER,为 UBER 司机提供专享的汽车租赁方案
捷豹路虎	成立子公司 InMotion,研发汽车共享服务
吉利集团	推出曹操专车,定位于公商务经营的专车软件
	与康迪合资成立的康迪电动汽车集团在杭州市区推出了"微公交"电动车分时租赁项目
宇　通	与滴滴在新能源巴士、互联网+公交等领域展开合作,共同打造良性循环的互联网巴士生态
北汽新能源	与富士康投资组建恒誉新能源汽车租赁公司,推出 GreenGo 汽车共享项目

数据来源:第一电动网、新浪汽车、中信证券研究部

第四节　海外并购策略思考

一、"做大"的并购思路

对于整车而言,目前全球的竞争格局相对稳定,但若出现当年吉利集团收购沃尔沃的机会,也应当积极把握。表 4-11 概括了全球汽车企业的主要整合事件。例如,东风汽车成为 PSA 的第二大股东,吉利集团入股戴姆勒等。这类收购将有助自主品牌技术、品牌力的提升,进而提升销量规模,跻身全球领先的汽车集团。

表 4-11　全球主要汽车企业整合事件

全球主要汽车企业整合事件	时间	内　容
菲亚特全面收购克莱斯勒	2014 年	菲亚特发布声明称,已经同克莱斯勒另一股东 VEBA 就克莱斯勒股权价格达成一致,将斥资 36.5 亿美元(约人民币 220.9 亿元)收购克莱斯勒 41.5% 股权
吉利集团收购沃尔沃	2010 年	吉利集团与福特在瑞典哥德堡正式签署协议,吉利集团以 18 亿美元收购沃尔沃 100% 股权
东风入股 PSA	2014 年	东风确定注资 8 亿欧元持 PSA14.1% 股份,签署《全球战略联盟合作协议》
丰田收购大发	2016 年	丰田宣布将收购子公司大发的所有股权,双方将在小型车领域强化合作,实现技术共享
日产入股三菱	2016 年	日产和三菱联合发布声明称,前者将斥资 2370 亿日元收购后者 34% 股权,并获得董事会席位,成为三菱最大单一股东
吉利集团入股戴姆勒	2017 年	吉利集团斥资约 90 亿美元收购戴姆勒 9.69% 股份,成为戴姆勒最大单一股东

数据来源:中信证券研究部

对于零部件企业而言,在"做大"的并购思路下,可以针对未来持续要用(单车配套价值量持平)的零部件通过并购做出规模优势。例如,目前中国已经做到第一的玻璃、铝轮毂;华域通过收购延锋伟世通、江森自控的内饰业务,打造出全球第一的内饰企业等。

延锋饰件与江森自控全球内饰业务重组案例:2015 年 12 月 2 日,华域汽车发布公告,称其全资子公司延锋饰件与美国江森自控已将双方下属涵盖 17 个国家或地区的主要生产(含研发)基地纳入延锋内饰。由于延锋饰件和江森自控的规模巨大,全球市场客户资源稳定,重组之后延锋内饰成为全球最大的汽车内饰供应商。2016 年,延锋内饰宣布投资 2810 万美元,在美国伊利诺伊州贝尔维迪尔新建一家工厂。

二、"做强"的并购思路

"做强"的并购思路,主要是针对汽车电动化、智能化的趋势,进行前瞻的产业布局,在关键技术及零部件领域寻求投资机会。

表 4-12 展示了电动智能汽车的主要系统及供应商。

表 4-12 电动智能汽车主要系统及供应商

系　统	系统集成商	软件/增值 硬件供应商	芯片供应商
毫米波雷达	大陆、博世、德尔福、天合、电装、奥托立夫、法雷奥		德州仪器、恩智浦、ADI、英飞凌、ON、瑞萨、飞思卡尔、Maxim、意法半导体、Linear Tech、Rohm
激光雷达	博世、德尔福、大陆、电装、法雷奥	Quanergy、Velodyne、Ibeo、Leddartech、TriLumina	Xilinx、Altera、意法半导体、飞思卡尔、瑞萨、博世、富士通、Microchip、Atmel、InvenSense、英飞凌、德州仪器、ADI
摄像头	大陆、天合、电装、麦格纳、德尔福、法雷奥、奥托立夫	Mobileye、博世、东芝、大陆	索尼、Melexis、ON、富士通、意法半导体、恩智浦、瑞萨、英飞凌、ADI、LinearTech、德州仪器、Rohm、TE、Microchip、Atmel、JAE、Molex、Hirose、Amphenol
执行机构	天合、博世、大陆、ADVICS		
嵌入式控制	德尔福、麦格纳、大陆、天合	英伟达、英特尔、英飞凌、Elecktrobit	
地图		TomTom、Here、谷歌	
车联网	德尔福、博世、电装、大陆	Cohda、高通、Autotalks	博通、恩智浦、高通、夏普、索尼、意法半导体

数据来源:中信证券研究部

以传感器及执行机构为例:

(一)感应识别模块:多传感器融合发展

目前主流的车载传感器包括超声波雷达、激光雷达、毫米波雷达、摄像头、红外探头等。基于测量能力和环境适应性,预计雷达和摄像头会成为传感器主流,呈现多传感器融合趋势。表 4-13 全方位对比了不同车载传感器的成本与性能。

表 4-13　车载传感器对比

	毫米波雷达	激光雷达	超声波雷达	摄像头	红　外
成本(美元)	100—150	1000—8000	1—5	150—300	50—200
探测距离(m)	100—250	80—150	5	6—100	150—400
探测角度(°)	10—70	15—360	120	30	30
分辨率	√	○	×	√	×
低误报率	√	○	×	○	×
温度适应性	√	√	×	√	○
黑暗适应性	√	√	√	×	√
不良天气适应性	√	×	×	×	×
车道线/交通标志检测	×	×	×	√	×

√:优　○:良　×:一般
注:激光雷达的成本与线数相关。
数据来源:IEEE、中信证券研究部

1. 毫米波雷达:性价比优秀的测距传感器

毫米波雷达是性价比优秀的传感器,优势在于探距精度高,缺陷在于覆盖角度较小。目前主要应用分硬件和软件两个领域,未来毫米波雷达硬件主要集中在 24G 和 77G 两个频段,软件算法等可能逐渐芯片化。

　　全球汽车毫米波雷达主要供应商为传统汽车电子优势企业,如博世、大陆等。2015 年,博世、大陆的全球市场份额均占 22%,随后为 Hella、富士通天、电装、TRW、德尔福、Autoliv、法雷奥等传统优势企业。博世有中距离雷达传感器(MRR)和远距离雷达传感器(LRR)两种毫米波雷达方案,支持 76—77GHz 频段。前置 MRR 水平视角 45°,探测范围 160m,适用于预测性紧急制动系统(AEB)或自适应巡航控制(ACC);后置 MRR 水平视角 150°,探测范围 90m,适用于车道变道辅助(LKA)和横向交通情况警示(BSD)等功能;LRR 则可以保证远距离安全接近前方车辆以及降低邻道车辆的影响。大陆的防碰撞系统中采用了 ARS400 毫米波雷达,支持 76—77GHz 频段。海拉已经量产 24GHz 毫米波雷达,已经用在诸如车道偏离辅助 LKA、盲点监测 BSD、后方碰撞预警 RDW 等产品之上;还有一款正在研发中的 77GHz 雷达。2015 年全球汽车毫米波雷达主要供应商的市场占有率,如图 4-10 所示。

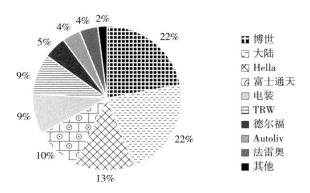

图 4-10　2015 年全球汽车毫米波雷达主要供应商市场占有率

数据来源:佐思产研、中信证券研究部

2.激光雷达:成本下降是趋势,有望进一步普及

激光雷达可以扫描生成 3D 高精度地图,是智能驾驶领域中常用的感知元件。激光雷达发射激光束来探测目标的位置、速度等特征量。车载激光雷达采用多个激光发射器和接收器,建立三维点云图,从而达到实时环境感知的目的。激光雷达的优势在于三维建模,探测范围广,探测精度高。但激光雷达在雨雪雾天气下性能较差,数据量很大,且价格昂贵,尤其是 32 线和 64 线大角度激光雷达,商业化存在较大难度。目前 Ibeo 的 4 线、8 线激光雷达在高端车上已有装配,32 线和 64 线雷达还主要用于试验开发领域。车载激光雷达的发展方向:体积缩小、精度提升、成本下降、固态。

目前,有旋转部件的激光雷达技术相对成熟,国外主流生产厂家为 Velodyne 和 Ibeo。Velodyne 采用激光发射、接收一起旋转的方式,产品涵盖 16/32/64 线等,未来可能拓展 128 线;Ibeo 采用固定激光光源,通过内部玻璃片旋转的方式改变激光光束方向,实现多角度检测,产品涵盖 4/8 线等,欧百拓为 Ibeo 的国内合作方,表 4-14 所示。

表 4-14　旋转激光雷达产品对比

生产厂家	产品	价格(美元)	线数	维数	旋转频率(Hz)	测量范围	分辨率	精度(cm)
Ibeo	Lux		4	2.5D	12.5/25/50	水平视场85度,垂直视场 3.2度,探测距离200米	水平角分辨率0.125度,垂直角分辨率0.8度	10
	Lux 8L		8	2.5D	6.25/12.5/25	水平视场 110度,垂直视场6.4度,探测距离200米	水平角分辨率0.125度,垂直角分辨率0.8度	4

生产厂家	产品	价格（美元）	线数	维数	旋转频率（Hz）	测量范围	分辨率	精度（cm）
Velodyne	VLP-16	7999	16	3D	5—20	水平视场360度，垂直视场30度，探测距离100米	水平角分辨率0.1—0.4度，垂直角分辨率2度	3
	HDL-32E	2万	32	3D	5—20	水平视场360度，垂直视场40度，探测距离100米	水平角分辨率0.1—0.4度，垂直角分辨率1.33度	2
	HDL-64E	7万	64	3D	5—20	水平视场360度，垂直视场26.8度，探测距离120米	水平角分辨率0.08度，垂直角分辨率0.4度	<2

数据来源：欧百拓官网、Velodyne官网、中信证券研究部

激光雷达固态化是未来趋势，具有小型化、低成本的优势。创业公司 Quanergy 与德尔福合作开发出了固态激光雷达，2017 年底量产，采取相控阵技术，内部不存在旋转部件。传统优势企业 Velodyne 和 Ibeo 也推出了混合固态激光雷达，外观上看不到旋转部件，但内部仍靠机械旋转实现激光扫描。

早在 2015 年，奥迪的无人驾驶汽车 A7 Piloted Driving 就采用了 Ibeo 和法雷奥（Valeo）合作设计的 Scala 混合固态激光雷达，大众的一款半自动驾驶汽车也搭载了 Scala，该激光雷达隐藏在保险杠内，用于取代毫米波雷达做 AEB 的测距模块。在 2016 年美国国际消费电子产品展上，有两款固态/混合固态激光雷达展出：（1）来自 Quanergy 的固态激光雷达 S3，仅为一盒名片大小，单个售价初步定在 250 美元，量产后可能降至 100 美元；（2）由 Velodyne 与福特共同发布的混合固态激光雷达 Ultra Puck Auto，2020 年和 2025 年的成本计划分别在 500 美元

和 200 美元,如表 4-15 所示。

表 4-15 固态/混合固态激光雷达产品对比

生产厂家	合作伙伴	产品	价格	线数
Quanergy	德尔福	固态 S3	250 美元,量产后 100 美元	8
Ibeo	法雷奥 (Valeo)	混合固态 Scala		4
Velodyne	福 特	混合固态 Ultra Puck Auto	2020 年量产价 500 美元, 2025 年 200 美元	32

数据来源:汽车之家、车云网、中信证券研究部

3. 摄像头:龙头地位稳固,有望快速发展

摄像头是常用的 ADAS 感知识别元件。海外龙头企业如 Mobileye 等采用基于摄像头的图像识别感知。车载摄像头的原理大致如下: (1)图像处理,将图片转换为二维数据;(2)模式识别,通过图像匹配进行识别,如车辆、行人、车道线、交通标志等;(3)利用物体的运动模式,或双目定位,估算目标物体与本车的相对距离和相对速度。相比于其他传感器,摄像头最为接近人眼获取周围环境信息的工作模式,其优势在于:(1)摄像头技术成熟,成本较低;(2)可以通过较小的数据量获得最为全面的信息;(3)能够辨色。但摄像头识别也存在局限性:(1)受光线、天气影响大;(2)物体识别基于机器学习数据库,需要的训练样本大,训练周期长,难以识别非标准障碍物;(3)由于广角摄像头的边缘畸变,得到的距离准确度较低。

(二)执行机构:电控化是智能驾驶的必要条件

我们认为,未来汽车的三大主要执行系统(驱动、制动、转向)都将

采用电控化方案,因为:(1)相比于传统机械系统,电控系统更方便整合智能驾驶技术,如自适应巡航 ACC、自动紧急制动 AEB 等;(2)新能源汽车为电控系统提供了天然的优势平台;(3)电控系统可以在同一辆车上实现多种不同的驾驶风格,满足消费者的驾驶需求切换;(4)电控化方案可以大幅降低系统复杂度,增加汽车可用空间,助力汽车轻量化,如电控驱动系统可以省去变速箱、传动轴等,电控制动系统可以省去真空助力器、制动液压管路等,电控转向系统可以省去转向管柱等;(5)电控化系统直接控制电机,效率更高,响应更快,驾驶更加安全。

1. 驱动系统:由集中式到分布式

驱动系统将由集中式向分布式发展。现有的驱动系统,无论传统燃油汽车,还是电动汽车,都只有一个动力源(发动机/驱动电机),称为集中式驱动。集中式驱动系统的动力需经动力传输机构(变速箱、传动轴等)、动力分配机构(主减速器、差速器等)到达车轮,存在一定局限性:(1)动力传输效率低;(2)系统构成复杂,导致成本较高,维修困难,车辆可利用空间小,汽车轻量化困难;(3)不利于车辆动力学控制,差速器是集中式驱动系统的必需元器件,而差速器的存在带来了汽车在对开路面易失控的特点,增加了车身稳定控制 ESP 等系统的开发难度。相比而言,分布式驱动系统不存在以上问题。分布式系统即车辆有多个动力源,由多个电机分别驱动不同的车轮,从而可以:(1)提高传输效率;(2)省去动力传输机构和动力分配机构,维修简单,扩大车辆可用空间;(3)实现更加快速、准确的独立驱动力控制,更方便进行驱动力优化分配,方便整合车身稳定控制 ESP、牵引力控制系统 TCS、自适应巡航 ACC 等智能驾驶技术;(4)方便制动能量回收等。

分布式驱动系统可分为两种:轮边驱动和轮毂驱动。轮边电机是指每个车轮单独配备一个驱动电机,电机与车轮是分离的,根据电机特性,电机与车轮中间可能配备有齿轮减速机构。轮毂电机是指电机的外转子即车轮轮毂,可直接在电机外转子上安装轮胎。相比而言,轮边电机更容易实现,而轮毂电机集成度更高。

2. 转向系统:线控转向是未来方向

线控转向依靠电信号控制,是未来发展方向。线控转向即取消方向盘与转向机之间的机械连接,代替以传输线和电控单元 ECU。相比于传统机械转向系统,线控转向有明显优势:(1)节省布置空间,减轻系统重量,有助于汽车轻量化;(2)碰撞情况下更加安全,由于取消了转向管柱,正面碰撞情况下的驾驶员安全性提升;(3)适应智能汽车,转向响应更加智能安全;方便整合车道保持 LKA、主动转向、自动泊车等 ADAS 功能。

可靠性是制约线控转向商业化的主要瓶颈。2013 年上市的英菲尼迪 Q50 是目前唯一的线控转向量产汽车(保留机械备份),但已两次因转向系统问题被召回:2014 年,当外界温度处于零下时,电动转向系统失灵,机械备份可能不能立即启动;2016 年,软件故障或导致转向响应失效。目前提高可靠性的技术方案主要有:(1)保留机械备份,即保留原有的转向管柱等连接机构,但这使得系统复杂度提升,并且可能在发生故障时无法及时切换,如英菲尼迪 Q502014 年召回事件;(2)余度管理技术,即采用多套电控系统,互相监控、互为备份,此技术目前尚在实验室研究阶段。

3. 制动系统：EHB/EMB 两大路径

电子辅助制动已广泛应用于传统汽车。消费者熟知的辅助制动系统包括：ABS（antilock brake system，制动防抱死系统）、ESP（electronic stability program，车身电子稳定系统）等。传统汽油车依靠真空助力器实现刹车助力，真空助力器连接至发动机进气歧管，因此无法在纯电动车上使用。中间产品电子真空泵产品开始应用于纯电动汽车。未来，伴随智能驾驶进一步普及，电控制动（EHB/EMB）将替代电子真空泵，以满足执行类 ADAS 的需求。

电控制动是指依靠电信号传递制动信息，替代液压制动系统。电控制动技术主要的优点：（1）适应电动汽车，由于制动信号放大可直接整合在 ECU 控制策略中，因此无须真空助力器，方便电动汽车上的应用；（2）适应智能汽车，相比于机械系统，电机制动力更方便控制，可以实现多种不同风格的制动形式。此外，在紧急情况下，即便驾驶员未踩下制动踏板也可制动，方便实现自动紧急制动 AEB 等 ADAS 功能。电控制动系统包括电控液压制动 EHB 和电控机械制动 EMB。

电控液压制动 EHB 技术较为成熟，已应用于量产汽车。EHB 技术在制动踏板与液压系统之间仍保留机械连接，利用电机助力推动主缸。EHB 技术的优点：（1）无须真空助力器，节省空间布局，减轻制动踏板打脚；（2）电控方便，可以在同一辆车上实现不同的制动风格；（3）适应智能汽车，方便整合 AEB；（4）适应电动汽车，方便制动能量回收。EHB 的局限性在于仍然需要液压系统。EHB 的研发始于 20 世纪 90 年代，目前已有比较成熟的产品，如博世 ibooster、大陆 MK C1 等；并已成功应用于量产汽车，如奔驰（SL 级、E 级），通用（Hy-Drive、Sequel），福特(Focus FCV),丰田(普锐斯、雷克萨斯 GS450h、皇冠 Majesta),日产(Leaf),比亚迪(E6)等。

电控机械制动 EMB 技术是重点研究方向,安全性制约商业化进程。EMB 技术无须真空助力器和液压系统,直接依靠电机驱动制动执行机构。EMB 系统的优点:(1)系统布置、装配、维修简单,无须考虑漏油问题,环境友好;(2)制动响应快,据测算,传统液压制动系统的响应时间约为 300ms,而 EMB 仅为 90ms;(3)制动力分配自由,方便整合 ABS、ESP 等;(4)适应智能汽车,方便整合 AEB;(5)适应电动汽车,方便制动能量回收。但是,EMB 系统还存在一系列问题,因而近期难以商业化:(1)电机难以满足要求,制动电机要求响应快、体积小、力矩大,因而业内普遍认为需要借助 42V 电压系统;(2)制动高温环境恶劣,电子元器件可能失效,电机面临退磁风险,制动热衰退现象严重;(3)较大的簧下质量导致汽车的操纵性和舒适性较差;(4)安全隐患,由于制动踏板与制动器之间的机械连接完全断开,电子故障可能导致制动失灵。具有 EMB 技术储备的零部件厂商包括大陆、博世、西门子、天合、德尔福、布雷博、瀚德、SKF、万都、PBR 等;整车方面尚停留在概念车阶段,包括通用 Hy-wire,日产 EA2/Pivo,宝马 Z22,奥迪 e-tron,雪铁龙 C5 等。

第 五 章

通用设备行业[①]

第一节　机床行业

一、行业简介及上下游产业链

机床行业的下游涉及汽车工业、传统机械工业、国防工业、航空航天工业、电子信息技术工业及其他加工工业等,应用非常广泛。其中汽车工业和电子行业近年来高速发展,成为最关键的下游产业。表 5-1 展示了机床行业的主要产品类型。

---

① 本章由广发证券罗立波、王珂撰写。

表 5-1　机床行业主要产品类型

产品类型	外　观	功能特点
金属切削机床		用切削、磨削或特种加工方法加工各种金属工件,使之获得所要求的几何形状、尺寸精度和表面质量的机床,是使用最广泛、数量最多的机床类别
金属成形机床		通过其配套的模具对金属施加强大作用力使其发生物理变形从而得到想要的几何形状
锻压机床		锻压机床是金属和机械冷加工用的设备,它只改变金属的外形状。锻压机床包括卷板机、剪板机、冲床、压力机、液压机、油压机、折弯机等
木工机床		木工机床包括从原木锯剖到加工成木制品过程中所用的各种切削加工设备,主要用于建筑、家具和木模等制造部门

数据来源:广发证券发展研究中心

二、我国市场现状

我国机床行业以普通机床为发展起点,20 世纪 90 年代后开始引进国外的数控机床。经过数十年的不懈努力,中国从只能制造单一功能的手动低档机床到如今能批量生产功能丰富的中高档机床,中国机床行业取得了举世瞩目的巨大变化。

2002 年以来,中国机床市场的产销量均稳居世界第一位。2015 年,中国机床市场规模达到 275 亿美元,约占全球机床市场总规模的 34.8%。然而,需要看到的是,我国在中高档数控机床和关键零部件方面仍主要依赖进口。

三、全球发展对比

机床行业的上游是各种零配件行业,为机床制造提供机械配件和功能部件。机床行业的下游则是机床设备的应用领域,主要包括汽车、工程机械、电子制造业、航空航天及军工等行业。

全球主要知名的机床制造企业主要包括德国的西门子、通快,法国的雷诺,日本的三菱、山崎马扎克、天田等。

从市场规模来看,2015 年,中国大陆机床市场规模达到 275 亿美元,约占全球机床市场总规模的 35%;其次是美国,73.6 亿美元,占比 9%;德国市场规模为 63.6 亿美元,占比 8%;日本为 58 亿美元,占比 7%,如图 5-1 所示。

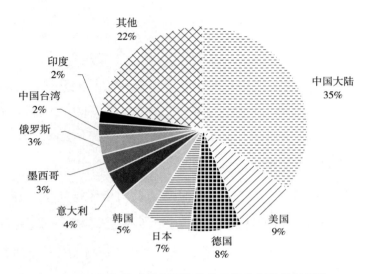

图 5-1　2015 年全球主要国家和地区机床行业市场规模

数据来源：Gardner Research、广发证券发展研究中心

　　欧洲、美国及日本厂商主要生产高端机床。德国机床制造商的最大出口目的国为中国，2016 年其面向中国市场的出口总额为 19 亿欧元。美国和日本的机床制造商在产值以及技术水平方面也占据优势地位，其产品也定位在高端。

　　在中低端产品方面，中国、韩国和印度较有竞争力。其中，中国台湾制造的产品中约 50% 面向中国大陆市场，其大型机床制造企业均在中国大陆建立了生产基地。

第二节 注塑机行业

一、行业简介及上下游产业链

注塑机属于塑料机械的主要产品类别,处于机械行业价值链中游,行业上游涉及钢材、冶金铸造等机械类零部件生产加工行业,下游则主要是通用塑料应用、家电、3C 和汽车等行业。

按照外形结构差异,注塑机可分为卧式、立式、角式;按照驱动方式差异,分为液压式电动式、电液复合式;按照锁模力大小,分为大型机、中型机、小型机,如表 5-2 所示。

表 5-2 注塑机行业主要产品类型

产品类型	外 观	功能特点
立式注塑机		注射装置和锁模装置处于同一垂直中心线上,且模具是沿上下方向开闭。占地面积只有卧式机的约一半。配备有旋转台面、移动台面及倾斜台面等形式,容易实现嵌件成型、模内组合成型。小批量试生产时,模具构造简单成本低,且便于卸装

续表

卧式注塑机		合模部分和注射部分处于同一水平中心线上,且模具是沿水平方向打开的。其特点是:机身矮,易于操作和维修;机器重心低,安装较平稳;制品顶出后可利用重力作用自动落下,易于实现全自动操作。其缺点是:模具安装比较麻烦,机床占地面积较大。目前,市场上的注塑机多采用此种类型
角式注塑机		注射方向和模具分界面在同一个面上,特别适合于加工中心部分不允许留有浇口痕迹的平面制品。它占地面积比卧式注塑机小,但放入模具内的嵌件容易倾斜落下。这种类型的注塑机宜用于小机

数据来源:广发证券发展研究中心

二、我国市场现状

塑料机械随着高分子化学和塑料加工工艺进步而发展起来,并逐渐成为一个独立工业部门。近年来,随着我国机械装备制造业规模的迅速扩大,塑料机械行业也快速发展起来,我国目前已成为全球最大注塑机生产国。同时,随着我国注塑机行业竞争力不断增强,进出口贸易出现顺差。

根据2016年《中国塑料机械工业年鉴》,2006年至2015年,我国

塑料机械出口额逐年增长,进口额则下降明显,逆差额不断缩小并在
2012 年出现贸易顺差,并在此后不断扩大。① 凭借高性价比,中国企业
生产的注塑机在发展中国家市场已经占据一定地位。应该看到的是,
虽然我国塑料机械市场设备国产化率已达到 81%,但主要在中低端市
场,高端注塑机仍依赖进口,如图 5-2 所示。

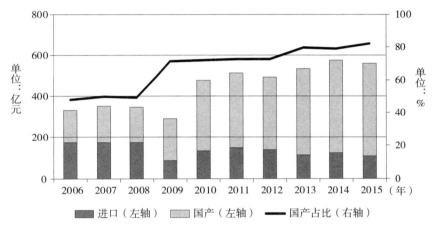

图 5-2　2006—2015 年我国塑料机械市场规模及国产化率

数据来源:《中国塑料机械工业年鉴》、广发证券发展研究中心

三、全球产业发展对比

在全球塑料成型设备行业市场,欧美国家及日本仍然占据领先地
位,特别是在高端注塑机市场。根据中国塑料机械工业协会统计,我国

---

① 中国机械工业年鉴编辑委员会、中国塑料机械工业协会:《中国塑料机械工业年鉴》,机械工业出版社 2016 年版。

高端注塑机主要从欧、美、日进口。其中,日本是我国进口塑料机械的最大来源国,性价比较高。然而,在一些精密塑料制品设备领域,德国等欧洲国家仍然是我国的进口来源。

在全球布局上,国内企业尚显年轻,国外领先企业在海外都有较为广泛和深入的生产和经销分布,本土外营业收入占比通常接近一半或以上,而我国企业本土外营业收入占比不足三分之一。国外领先企业将本土和海外业务相结合,抵抗地区经济波动风险能力更强。而中国企业则依赖国内市场,经营状况与国内经济波动高度相关,如图5-3所示。

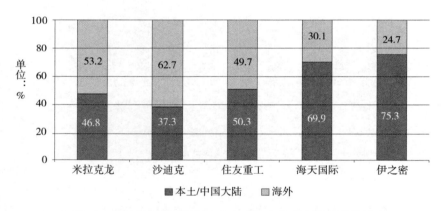

图5-3 国内外主要注塑机生产企业海内外营业收入份额对比

数据来源:彭博、Wind、广发证券发展研究中心

相较中国企业,一方面,海外领先企业产品结构更加完备,为整套塑料加工流程提供了必要的支持和辅助;另一方面,这类企业还关注机械手以及智能控制等技术的开发,以提高注塑机的智能化和产品质量。日本企业涉及的产品种类则更加综合,还包括放电加工机、冷

却塔等。完整的产品结构使其能够更好地为客户提供"一站式"服务。

以米拉克龙为例,公司是塑料技术加工行业的全球领导者,在制造、销售和高精度设计定制服务系统方面都处于领先地位,且是全球唯一一家能够提供全套注塑、吹塑和挤出设备的跨国公司。同时,米拉克龙还在塑料加工设备和流体技术的热流道解决方案、流程控制系统、模座、组件以及维护、修理和操作(maintenance、repair and operations,MRO)用品方面占据市场领先地位。

公司起源于美国辛辛那提一间小机械商店,已有一个多世纪的发展历史。1968 年进入注塑机市场,通过有机增长和多次并购,公司逐渐形成完整的产业体系。

公司目前主要的三个事业部包括先进塑料加工技术(APPT)、熔体输送和控制系统(MDCS)和流体技术(Fluids)部门。APPT 部门负责设计制造和销售注塑成型设备、挤出成型设备、吹塑设备以及共注塑系统及其零配件和服务。MDCS 事业部负责设计制造和销售热流道系统、过程控制系统、模胚模架及其零配件以及 MRO 的提供。Fluids 事业部则是工业金属加工过程中使用的合成、半合成润滑油以及冷却剂制造商。三个部门形成了对注塑机设备生产的完整技术支持和产品体系。图 5-4 展示了米克拉龙的收入构成及增速。

在注塑机产品上,米拉克龙的拳头产品是 Ferromatik 品牌系列,该系列是新型模块化注塑机组,有伺服机构或全电气化版本可供选择,客户可根据自己需求进行定制。Ferromatik 系列产品拥有 10 种尺寸规格,具备快速安静的操作、短成型周期和卓越的节能成效三大特点。同

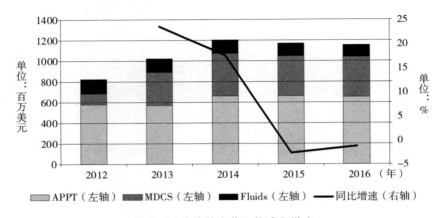

图 5-4　米克拉龙收入构成和增速

数据来源：彭博、广发证券发展研究中心

时，其产品系列非常灵活，可根据客户需求的变化进行升级和改装。

第三节　工业机器人行业

一、行业简介及其上下游产业链

工业机器人是面向工业领域的多关节机械手或多自由度的机器装置，可以代替人类完成自动化生产的需求。历史上流水线生产方式的诞生使得批量生产成为现实，为了满足大量的生产需求，各国开始研发能够替代人类生产的自动化设备。

关键零部件生产厂商是工业机器人产业链的上游，主要包括减速器、控制系统和伺服系统等。表 5-3 说明了零部件的主要产品类型。

产业链的中游是机器人本体,即机座和执行机构,包括手臂、腕部甚至行走结构,是机器人的机械传统和支撑基础。下游则是系统集成商,根据不同的应用场景和用途进行有针对性的系统集成和软件二次开发。系统集成是将机器人投入下游各种应用的必要条件。

表 5-3　工业机器人行业主要产品类型

产品类型	外　观	功能特点
零部件-控制器		控制器可以通过传感等部分传送的信息使机器人完成预先设计的运动轨迹,提高运动精度
零部件-伺服电机		伺服电机可将电压信号转化成转矩和转速实现控制对象的驱动
零部件-减速器		通过齿轮速度转换器,降低伺服电机的回转数至所需最小数值,并得到较大转矩

机器人 本体	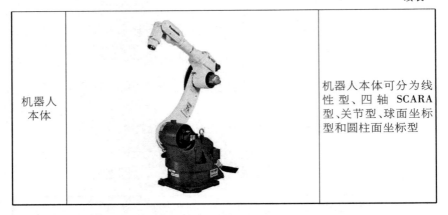	机器人本体可分为线性型、四轴 SCARA型、关节型、球面坐标型和圆柱面坐标型

数据来源:广发证券发展研究中心

在机器人工作中,控制器将信号传递至伺服驱动,伺服驱动控制电机转动,电机通过减速机带动执行机构运动以完成特定任务。控制器、伺服电机、减速器的性能直接决定了机器人的整体性能,是机器人制造中的核心部件,也是整个产业链中利润最高的环节。

二、我国市场现状和展望

中国是全球工业机器人最大的消费市场。根据国际机器人联合会的数据,2016 年中国工业机器人销量达 8.7 万台,同比增长 26.9%,约占全球工业机器人销量的 30%。但我国的工业机器人保有量仍与发达国家存在一定差距,2014 年中国工业机器人保有量为 18.9 万台,仅占全球保有量的 12.8%,落后于日本和北美地区。在人均保有量方面,2016 年中国每万人工业机器人保有量为 68 台,落后于全球平均水平74台。随着人口结构逐渐老龄化,人口红利逐渐消退以及制造业人力成本不断上升,我国工业机器人市场发展潜力巨大,如图5-5、图5-6所示。

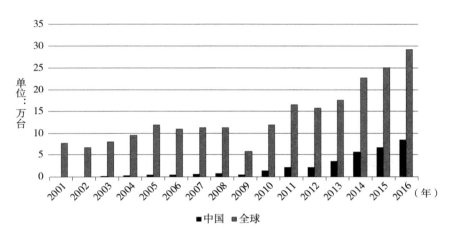

图5-5 2001—2016年中国和全球市场工业机器人销量

数据来源:国际机器人联合会、广发证券发展研究中心

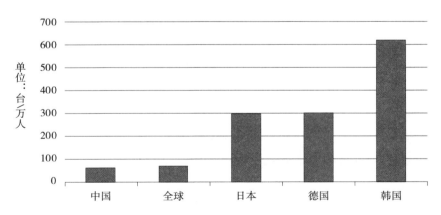

图5-6 2016年工业机器人密度

数据来源:国际机器人联合会、广发证券发展研究中心

中国已成为全球第一大工业机器人应用市场,然而国产工业机器人仍然以中低端产品为主,主要是搬运和上下料机器人,而高端工业机器人市场主要被日本和欧美企业占据。缺乏核心零部件自主开发能力是制约我国工业机器人发展的主要症结所在。

从工业机器人整体成本来看,减速器、控制器和伺服系统三大核心零部件占总成本的比例约 70%,如图 5-7 所示。因此,掌握核心零部件的企业就占领了产业高点,成本和利润也都集中在这一领域,其议价权相对更强。

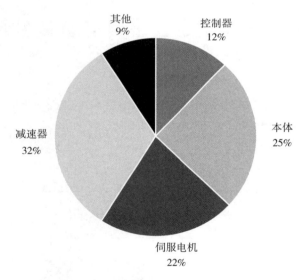

图 5-7 核心零部件占总成本的比例

数据来源:OFweek 机器人网、广发证券发展研究中心

相对而言,控制器技术难度较低,国内外硬件差距较小,伺服系统国内品牌也占据有一定份额,相比之下减速器技术壁垒最高。图 5-8 展示了全球减速器行业主要企业市场份额。减速器按结构可以分为谐

波齿轮、摆线针轮行星、RV、精密行星和滤波齿轮减速器五种,其中 RV
减速器有逐渐取代谐波减速器成为最主流减速器的趋势。

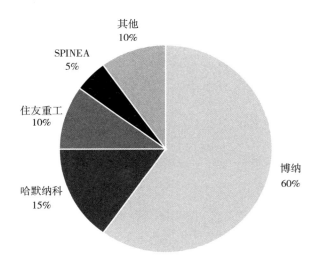

图 5-8 2015 年全球减速器行业主要企业市场份额

数据来源:OFweek 机器人网、广发证券发展研究中心

　　制约国内工业机器人发展的主要瓶颈是减速器,国内机器人长期
以来的现状是用压缩本体利润空间的方式,补贴了高昂的精密减速器。
从国内外机器人成本对比可以看出,同样吨位级别的工业机器人,一台
165 公斤焊接机器人国外的总成本约为 16.86 万元,而国内的成本高
达 29.9 万元。实际上本体方面制造成本差异不大,主要就来源于核心
零部件,其中以减速器成本差异最大。由于严重依赖进口,国内进口价
格高昂——一台减速器在国外的成本约 2 万—5 万元,而国内进口这
类产品的成本在 7 万—12 万元。按照占总成本的比例看,国内本体环
节占比比国外低 5—6 个百分点,而减速器环节,国内机器人占比比国

外机器人高 15 个百分点以上,如表 5-4 所示。

表 5-4 165 公斤级六轴关节机器人国内外成本对比

	国外成本	成本占比	国产成本	成本占比
总成本(万元)	16.86		29.90	
机械本体(元)	47040	28%	65269	22%
减速器(元)	20840	12%	91813	31%
伺服系统(元)	25475	15%	42816	14%
伺服驱动(元)	19000	11%	37053	12%
运动控制器(元)	5000	3%	13000	4%
其他电气部分(元)	26050	15%	26050	9%
装配与调试(元)	25200	15%	23000	8%
钕铁硼材料成本(元)	5095		8563	
N35SH 售价(元/公斤)	220		220	
单价用量(公斤)	23		39	

数据来源:中国产业信息网、广发证券发展研究中心

三、全球发展对比

世界工业机器人在产业化的过程中,形成了三种不同的发展模式:日本模式、欧洲模式和美国模式。

日本注重产业链的分工,总部负责以生产新型机器人为目标,并将任务拆解,由子公司分工完成。以安川为例,旗下子公司分别负责研发、生产、组装和销售等一系列流程,这种全产业链布局将市场交易转

化为企业集团内部生产,使生产更加稳定。在欧洲,制造商主要负责设计和技术研发,实行外部采购零部件并最终组装的模式;由于美国本土不生产机器人,通常由公司进口,再自行设计外围设备。

目前中国工业机器人产业化的模式与美国接近,众多企业集中于机器人系统集成,核心零部件的技术掌握在几家国际巨头手中,核心零部件技术的缺失严重抬高国内工业机器人成本。

从全球范围来看,核心零部件减速器的代表生产企业包括纳博特斯克和哈默纳科,全产业链的代表生产企业包括国际机器人四大家族,即 ABB、发那科、安川和库卡公司,系统集成的代表性企业为杜尔集团和拓斯达。

从毛利率水平来看,发那科和哈默纳科盈利能力领先,平均超过40%,发那科则在 50% 上下波动。发那科高毛利主要来源于两个方面:(1)自制伺服系统与控制系统与机床业务协同的规模效应;(2)高毛利的软件业务(如机床 CNC 系统)。发那科 2017 年业务构成为各类机器人(35%,robot)、FA 工厂自动化(33%,主要产品为伺服电机、CNC 数控系统)、加工中心(17%,robomachine)和服务(15%,service),机器人和核心零部件生产直接营业收入占比合计达 60% 左右。哈默纳科的高毛利水平来源于其出色的减速器业务。

根据 IFR 的数据,2016 年中国工业机器人销量的市场份额已经达到 30%,如图 5-9 所示,这些年中国的产业升级以及对工业自动化改造的需求激活了机器人市场,使得全球工业机器人使用密度大幅提升,国际企业纷纷在中国抢滩登陆。中国市场的崛起,带动全球机器人市场迎来新一轮增长。

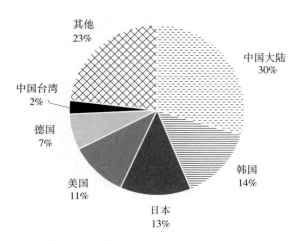

图 5-9 2016 年各国家和地区工业机器人销量占比

数据来源:IFR、广发证券发展研究中心

我国机器人产业基础薄弱,目前市场主要份额仍然为国外机器人品牌所占据,特别是以传统"四大家族"为首的优势企业。2016 年库卡公司、ABB、安川、发那科在中国的市场份额分别为 14%、13%、12%、18%。除去其他外资品牌的份额,市场表现较好的国内厂商分别是新松机器人、埃夫特、埃斯顿、广州数控等,这些厂商相较其他本土企业起步较早,目前都已具备一定规模和技术实力,如图 5-10 所示。

随着产销规模的扩大,国产企业有望突破成本桎梏。工业机器人企业的发展水平、盈利状况与其产销规模密切相关,根据广发证券发展研究中心的估算,经验上,年产销 100 台套可称为起步,年产销 500 台套可实现收入—支出的平衡,年产销 1000 台套以上有望实现盈利。

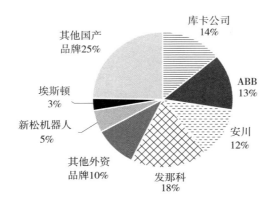

图 5-10　2016 年中国工业机器人主要企业市场份额

数据来源：前瞻产业研究院、广发证券发展研究中心

　　根据《我国工业机器人技术现状与产业化发展战略》的研究，以 165 公斤焊接机器人产业化成本分析为例，随着核心零部件国产化，优化配套厂家资源，批量材料加工件效率，当年产销达到 1000 台套时，单台成本将由当前的 30 万元左右降到 18 万元左右，如图 5-11 所示。

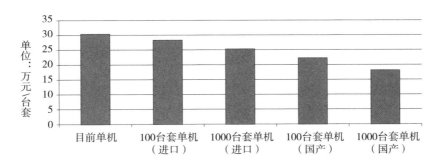

图 5-11　国产机器人和进口机器人规模与成本对比

数据来源：王田苗、陶永，《我国工业机器人技术现状与产业化发展战略》，《机械工程学报》2014 年 5 月。广发证券发展研究中心

根据相关公司公布的数据,可以看出新松机器人、拓斯达、埃斯顿、伯朗特四家企业机器人业务收入大幅增长,2016 年合计收入达到 12.7 亿元,同比增长超过 50%。国产企业的增速高于国内机器人市场,可以说国内品牌的市场占有率和影响力在逐步扩张。

近年来,在需求快速扩张及国家创新政策的引导下,大批国内企业与科研院所合作进入机器人生产领域,一定程度上促进了地方机器人行业的发展。随着我国企业研发技术的提高,各地骨干企业已经在部分零部件领域实现了技术突破,并逐步向本体开发或一体化纵向发展。同时,随着行业自身的优胜劣汰,以及地方政府对机器人行业发展定位的高度重视,在长三角、珠三角、京津冀及东北地区形成了一批机器人产业园区。国产品牌积极布局机器人业务,新一轮的产业集群正在逐步形成,相互之间的协同效应有望使我国机器人行业发展迎来拐点。

这些年中国的产业升级以及对工业自动化改造的需求激活了机器人市场。下游机器换人领域从汽车行业向食品饮料、医药、3C 等行业深化,机器人类型从多关节机器人向更普遍的并联机器人和 SCARA、码垛机器人过渡。

第四节　激光加工设备行业

一、行业简介及其上下游产业链

激光加工属于无接触加工,并且高能量激光束的能量及其移动速度均可调,因此可以实现多种加工目的,可对多种金属、非金属加工,特别适用于加工高硬度、高脆性及高熔点的材料。图 5-12 为激光产业链概览图。

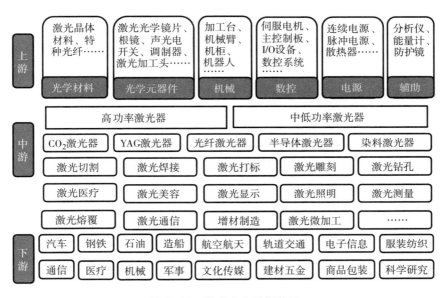

图 5-12　激光产业链概览图

数据来源:《2018 中国激光产业发展报告》、广发证券发展研究中心

　　激光加工设备行业处于激光产业链中游,上游主要包括光学元器件、光学材料及其他机械辅助装置,下游是激光加工服务产业,主要应用于通信与半导体、材料加工、医疗美容、精密仪器、科研军事等领域。激光器和激光设备是激光行业最主要的两部分,激光器是激光加工设备的核心部件,其市场规模较大,近年来呈现快速增长势头。表 5-5 说明了激光设备的主要产品类型。

表 5-5   激光加工设备行业主要产品类型

产品类型	外 观	功能特点
激光切割设备		将从激光器发射出的激光,经光路系统,聚焦成高功率密度的激光束。激光束照射到工件表面,使工件达到熔点或沸点,同时与光束同轴的高压气体将熔化或气化金属吹走
激光焊接设备		激光焊接是利用高能量的激光脉冲对材料进行微小区域内的局部加热,激光辐射的能量通过热传导向材料的内部扩散,将材料熔化后形成特定熔池以达到焊接的目的。激光焊接机按工作方式分为激光模具烧焊机、自动激光焊接机、激光点焊机、光纤传输激光焊接机
激光打标设备		激光打标机是用激光束在各种不同的物质表面打上永久的标记。激光打标机主要分为 CO_2 激光打标机、半导体激光打标机、光纤激光打标机和 YAG 激光打标机,目前主要应用于电子元器件、集成电路(IC)、电工电器、手机通信、五金制品、工具配件、精密器械、眼镜钟表、首饰饰品、汽车配件、塑胶按键、建材、PVC 管材
激光精密加工设备		精密激光加工技术,以薄板(0.1—1.0mm)为主要加工对象,其加工精度一般在十微米级。目前用于精密加工的激光器有:CO_2 激光器、YAG 激光器、铜蒸汽激光器、准分子激光器和 CO 激光器等

数据来源:广发证券发展研究中心

二、我国市场现状

亚太地区是传统制造业,消费电子、半导体、汽车行业的重要集聚地,对激光产品的需求非常旺盛。国内激光产业处于快速发展阶段,开启了从依赖进口到替代进口的转变,在中低功率的激光器和激光设备中取得了良好成效。近年来随着中国等国家和地区需求的持续发展,中国乃至亚太地区市场在激光产业链中的地位越来越重要,目前已经成为全球工业激光器的最大市场。

目前我国激光设备产业链产值规模约为 1000 亿元,上游产业——激光元器件及激光器产业规模占比约 20%;中游产业——激光装备产业规模最大,占比约 40%,其中,用于切割、打标和焊接的高功率激光设备占据了 2/3 的市场份额;下游产业——激光加工在重工业、电子工业、轻工业、军用、医疗等行业的应用占比约 40%。

据 Optech 咨询的统计数据,2015 年我国激光加工设备的销售额为 213 亿元,其中激光切割设备销售额为 66 亿元,焊接设备和打标设备的销售额分别为 28 亿元和 51 亿元,三者约占 68% 的市场份额,如图 5-13 所示。2016 年我国激光加工设备销售额为 250 亿元,同比增长 17%。OLED 面板、智能手机零部件加工、动力电池制造等新兴领域的应用加大了对激光加工设备的需求。

根据《2018 中国激光产业发展报告》[①],2017 年全球激光器的市场

---

① 中国科学院武汉文献中心:《2018 年中国激光产业发展报告》,2018 年版。

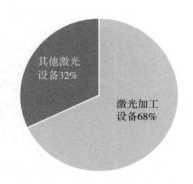

图 5-13　2015 年激光设备的市场份额

数据来源：Optech 咨询、广发证券发展研究中心

规模达到 124.3 亿美元，同比增长约 18%，高于 2016 年及以前年份的
增速，这其中得益于光纤激光器、激光雷达 LiDAR 和垂直腔面发射激
光器 VCSEL 的快速增长。激光设备方面，2017 年中国工业、信息、商
业、医用和科研领域的激光设备（含进口）市场销售总收入高达 495 亿
元，同比增 28.6%，如图 5-14、图 5-15 所示。

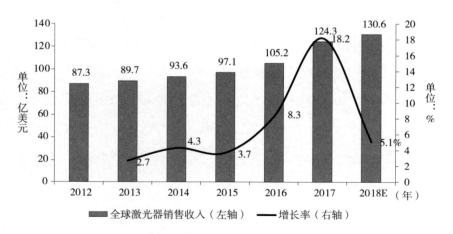

图 5-14　全球激光器市场规模及增长率

数据来源：《激光制造商情》、广发证券发展研究中心

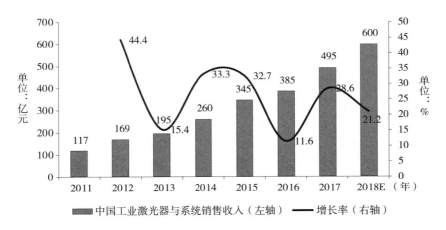

图 5-15 中国激光设备市场规模

数据来源:《激光制造商情》、广发证券发展研究中心

三、全球发展对比

从产业竞争格局来看,欧洲、北美地区、亚太地区是三大重要市场。据《激光制造商情》统计,2016 年全球激光及其相关产品总值超过 380 亿美元,如图 5-16 所示,其中欧洲占比 34.21%,中国占比 21.05%,美国占比 18.42%,如图 5-17 所示。但欧洲和美国在激光领域起步较早,技术上具备领先优势,因此,国外发达国家在重要领域占据优势地位,如大功率激光设备以及上游光纤激光器等。

目前的激光加工产业技术格局以德国、美国、日本、俄罗斯等少数工业发达国家为主导,其中德国通快、罗芬在高功率工业激光器上引领潮流,美国阿帕奇(IPG)的光纤激光器是国际产业界的明星产品。欧美主要国家在大型制造行业,如机械、汽车、航空、造船、电子等行业中,基本

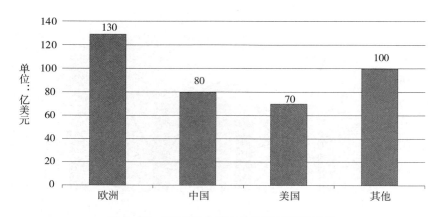

图 5-16　2016 年全球各地区激光市场规模

数据来源:《激光制造商情》、广发证券发展研究中心

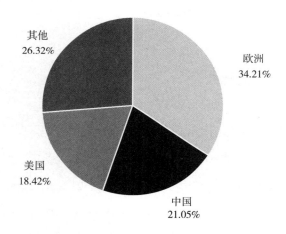

图 5-17　2016 年全球激光市场份额分布

数据来源:《激光制造商情》、广发证券发展研究中心

完成了用激光加工工艺对传统加工工艺的更新换代,如图 5-18 所示。

随着全球制造业的转移以及中国等发展中国家工业化水平的不断提升,全球激光器及激光加工设备市场比重逐渐向亚洲转移。2012年,东亚地区以 34% 的激光器及激光加工设备市场份额超过欧洲

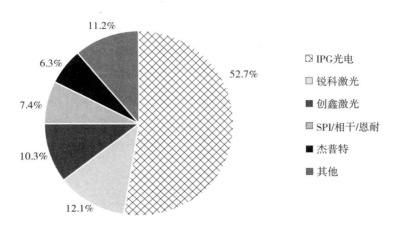

图 5-18　2017 年中国光纤激光器市场份额

数据来源:《2018 中国激光产业发展报告》、广发证券发展研究中心

（30%）成为世界最大激光设备制造地区。国内相关企业也崭露头角，大族激光、华工科技、锐科激光等都在稳定发展。图 5-19 和图 5-20 展示了激光设备行业主要企业营业收入和净利润对比和激光设备行业主要企业净利润率和净资产收益率（ROE）对比。

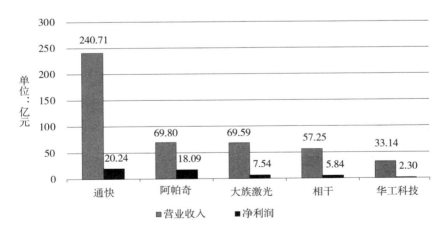

图 5-19　激光设备行业主要企业营业收入和净利润对比

数据来源:Wind、广发证券发展研究中心

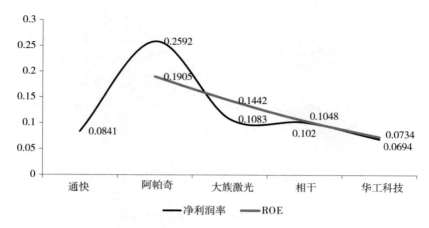

图 5-20　激光设备行业主要企业净利润率和 ROE 对比

数据来源：Wind、广发证券发展研究中心

第五节　液压行业

一、行业简介及其上下游产业链

液压技术作为现代传动与控制技术的重要组成，自 20 世纪初面世以来，即融合到装备制造业中，扮演重要而关键的角色。液压行业上游主要是钢材等原材料及零部件供应行业，下游应用主要包括工程、冶金、农业、矿山机械等在内的装备制造业。主要产品有液压泵、液压阀、液压缸、液压马达等，如表 5-6 所示。

表 5-6　液压行业主要产品类型

产品类型	外　观	功能特点
液压阀		液压传动中用来控制液体压力、流量和方向的元件
液压泵		液压系统的动力元件,是靠发动机或电动机驱动,从液压油箱中吸入油液,形成压力油排出,送到执行元件的一种元件
液压缸		将液压能转变为机械能的、做直线往复运动(或摆动运动)的液压执行元件。结构简单,工作可靠,可免去减速装置,并且没有传动间隙,运动平稳。广泛应用于机床液压系统中
液压马达		液压系统的一种执行元件,它将液压泵提供的液体压力能转变为其输出轴的机械能(转矩和转速)。液体是传递力和运动的介质。主要应用于注塑机械、船舶、起扬机、工程机械、建筑机械、煤矿机械、矿山机械、冶金机械、船舶机械、石油化工、港口机械等

数据来源:广发证券发展研究中心

二、我国市场现状和展望

20 世纪 60 年代初,我国开始引进液压技术,发展液压工业。国内液压设备行业经历了五十多年的发展,已基本可满足工程机械、农业机械、机床、能源、造船、轻工、纺织、军工、航空航天等行业的一般需求。

我国液压工业产值从 2009 年的 269 亿元增长至 2016 年的 510 亿元规模,年均复合增速为 9.5%,如图 5-21 所示,发展速度远超全球市场,目前我国是仅次于美国的全球第二大液压件市场。

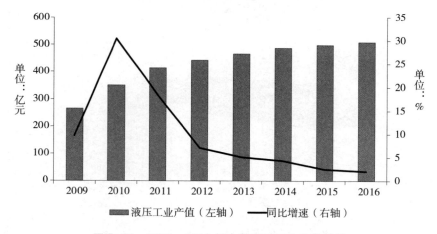

图 5-21　2009—2016 年中国液压工业产值规模

数据来源:中国液压气动密封件工业协会、广发证券发展研究中心

近年来,我国液压设备行业实力逐步增强,贸易逆差由 2011 年的 29 亿美元下降到 2016 年的 7.5 亿美元,对液压产品的进口依赖度逐步降低,如图 5-22 所示。但是在高端液压件方面,核心技术长期被日

本川崎、美国伊顿和德国林德液压、德国力士乐（Rexroth）等少数企业所垄断，包括三一重工、中联重科等在内的中国企业所生产的高端挖掘机、装载机、叉车等所用的液压件都几乎依赖进口。

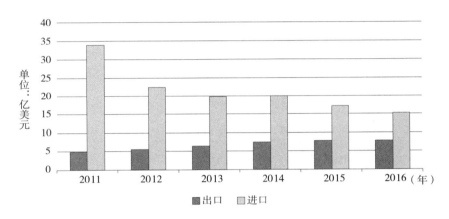

图 5-22　我国液压行业进出口情况

数据来源：海关总署、广发证券发展研究中心

三、全球发展对比

全球高端液压件市场几乎被伊顿、力士乐（Rexroth）、川崎重工（Kawasaki）、斗山等几家国外厂商垄断，其他知名企业还包括日本油研工业 Yuken、德国哈威液压、意大利阿托斯（ATOS）等，如表 5-7 所示。国际知名厂商的优势在于产品的可靠性、耐久性以及持续的研发投入等方面。

表5-7 全球液压行业的部分龙头企业

	国家	成立时间	员工数	液压产品部门	2016年收入	其中液压相关部门收入	在中国销售排名
力士乐（Rexroth）	德国	1795年	29500		50.8亿欧元		1
伊顿	美国	1911年	95000	工业部门（航空航天和液压部分）	197亿美元	39.8亿美元	3
派克	美国	1918年	60000	工业部门（动力系统）	114亿美元	31.8亿美元	4
川崎重工	日本	1878年	34605	精密机械部门	140亿美元	14.4亿美元	2
KYB	日本	1919年	13796	液压元件	33亿美元	8.9亿美元	>4

数据来源：公司年报、公司官网、广发证券发展研究中心

第六节　通用设备行业未来发展趋势

一、智能化

近年来，随着互联网、物联网、云计算、大数据和人工智能为代表的新一代信息技术与传统产业的加速融合，全球新一轮科技革命和产业革命正蓬勃兴起，一系列新的生产方式、组织方式和商业模式不断涌现，工业互联网应运而生，正推动全球工业体系的智能化变革。

智能化和数字化是工业互联网的发展方向。现有的自动化工厂或者数字化工厂，工业机器人、伺服、传感器等都已经存在。但这仅仅是基础条件，只有上述设备具备了主动感知环境、产品工艺、操作者水平

的变化,主动调整软件和程序,自动适应周围的变化,并根据这些变化不断地学习和优化自己的控制性能,才能实现真正的智能制造。

二、柔性化

随着社会进步和企业的发展,企业对生产过程自动化的需求越来越强烈,个性化、差异化的追求导致产品生命周期越来越短,小批量、多批次订单不断涌现,传统的大批量生产模式受到巨大挑战。而小批量、多批次的订单现状决定了单一品种定制的设备已受到众多条件的制约,因此企业开始关注柔性化生产设备。

柔性化生产设备,即通过调整工艺参数、夹具等能够满足多个产品的使用,能够对生产的需求变化做出快速适应的设备。在新开发设备项目时,企业首先考量的是设备能否实现柔性生产,更大可能地满足使用者需求,尽可能地实现设备利用最大化。柔性生产设备是否具有一定的柔性化直接影响着企业能否快速响应客户不可预测的需求变化,关系着企业能否在竞争中脱颖而出。因此,企业对柔性生产设备的关注逐渐成为企业关注设备的重点。

设备开发的目的是提高生产效率,提高产品品质,降低对人员的技能依赖,降低工作劳动强度等。合并多道工序或提升单工序的生产效率是提升生产效率的有效解决方案,而多品种、小批量订单的实现迫使设备既要满足现有的生产工艺又要能够适用于多个产品。因此,在柔性生产设备实施之初,首先要确定涵盖的产品种类,根据产品结构与性能要求确定合适的方案。

目前开发的柔性设备多数限于工序、类似产品的通用,企业仍存在许多通用类生产工序技术问题急需解决。未来制造业的发展将涵盖物流、信息流,适用于多品种、中小批量的生产,兼有加工制造和部分生产管理的功能,最终实现无人化生产。

第七节 海外并购策略思考

通用设备行业由于具有细分领域众多、技术特性各异、产业地域性布局等特点,企业海外并购策略重心仍将以提升技术竞争力为主,同时还可有效支撑企业开拓海外市场,并完善产品线种类。

为应对激烈的市场竞争,一方面,企业必须加强研发投入和能力建设,持续开发新技术新产品,从而保持竞争力。另一方面,通过海外投资与合作增强技术竞争力,也成为中国企业增加技术竞争力的一个重要方向。同时,通过海外投资与合作,企业也获得进一步拓展海外市场的机会。从高空作业平台行业来看,技术的核心和难点集中于运动控制和平台使用专利,成本和利润也都集中在这一领域,谁掌握了核心技术谁就占领了产业高点,拥有更高的议价权。Magni 是意大利全系列智能伸缩臂高位叉装车的制造商,看重其出色的技术团队和专利储备。2016 年,浙江鼎力以 1437.5 万欧元对 Magni 进行投资,获得 20% 股权。双方充分利用互有资源,合作建立欧洲研发中心,联合研发高端臂式产品。通过投资合作,浙江鼎力获得欧洲销售渠道,Magni 也得以进一步开拓中国市场,实现双赢。

　　此外,大型客户对于通用设备的需求体现出系统性及整体性,要求供应商具备提供多种类产品的供应和开发能力。国际行业龙头企业都具备较全面的产品类别。在此方面,我国企业还有一定差距。增加产品和服务种类,海外并购也是一个重要方式。以工业缝纫机行业为例,若厂商不能较好覆盖针对不同布料种类的加工设备,将制约企业发展。上工申贝是中国缝制机械行业首家上市公司,主要从事工业缝制设备和家用缝纫机的研发、生产和销售,拥有国内知名品牌"蝴蝶"。2005年,在德国高端缝制设备企业杜克普·爱华(Dürkopp Adler AG)遇到财务困境的时候,上工申贝果断对其进行收购。杜克普·爱华公司是一家拥有150多年历史的德国缝制设备制造企业,在全球缝制设备行业享有极高声誉,并在德国法兰克福、柏林和杜塞尔多夫三地证券交易所挂牌上市。2013年,上工申贝又成功收购同样具有150余年历史的老牌缝纫机生产商德国百福工业系统及机械有限公司,和工业缝制自动化应用领域全球领先的企业德国凯尔曼特种机械制造有限责任公司(KSL公司)。借助并购,公司成长为缝纫综合解决方案供应商,不仅掌握了先进的3D缝纫技术,并将缝纫机业务拓展到航空等非传统缝纫领域,其设备还可广泛应用于风能、环保、桥梁、碳素纤维以及复合材料缝纫领域,有效增强了企业竞争力。

第 六 章

工业控制和自动化行业①

工业控制和自动化是指通过运用工业控制技术,对工业生产过程中的各种机械装备进行监测及控制,从而实现生产自动化程度的提升及节能减排等效果。

按照功能的不同,工控产品可分为控制层、驱动层、执行层等,其中控制层产品实现对任务的分析、处理和分配,包括控制软件、可编程逻辑控制器(PLC)、分布式控制系统 DCS 及人机界面等;驱动层将控制层的任务进行解码,变成能够被电机、阀门等识别的信号,包括低压变频器、高压变频器、软启动器、直流驱动器等;执行层则执行相应的任务,包括伺服电机、直驱电机、调节阀、接触器等。工控自动化产品作为工业制造业的核心基础零部件,其需求与下游制造业的景气程度密切相关。

---

① 本章由广发证券华鹏伟团队撰写。

第一节　控制层相关产品行业

一、控制层产品行业概览

（一）行业简介

控制系统在工控领域具有类似人类大脑的作用,其中 PLC 是控制系统的核心,可谓工业领域的 CPU。PLC（programmable logic controller）即可编程逻辑控制器,它是指通过在可编程存储器中设置各种操作指令,实现对各类机械设备或生产过程的控制。工控产品需求和制造业景气程度密切相关,因此 PLC 市场需求随宏观经济形势而变化。图6-1 展示了我国 PLC 市场规模及增速。

（二）我国市场现状和展望

作为推进我国制造业产业升级的重要部分,工控行业发展持续受到国家政策支持。2016 年 9 月,工业和信息化部与国家发展和改革委员会联合发布《智能硬件产业创新发展专项行动（2016—2018 年）》,指出到 2018 年我国智能硬件全球市场占有率超过 30%,产业规模超过5000 亿元。在低功耗轻量级系统设计、低功耗广域智能物联、虚拟现实、智能人机交互、高性能运动与姿态控制等关键技术环节取得明显突破,培育一批行业领军上市企业。智能工业传感器、智能 PLC、智能无

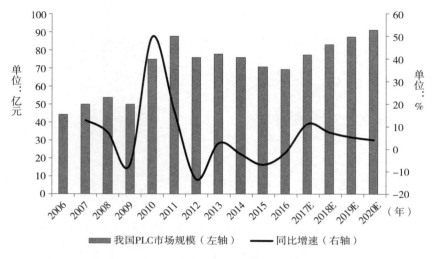

图 6-1　我国 PLC 市场规模及同比增速

数据来源:中国传动网、广发证券发展研究中心

人系统等工业级智能硬件产品形成规模示范,带动生产效率提升 20%
以上,如表 6-1 所示。

2017 年 10 月,党的十九大报告中明确提出:加快建设制造强国,
加快发展先进制造业;支持传统产业优化升级,加快发展现代服务业,
瞄准国际标准提高水平;促进我国产业迈向全球价值链中高端,培育若
干世界级先进制造业集群。①

2017 年 11 月,国家发展和改革委员会发布《增强制造业核心竞争
力三年行动计划(2018—2020 年)》,提出到"十三五"末,轨道交通装
备等制造业重点领域突破一批重大关键技术实现产业化,形成一批具

---

① 习近平:《决胜全面建成小康社会　夺取新时代中国特色社会主义伟大胜
利》,人民出版社 2017 年版。

有国际影响力的领军企业,打造一批中国制造的知名品牌。在轨道交通装备、高端船舶和海洋工程装备、智能机器人、智能汽车、现代农业机械、高端医疗器械和药品、新材料、制造业智能化、重大技术装备等重点领域,组织实施关键技术产业化专项。

　　PLC 作为工控行业控制层产品核心,将随制造业产业升级浪潮的持续推进而发展。

表 6-1　国家推进制造业产业升级政策

时间	颁布部门	政策名称	主要内容
2013 年 12 月	工业和信息化部	《工业和信息化部关于推进工业机器人产业发展的指导意见》	到 2020 年,形成较为完善的工业机器人产业体系,培育 3—5 家具有国际竞争力的龙头企业和 8—10 个配套产业集群;工业机器人行业和企业的技术创新能力和国际竞争能力明显增强,高端产品市场占有率提高到 45% 以上,机器人密度(每万名员工使用机器人台数)达到 100 以上
2015 年 5 月	国务院	《中国制造 2025》	到 2025 年,制造业整体素质大幅提升,创新能力显著增强,全员劳动生产率明显提高,两化(工业化和信息化)融合迈上新台阶;到 2035 年,我国制造业整体达到世界制造强国阵营中等水平,全面实现工业化
2015 年 12 月	工业和信息化部、国家标准化管理委员会	《国家智能制造标准体系建设指南》(2015 年版)	明确了建设智能制造标准体系的总体要求、建设思路、建设内容和组织实施方式,从生命周期、系统层级、智能功能等三个维度建立了智能制造标准体系参考模型,并由此提出了智能制造标准体系框架
2016 年 4 月	工业和信息化部	《智能制造试点示范 2016 专项行动实施方案》	在有条件、有基础的重点地区、行业,分类开展离散型智能制造、流程型智能制造、网络协同制造、大规模个性化定制、远程运维服务五种新模式试点示范,并遴选 60 个以上智能制造试点示范项目

续表

时间	颁布部门	政策名称	主要内容
2016 年 4 月	工业和信息化部、国家发展和改革委员会、财政部	《机器人产业发展规划（2016—2020 年)》	大力发展机器人关键零部件,全面提升高精密减速器、高性能机器人专用伺服电机和驱动器、高速高性能控制器、传感器和末端执行器等五大关键零部件的质量稳定性和批量生产能力,突破技术壁垒,打破长期依赖进口的局面
2016 年 9 月	工业和信息化部、国家发展和改革委员会	《智能硬件产业创新发展专项行动（2016—2018 年)》	到 2018 年,我国智能硬件全球市场占有率超过 30%,产业规模超过 5000 亿元。在低功耗轻量级系统设计、低功耗广域智能物联、虚拟现实、智能人机交互、高性能运动与姿态控制等关键技术环节取得明显突破,培育一批行业领军上市企业。智能工业传感器、智能 PLC、智能无人系统等工业级智能硬件产品形成规模示范,带动生产效率提升 20%以上
2016 年 12 月	工业和信息化部、财政部	《智能制造发展规划（2016—2020 年)》	2025 年前,推进智能制造实施"两步走"战略:第一步,到 2020 年,智能制造发展基础和支撑能力明显增强,传统制造业重点领域基本实现数字化制造,有条件、有基础的重点产业智能转型取得明显进展;第二步,到 2025 年智能制造支撑体系基本建立,重点产业初步实现智能转型
2017 年 10 月		《决策全面建成小康社会 夺取新时代中国特色社会主义伟大胜利》	建设现代化经济体系,必须把发展经济的着力点放在实体经济上,把提高供给体系质量作为主攻方向,显著增强我国经济质量优势。加快建设制造强国,加快发展先进制造业。支持传统产业优化升级,加快发展现代服务业,瞄准国际标准提高水平。促进我国产业迈向全球价值链中高端,培育若干世界级先进制造业集群

续表

时间	颁布部门	政策名称	主要内容
2017 年 11 月	国家发展和改革委员会	《增强制造业核心竞争力三年行动计划（2018—2020 年）》	到"十三五"末,轨道交通装备等制造业重点领域突破一批重大关键技术实现产业化,形成一批具有国际影响力的领军企业,打造一批中国制造的知名品牌。在轨道交通装备、高端船舶和海洋工程装备、智能机器人、智能汽车、现代农业机械、高端医疗器械和药品、新材料、制造业智能化、重大技术装备等重点领域,组织实施关键技术产业化专项

数据来源:国家发展和改革委员会、工业和信息化部、财政部等政府网站,广发证券发展研究中心

专栏　PLC 上下游产业链及主要产品

对于 PLC,通常根据其 I/O 点数的多少,结构形式的不同等进行分类。根据 PLC 的 I/O 点数多少,可将 PLC 分为小型、中型和大型三类,如表 6-2 所示。

表 6-2　PLC 根据 I/O 点数分类

项目	小型 PLC	中型 PLC	大型 PLC
I/O 点数	小于 256	256—2048	大于 2048
CPU	单 CPU 及 8 位或 16 位处理器	双 CPU	多 CPU 及 16 位或 32 位处理器
用户存储容量	4KB 以下	2—8KB	8—16KB
应用领域	OEM 市场	主要用于项目型市场,部分应用于 OEM 市场	项目型市场

数据来源:中国传动网、广发证券发展研究中心

小型 PLC 用户规模较为庞大,虽然单体价值较小,但基于用户规模的采购总数较多,在 2016 年 PLC 市场中占据 46.8% 的份额,大中型 PLC 合计占有 53.2% 的市场份额。应用领域方面,小型 PLC 多应用于 OEM 市场,而大型 PLC 则主要应用在电力、冶金等行业,如图 6-2 所示。

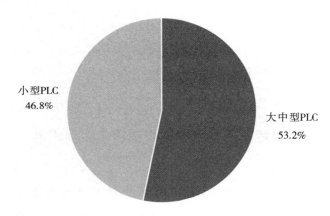

图 6-2　2016 年 PLC 市场规模

数据来源:中国传动网、广发证券发展研究中心

根据 PLC 的结构形式,可将 PLC 分为整体式、模块式和叠装式,如表 6-3 所示。

表 6-3　PLC 分类(按照结构形式)

	整体式 PLC	模块式 PLC	叠装式 PLC
定义	将电源、CPU、I/O 接口等部件集中装在一个机箱内	将各组成部分分别做成若干单独模块,由框架或基板和各种模块组成	CPU、电源、I/O 接口等是各自独立的模块,之间靠电缆进行连接,各模块可以一层层叠装
特点	结构紧凑、体积小、价格低	配置灵活,可选用不同规模的系统,装配方便,便于扩展和维修	系统可灵活配置、体积小巧

续表

	整体式 PLC	模块式 PLC	叠装式 PLC
应用	小型 PLC，可配置特殊功能单元，如模拟量单元、位置控制单元等扩展功能	大、中型 PLC 一般采用模块式结构	

数据来源：中国传动网、广发证券发展研究中心

对于整体式 PLC，其由 CPU 板、I/O 板、显示面板、内存块、电源等部分构成；模块式 PLC 则由 CPU、I/O 模块、内存、电源模块、底板或机架等构成，并且这些模块可以按照一定的规则组合配置。PLC 上游为各类电子元器件、电力电子器件以及结构件等，而下游则是各类行业机械及项目，如起重机械、电梯、机床、纺织印染、冶金、石油石化、包装印刷等。

PLC 市场根据用户的使用方式和特点的不同，可以分为项目型市场和 OEM 型市场。2016 年，项目型市场销售额占整个 PLC 市场规模的 32.6%。汽车、公共设施、冶金、电力等仍然是 PLC 项目型市场的主要行业，如表6-4所示。

表6-4 我国 2016 年 PLC 市场规模——分行业（项目型市场）

项目型行业	所占 PLC 市场比重（%）
汽 车	6.2
公共设施	5.8
冶 金	5.0
电 力	3.5
化 工	2.3
石 化	1.9

项目型行业	所占 PLC 市场比重（%）
交　通	1.6
油　气	1.5
建　材	1.0
采　矿	0.9
造　纸	0.9
其他项目	2.0
项目型总计	32.6

数据来源：中国传动网、广发证券发展研究中心

在 PLC 的另外一大类 OEM 型市场中，2016 年其销售规模占整个 PLC 市场规模的 67.4%，其中纺织机械、包装、食品饮料等传统行业仍然是 PLC 的主要市场，如表 6-5 所示。

表 6-5　我国 2016 年 PLC 市场规模——分行业（OEM 型市场）

OEM 型行业	所占 PLC 市场比重（%）
纺织机械	10.9
包装（不含食品饮料包装）	7.2
食品饮料	5.7
塑料机械	4.0
电子设备制造（不含半导体、液晶、电子代工服务）	3.5
制药机械	3.4
印刷机械	3.1
纸巾机械	3.0
起重机械	2.4
暖通设备	2.3
电子代工服务	2.2
物料搬运	2.2

续表

OEM 型行业	所占 PLC 市场比重（%）
橡胶机械	1.9
建筑机械	1.8
液晶设备	1.8
半导体设备	1.3
机床（含玻璃机械、木工机械）	1.1
锂电池	1.0
雕刻机	0.6
医疗器械	0.5
激光加工机	0.3
电　梯	0.2
其他 OEM	7.0
OEM 合计	67.4

数据来源：中国传动网、广发证券发展研究中心

（三）主要企业

PLC 在我国已有 30 余年的发展历史，形成了一批具有代表性的公司。例如，成立于 1971 年的台湾台达公司，经过几十年的发展，目前已经逐步从关键零部件制造商迈入整体解决方案提供者，形成电源及零部件、自动化、基础设施三大业务范畴。自动化业务已拥有包括机器人、PLC、人机界面、变频器、交流伺服、数控系统、机器视觉、工业组态软件等产品在内的完整产品线。面对当前的智能化发展浪潮，台达公司亦凭借完善的产品线、多行业的深入应用，不断升级智能化解决方案。2016 年我国 PLC 市场占有率中，台达公司作为国内品牌代表，排名第六，占有约 4.6% 的国内市场份额。

其中,台达公司小型 PLC 产品广受纺织、机床等机械行业用户欢迎。2012 年,随着 AH500 系列中大型 PLC 产品上市,台达公司的服务范围向橡塑行业、建材行业、风电、太阳能、公共工程和楼宇仓储自动化进一步深入拓展。这些行业具备中大型控制系统的应用条件,同时也是与节能环保相关的重要行业。

汇川技术是我国大陆工业控制自动化的龙头企业,专注于工业自动化控制产品的研发、生产和销售,目前已经成为国内最大的中低压变频器与伺服系统供应商、行业领先的电梯一体化控制器供应商以及新能源汽车电机控制器领军企业。公司产品涉及变频器、伺服、PLC、人机界面、轨道交通等多领域,具有较为丰富的产品线和业务布局。公司 PLC 产品目前涵盖小型、中型及特殊功能型。

其他 PLC 企业包括信捷电气、麦格米特以及深圳合信等,前两者均为 A 股上市公司,分别位于无锡及深圳,2016 年均实现亿元规模的利润水平,后者是民营自动化高新技术企业。

二、全球行业发展对比

(一)全球主要产业链分布及竞争格局

欧美地区在独立研发 PLC 方面取得成功,因此,在 PLC 相关技术上存在较为显著的差异。日本通过引进美国的 PLC 技术,并结合本国需求情况加以发展和改造,其将产品定位在中小型 PLC 和亚洲市场,并逐渐形成自己的特色。受此历史渊源影响,欧美企业在大中型 PLC

占据主导地位;日本企业则在中小型 PLC 占据主导地位,具有一定的灵活性和价位方面优势,主要品牌如松下、欧姆龙、三菱、富士等,凭借在小型 PLC 领域的后发优势,日本占有全球七成左右的市场份额。主要企业介绍如下:

(1)西门子:由维尔纳·冯·西门子于 1847 年建立的西门子,总部位于德国慕尼黑。西门子的电子产品以较高的产品性能和性价比在全球范围被广泛接受。西门子 SIMATIC 系列 PLC 最先诞生于 20 世纪 50 年代,经历了 C3、S3、S5、S7 系列。西门子 S7 系列主要包括西门子 200、300、400、1200 以及 1500 等多个种类 PLC。节省空间是西门子 PLC 的最大优势所在,同时支持在面板与计算机上软件编程,而且带有简单的模拟量 I/O 功能。公司的小型整体式的一体机 S7-200 系列产品,广泛应用于国内电力、汽车、冶金等行业,此外公司的大型模块化 PLC 新品也在持续推出。

(2)施耐德:施耐德电气是法国的工业领军企业,其 PLC 产品以编程软件为核心优势,设计方面的精心处理可以使得开发时间大大缩短,处理器的灵活性可以实现更高的性能。因此,公司的 PLC 产品因在软件开发和控制系统运行上具有更好的表现,从而大大提高了生产效率。施耐德 PLC 主要包括:ModiconTSXMicro、ModiconM340、Modicon Premium、ModiconQuantum 等系列。

(3)三菱电机:三菱电机株式会社创立于 1921 年。以三菱电机为代表的日本小型 PLC 产品约占世界小型 PLC 市场七成左右的市场份额。三菱电机是较早进入中国 PLC 市场的公司之一,与西门子的产品并驾齐驱。凭借高性能、低成本和广泛的应用场合成为中国 PLC 厂家的争相模仿对象。三菱电机的 PLC 产品主要有 FX 系列小型机，A 系列、Q 系列中大型机。其中 FX2 系列是 20 世纪 90 年代开发的整体式高功能小型机，具有各种通信适配器和特殊功能单元。

（4）欧姆龙：日本欧姆龙成立于 1933 年，是全球知名的自动化控制及电子设备制造厂商。欧姆龙的 PLC 产品，产品系列丰富，大小规格齐全。大型 PLC 主流型号有 C1000H、C2000H、CV（500/1000/2000/CVM1）等；中型 PLC 产品主要包括 C200H 系列、CS1 系列等；而小型机则有 P 型、H 型、CPM1A 系列、CPM2A 系列、CQM1 等多系列；微型机则以 SP 为代表，显著特征为体积小并且速度快。欧姆龙的 PLC 在中国及世界市场均有相当的份额。

（二）行业发展水平对比

相比之下，我国 PLC 起步较晚，在以下方面均与国际企业存在较大差距：

（1）技术与资本积累：PLC 是一个技术密集型产品，制造成本所占比例较低，主要投入来自技术研发和升级支出，我国企业的技术和资本积累短板制约了国产 PLC 发展。国产品牌普遍采取了先从技术较简单、不需要大规模投资的小型 PLC 领域进入，主要面向中小 OEM 企业，尤其是大量中小型民营制造企业客户，通过性价比优势帮助这些企业提高生产效率，培养客户忠诚度。

（2）国际巨头有先发优势：我国 PLC 市场是一个完全国际化竞争的市场，实力雄厚的国际巨头具有先发优势，拥有良好的市场认知度和客户群体，后续进入者面临较高门槛。

（3）规模效应不足：国产品牌的质量提高需要大规模量产和众多客户的实际应用，以此降低单位成本，积累技术经验，跟踪客户需求，不断提升品质。目前与国际厂商全球范围的大规模销量相比，我国企业的规模效应较为有限。

（4）产品线丰富程度待提升：在小型 PLC 领域前三名的西门子、三菱电机和欧姆龙均具有丰富产品线，其中西门子更是能够做到覆盖大中小各型 PLC。相比之下，我国 PLC 生产企业，产品多集中在小型 PLC，大中型产品目前虽在不断推进，但距离国际先进企业尚有较大差距。

专栏　国际产业链演变图景和路径

　　1968 年美国通用汽车公司为了适应汽车型号的不断更新，生产工艺不断变化的需要，实现小批量、多品种的生产，希望能有一种新型工业控制器，能做到尽可能减少重新设计和更换电器控制系统及接线，以降低成本，缩短周期。1969 年由美国数字设备公司（DEC）根据美国通用汽车公司的要求研制成功世界上第一台 PLC。当时的 PLC 只有逻辑运算、定时、计数等顺序控制功能。在第一台 PLC 问世后，许多公司纷纷投入大量人力物力研制 PLC。1969 年，美国哥德公司首先把 PLC 商品化；1971 年，日本从美国引进了这项技术，研制出日本的第一台 PLC；1973 年，德国和法国也研制出了自己的 PLC，并在工业领域开始使用。1974 年，我国开始研制 PLC，1977 年开始工业领域的应用。

　　在改革开放刚起步的 1979 年，在当时机械部仪表局的推动下，我国开始从美国进口 PLC,并首先在电站的辅机如输煤、除灰除渣、水处理系统以及水泥厂等控制系统中成功应用,从而大大推动了 PLC 在我国工业领域的大规模运用。

自 1985 年开始,小型 PLC 首先是日本三菱电机公司的 MELSEC-F,通过非政府渠道进入中国市场。随后 3—4 年内,小型 PLC 就形成了大面积的推广应用局面。1990 年以后,西门子、Allen Bradley 以及其他知名品牌开始大举进入中国市场,占据中、大型 PLC 的较大份额。1995 年后形成了大型 PLC 以欧美为主,中型 PLC 欧美和日本平分秋色,小型 PLC 则以日本为主的格局。图 6-3 展示了 2016 年我国 PLC 市场的竞争格局。

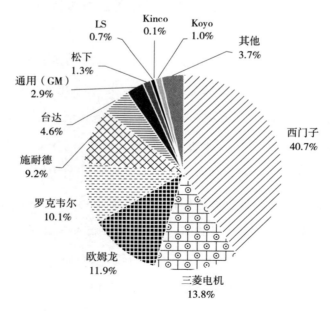

图 6-3　2016 年我国 PLC 市场竞争格局

数据来源:中国传动网、广发证券发展研究中心

由以上 PLC 的发展历史分析可见，PLC 因产业需求而诞生于美国，在美国实现产业化，无论在产业基础、技术水平以及发展时间上，美国都具有绝对优势，产生了一批世界领先级别的公司。而日本由于工业的快速发展，产生了对 PLC 的巨大需求，在引进美国 PLC 的基础上，根据自身市场的特点，开发出在小型领域更具优势的产品，从而进一步向世界其他国家渗透，抢占市场份额。

三、国际行业发展趋势及我国行业发展机遇

（一）全球市场前瞻

PLC 的发展主要取决于不同区域的不同行业发展情况。例如在日本，PLC 供应商就严重依赖于 LED、LCD 和半导体市场的表现。在欧洲地区，汽车制造业则是 PLC 发展的主要驱动力。在国内，PLC 的最大驱动力则来自 OEM 市场。据中国传动网统计，2016 年国内 67.4% 的 PLC 销售额来自 OEM 市场，项目型市场占到 32.6%，OEM 市场情况直接决定了整个 PLC 市场的好坏。

（二）我国产业发展机遇

PLC 市场发展趋势可以从服务趋势和新兴市场两个方面分析。在服务趋势上目前主要有以下三个方面：

首先，产品的质量和性能是终端客户越加关注的方面，要求和标准正在不断提升。近年来，随着 PLC 市场的持续增长，很多厂商和新增

产能开始涌现，上市的产品质量也良莠不齐，由于 PLC 产品的应用场景不同，很多情况下的维修和置换成本高企，因此，运营商对产品的品质要求也更为严格。这种情况下，重视研发投入和产品品质的企业经过市场的筛选将逐渐脱颖而出。

其次，PLC 市场集中度将有望提升。PLC 市场竞争较为激烈，基于对产品质量、性能以及售后服务等多方面的考量，市场需求将逐渐向大厂集聚，并且由于规模效应，小企业在价格及成本方面的优势也将逐渐消失，行业的市场集中度将有望提升。

最后，海外市场具有较大需求潜力，中国成本优势为行业发展增添动力。PLC 产品的全球需求明确，北美、南美以及东南亚等地区同样存在较大市场。PLC 产品的生产和封装，不仅是技术密集型行业，同样需要大量的劳动力支撑。我国具备一定的劳动力成本优势，很多跨国企业纷纷在国内设厂或寻找合作伙伴，供给国内需求的同时，产品也越来越多的出口到海外其他国家和地区，为国内的 PLC 行业增添了发展的动力。

（三）新兴市场及趋势

PLC 产品应用广泛，除了纺织机械、包装和印刷机械等传统行业需求外，新能源汽车、集成电路、智能装置及工业机器人等新兴领域的发展为 PLC 创造了更多的应用场景和需求领域。

我国已成为全球最大的新能源汽车市场，动力电池的自动化生产势在必行。2017 年我国新能源汽车销量接近 80 万辆，连续三年位居世界第一。动力电池作为最为核心的关键零部件，其相关技术与性能对新能源汽车的发展具有重要影响。当前国内生产动力电池的企业不下百家,但由于自动化程度低,大多数企业呈现出生产效率低、良品率低等特点。这使得动力电池在技术以及一致性问题上难有实质性突破,严重影响了动力电池整体性能,也制约着新能源车行业的发展。

　　未来包括动力电池在内的新能源汽车制造将走向大规模和智能化,呈现出高精度、高速度和高可靠性的特点。而这些特点的实现则是以无人化、可视化和信息化的智能制造方式来完成。例如,在电池电芯前段工序中,使用高速模切机可以在产品毛刺控制、尺寸精度等方面实现有效控制;中段工艺中,使用电芯自动烘烤干燥系统,能耗低、效率高、稳定可靠,并且可显著提升产品性能和一致性。生产过程中应用的相关设备,将带来对 PLC 等工控产品的增量需求,如表6-6 所示。

表6-6　国内电池电芯工艺特点及自动化需求

	工序设备	自动化特点
电池电芯前段工序	原材料输送、匀浆设备	根据需求,可从粉体、液体全自动精确上料、预混、搅拌、周转、过滤全套混合工序等提出不同解决方案
	涂布机	涂布高效,具备模头横向重量闭环自动调节、AGV 上下料自动对接、自动穿带等六大突破性自动化及智能化控制功能
	辊压、分切	提升生产效率,减少极片辊压与分切工序的物流输送,在设备张力分段控制和纠偏系统方面实现精准控制
	切片模切机	在产品毛刺控制、尺寸精度等方面实现有效控制

续表

工序设备		自动化特点
电池电芯中段工序	全自动卷绕机	效率和产品稳定,与日韩等先进装备企业差距逐步缩小
	电芯自动装配线	实现整线智能控制,在整线集成、全自动化和智能化控制方面发展迅速
	电芯自动烘烤干燥机	能耗低、效率高、稳定可靠,可显著提升产品性能和一致性
	电芯自助注液	采用最新的直线式注液系统,技术上一定程度已经超过了日、韩等企业
电池电芯后段工序	化成检测系统	结合自动化立体仓库、堆垛机、AGV 及控制系统,整合高精度电源系统,形成智能化成分容检测系统
	自动物流系统	采用智能物流调度系统,整合滚筒线、升降机和 AGV 等自动化物流设施,实现生产过程物流输送智能化

数据来源:瑞浦能源、广发证券发展研究中心

电子领域目前已经成为继汽车产业之后的第二大自动化需求领域。我国电脑、手机等 3C 产品销量快速增长,根据国家统计局数据,2007—2017 年我国微机产量以 8% 的累计复合增速持续增长,2017 年销量达到 3.07 亿台。集成电路 2017 年产量达到 1565 亿块,2007—2017 年累计复合增速 14.2%。

手机生产过程中,抛光打磨、喷涂组装、注塑成型、点胶冲压、视觉检测、撕膜系统、分拣装箱、激光塑料焊接等都可以由机械自动化来实现。机械加工的速度和精度,相比人工都有很大提升。例如,机身制造要求加工位移速度可以达到 48m—60m/min,高转速可快速反转,实现快速切削、钻孔等;蓝宝石触摸屏的制作需要金刚线机器进行切割;总装与检测通过自动化可以大幅降低人力成本,如表 6-7 所示。

表 6-7 部分手机制造环节工艺及自动化应用

环 节	工 艺	特 点
机身制造	全 CNC 加工	具有良好的金属外观,金属机身内部可设置复杂结构以固定配件。对钻铣设备在精度设计、控制方面要求很高,加工位移速度可以达到 48m—60m/min,高转速可快速反转,实现快速切削、钻孔等
触摸屏制造	蓝宝石玻璃	从蓝宝石晶体中形成蓝宝石晶棒,用金刚石开方机将蓝宝石晶棒切割成方体;用金刚线切割机往复多线切割或激光切割成薄片
总装与检测自动化	耦合测试、QA检测等	从各个部件的生产到最后的组装都存在自动化的装配和检测需求

数据来源:广发证券发展研究中心

四 、海外并购策略思考

面对国内外 PLC 产品需求的发展趋势,对推动我国 PLC 行业发展可关注如下方面:

(1)完善产品品类,提升系统解决方案提供能力。大型客户对于工控产品的需求体现出系统性及整体性,需要供应商具备提供多种类产品的能力,国际工业控制领域龙头企业都具备较全面的产品类别,我国工业控制领域公司经过近些年来的发展,产品类别相比过去实现了丰富，但距离国际领先企业还有一定差距。

（2）具体的行业应用是体现和检验自动化企业核心竞争优势和综合能力的试金石。基于对下游行业的充分理解，并挖掘行业用户的潜在需求，从而提出针对性强的解决方案，才能真正构筑自身的竞争优势。目前，受到国家政策支持，市政工程以及新能源等领域为自动化企业提供了大量的市场机会。

（3）形成较为完备的总体规划和项目执行能力。具备工业控制产品的生产制造能力只是满足了产业升级的基础需求。从工控产品到生产设备，到生产装置，进而扩展到生产车间和工厂，以及最终建立起自动化、智能化的公司和企业，这需要具备完备的总体规划和项目执行能力。由于不同企业生产流程存在较大差异，自动化程度的需求也不尽相同，这就需要针对不同企业采取不同的技术方案，使工控产品的作用真正落地到生产实践中，切实提升企业的生产效率以及经济效益。

（4）加强对新应用领域的拓展。新的生产和生活方式正在不断涌现，新能源汽车对传统燃油车展开了快速替代，风电、光伏等清洁能源对传统化石能源的补充和替换也在不断上演，智能装置和机器人的应用场景在不断深化。未来我们会看到更多使生产生活更加清洁化、高效化的产品和行业诞生，如何快速响应新应用领域的需求，把握工业控制行业的新的发展趋势，为工业控制企业提出了新的挑战。

（5）逐步实现控制系统国产化。在工业控制系统产业链上，我国的基础仍比较薄弱，芯片等核心零部件进口依赖度较高。据工业和信息化部对 30 多家大型企业 130 多种关键基础材料调研结果显示,32% 的关键材料在我国仍为空白,52% 依赖进口,绝大多数计算机和服务器 通用处理器 95% 的高端专用芯片,70% 以上智能终端处理器以及绝大 多数存储芯片依赖进口。在装备制造领域,高档数控机床、高档装备仪 器、运载火箭、大飞机、航空发动机、汽车等关键件精加工生产线上 95% 以上制造及检测设备都依赖进口。控制系统的作用体现在整个生 产链条上,重要性不言而喻,国产化是大势所趋,需要稳步推进。

专栏　埃夫特收购意大利 Robox

埃夫特成立于 2007 年 8 月,是国产机器人行业的领先企业。埃夫 特在意大利成立智能喷涂机器人研发中心和智能机器人应用研发中 心,在美国设立人工智能和下一代机器人研发中心。

2017 年 6 月,公司宣布收购意大利 Robox,其在补强埃夫特在核心 部件控制系统和驱动方面的短板上功不可没,进一步促进埃夫特以应 用驱动机器人整机成长,以机器人整机拉动机器人核心零部件发展,打 造平台型机器人集团以及可持续发展的机器人生态圈。

Robox 由罗伯托·蒙托里(Roberto Montorsi)先生在 1975 年创立, 总部位于意大利,主要生产运动控制器、集成驱动器、控制系统软件、人 机界面(HMI)等。随着应用领域的不断拓展,Robox 运动控制器除了 涉及机器人外,还在移动 AGV、印刷包装、机床、激光切割、木材和塑料 等众多工业领域积累了丰富的应用,致力于为客户提供最专业的整体 解决方案和相关配套措施。

如今,中国已经成为 Robox 亚太地区乃至全球业务发展的重要推动力。Roberto 表示,中国市场潜力巨大,在未来还有很大的发展空间;随着工业自动化控制需求的增长,未来市场对整个运动控制的需求也会越来越大。

第二节 驱动层相关产品行业

一、驱动层产品行业概览

(一)行业简介及上中下游产业链

驱动层将控制层的任务进行解码,变成能被电机、阀门等识别的信号,如变频器和伺服驱动器等。变频器是把电压与频率固定不变的交流电,变换为电压和频率可变交流电的装置,变频器一般用于控制交流电机的转速或者输出转矩。

变频器(variable-frequency drive, VFD)是应用变频技术与微电子技术,通过改变电机工作电源频率方式来控制交流电动机的电力控制设备。变频器主要由整流、滤波、逆变、制动单元、驱动单元、检测单元、微处理单元等组成。变频器靠内部绝缘栅双极型晶体管(IGBT)的开断来调整输出电源的电压和频率,根据电机的实际需要来提供其所需要的电源电压,进而达到节能、调速的目的,另外,变频器还有很多的保护功能,如过流、过压、过载保护等。

1. 变频器分类

变频器的分类方法有多种,按照主电路工作方式分类,可以分为电压型变频器和电流型变频器;按照开关方式分类,可以分为脉冲振幅调制(PAM)控制变频器、脉宽调制(PWM)控制变频器和高载频 PWM 控制变频器;按照工作原理分类,可以分为 V/F 控制变频器、转差频率控制变频器和矢量控制变频器等;按照用途分类,可以分为通用变频器、专用变频器、高频变频器、单相变频器和三相变频器等。按照输入变频器的电压等级分类,一般分为低压(380V 以下)、中压(660V—2300V)和高压(3KV 以上)变频器,如表 6-8 所示。

表 6-8　变频器分类

依　据	分　类
主电路工作方式	电压型变频器、电流型变频器
开关方式	PAM 控制变频器、PWM 控制变频器、高载频 PWM 控制变频器
工作原理	V/f 控制变频器、转差频率控制变频器、适量控制变频器
电压等级	低压变频器、中压变频器、高压变频器
变换环节	交-直-交型、交-交型
用　途	通用变频器、高性能专用变频器、高频变频器、单相变频器、三相变频器

数据来源:欧姆龙、广发证券发展研究中心

2. 变频器下游产业链

变频器应用广泛,其市场分为项目型和 OEM 型,在各行各业,可以说只要有电机的地方就会涉及变频器的应用。其中,低压变频器作为其中的一种类型,能够实现工艺调速、节能、软启动、改善效率等功能,在起重、电梯、纺织印染、冶金、电力、石油石化、机床、印刷包装等行业得到了广泛的应用。从市场的规模看,低压变频器的项目型市场和OEM 型市场接近持平。但是其应用的变频器类型还是有很大不同,如图 6-4、图 6-5 所示。

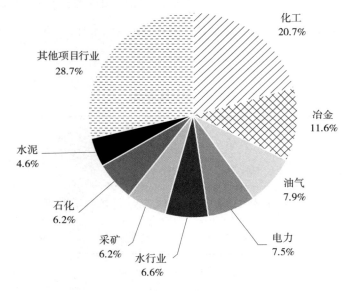

图 6-4 低压变频器项目型市场应用领域占比

数据来源:广发证券发展研究中心根据公开资料估算

OEM 型市场主要指机械类市场。OEM 型市场主要分为以下两个方面:(1)电梯、起重行业用提升负载;(2)机械类配套设施,应用于机械调速、空压机等。

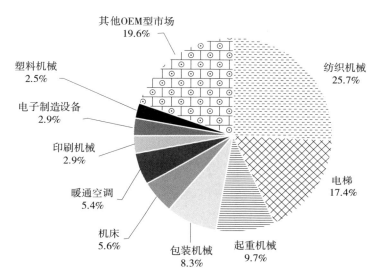

图 6-5　低压变频器 OEM 型市场应用领域占比

数据来源：广发证券发展研究中心根据公开资料估算

专栏　变频器下游应用领域举例

随着工业技术的发展，变频器的应用愈发广泛，在各个领域发挥着巨大的作用。例如，纺织行业中，纺纱、抽纱机以及塑料编织机的变频改造、整形机变频调速等均要使用变频器。在提升起重领域，矿井提升机、矿井机车、港口提升机以及建筑工地升降机在进行变频改造时，变频器将发挥较为重要的作用。此外，钢铁、电力、煤矿、石油等行业，以及食品机械和各种制造机械中均要使用变频器，如表6-9所示。

表 6-9　变频器应用领域举例

行 业	用 途	行 业	用 途
纺织行业	1 纺纱、抽纱机变频改造	线缆行业	1 冷却、循环泵变频改造
	2 塑料编织机变频改造		2 紫外线鼓风机变频改造
	3 整形机变频调速		3 大复绕线机变频改造
	4 针织机变频改造		4 造粒机变频改造
提升起重行业	1 矿井提升机变频改造		5 搅拌机变频改造
	2 矿井机车变频改造	建材行业	1 高压离心风机、选粉风机变频改造
	3 港口提升机变频改造		2 水泥料、送料系统变频改造
	4 建筑工地升降机变频改造		3 水泥厂成球供水系统变频改造
钢铁行业	1 炼铁高炉卷扬机变频改造		4 水泥管桩机变频调速
	2 排风机、焙烧净化风机等变频调速	其他行业	1 汽车年检变频改造
	3 热轧机(热连热轧机单元辊道电机)变频调速		2 碎石厂、铁矿、球磨机变频改造
电力行业	1 锅炉鼓风机、引风机变频改造		3 贴片机回流焊风机节能改造
	2 锅炉给水泵、循环水泵、凝结水泵、冷却塔给水泵、灰浆泵变频改造		4 工业洗衣机变频节能改造
	3 给煤机变频改造	食品机械行业	1 风干机变频改造
	4 排粉风机变频改造		2 皮带秤配料电机变频改造
煤矿行业	1 分析机变频改造		3 传输机械电机变频改造
	2 转炉渣罐车电机节能改造	机械制造行业	1 数控车床主轴
	3 给料电机节能改造		2 立式车床主轴
	4 铁水罐走形电机节能改造		3 平面磨床主轴
石油行业	1 注塞泵变频调速系统		4 镗床主轴传动
	2 磕头抽油机变频控制系统	供热行业	1 引风机、鼓风机控制炉膛压力变频改造
	3 输油泵变频控制系统		2 锅炉水箱高、低液位恒压控制变频改造
化工塑胶行业	1 挤出机变频调速系统		3 排粉风机、送煤皮带运输机、碎煤机变频改造
	2 注塑机变频调速系统		4 热力发电站:鼓风机、引风机、冷渣机变频改造

数据来源:广发证券发展研究中心

（二）国内政策

促进制造业由大变强是未来我国发展的重要方向。变频技术因其具有的优异性能而在工业调速和精密控制等领域得到进一步推广。尤其是制造业应用广泛的低压变频技术，产业自动化水平升级和制造业装备升级改造大大带动了低压变频器的需求，成为持续增长的有效动力。国家发展和改革委员会、工业和信息化部等持续出台政策，支持具有节能环保以及促进生产自动化提升的变频器行业发展，如表 6-10 所示。

表 6-10　政策支持我国变频器行业发展

时间	颁布部门	政策名称	主要内容
2005 年	国家发展和改革委员会	《产业结构调整指导目录（2005年本）》	将"交流变频调速节能技术开发及应用"列入鼓励类目录
2006 年	国家发展和改革委员会、科学技术部	《中国节能技术政策大纲（2006年）》	明确指出"发展、推广变频调速技术与装置"，包括"开发电动机拖动用节能调速装置、工艺调速性能用交流调速装置、特种调速用交流调速装置"等
2007 年	国家发展和改革委员会、科学技术部、商务部、国家知识产权局	《当前优先发展的高技术产业化重点领域指南（2007年度）》	将"电力电子器件及变流装置"列入国家优先发展的重点项目
2009 年	国务院办公厅	《装备制造业调整和振兴规划实施细则》	加大技术改造投入力度，推广先进制造技术和清洁生产方式，提高材料利用率和生产效率，降低能耗，减少污染物排放
2013 年	工业和信息化部、质检总局	《电机能效提升计划（2013—2015 年）》	明确指出实施电机系统节能技术改造目标。建议企业应用变频调速等技术对电力、冶金、石化、化工、机械、建材、食品、纺织、造纸等行业的风机、压缩机、泵等设备进行改造

续表

时间	颁布部门	政策名称	主要内容
2016 年	工业和信息化部、财政部	《智能制造发展规划（2016—2020 年）》	2025 年前,推进智能制造实施"两步走"战略:第一步,到 2020 年,智能制造发展基础和支撑能力明显增强,传统制造业重点领域基本实现数字化制造,有条件、有基础的重点产业智能转型取得明显进展;第二步,到 2025 年智能制造支撑体系基本建立,重点产业初步实现智能转型
2017 年		《决胜全面建成小康社会 夺取新时代中国特色社会主义伟大胜利》	建设现代化经济体系,必须把发展经济的着力点放在实体经济上,把提高供给体系质量作为主攻方向,显著增强我国经济质量优势。加快建设制造强国,加快发展先进制造业。支持传统产业优化升级,加快发展现代服务业,瞄准国际标准提高水平。促进我国产业迈向全球价值链中高端,培育若干世界级先进制造业集群
2017 年	国家发展和改革委员会	《增强制造业核心竞争力三年行动计划（2018—2020 年）》	到"十三五"末,轨道交通装备等制造业重点领域突破一批重大关键技术实现产业化,形成一批具有国际影响力的领军企业,打造一批中国制造的知名品牌。在轨道交通装备、高端船舶和海洋工程装备、智能机器人、智能汽车、现代农业机械、高端医疗器械和药品、新材料、制造业智能化、重大技术装备等重点领域,组织实施关键技术产业化专项

数据来源:国家发展和改革委员会、工业和信息化部等政府网站,广发证券发展研究中心

（三）国内市场现状及展望

2014—2015 年,石油价格开始下跌,油气、采矿、冶金、水泥等行业（占低压变频器项目型市场份额 60%以上）的投资萎缩。与此同时,低压变频器市场迎来更多的竞争者,而需求缩减,价格竞争加剧,导致中

国低压变频器市场业绩逐年下降。

根据工控网数据,2016 年我国低压变频器市场规模达到 164 亿元,预计 2017—2019 年将保持小幅上涨的趋势,预计到 2019 年市场规模将接近 190 亿元。预计增长行业集中在 OEM 型市场如电梯、食品饮料包装、暖通、电子制造设备、物料搬运、医疗机械等行业,项目型市场如电力、公共设施、汽车、交通等行业,如图 6-6 所示。

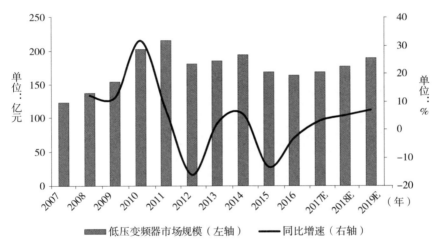

图 6-6　2007—2019 年我国低压变频器市场规模及同比增速

数据来源:工控网、广发证券发展研究中心

相对于工业化国家而言,中国的低压变频器行业起步比较晚,20世纪 90 年代末,低压变频器才逐渐得到国内广大用户的认可,在国内开始广泛地推广使用,但仍然以国际品牌为主。2000 年以来,在国家的大力支持下,以汇川技术、英威腾等为代表的国产低压变频器生产厂商开始尝试自主研发生产,极大地推动了低压变频器的国产化进程。

目前国内市场上的变频器厂家有 300 多家,其中 20—30 家左右占据了近 80% 的市场份额。国内变频器市场外资品牌先入为主迅速占领市场份额,目前在中国中高端变频器市场仍占主导地位。国内大部分本土企业成立时间不长,本土变频器产品进入市场的时间相对外资品牌较短,因此在产品成熟度和知名度方面还很难与国外品牌媲美,与国外品牌仍存在一定差距。

目前我国市场上最大的低压变频器供应商为 ABB,2016 年市场占有率达到 14%,其次为西门子,市场占有率 13%,汇川技术排名第三,市场占有率 6%,与台湾台达相当,英威腾市场占有率 4%,位于第八名,如图 6-7 所示。综合来看,目前国内市场仍主要被外资企业所主导,尤其是中高端产品。

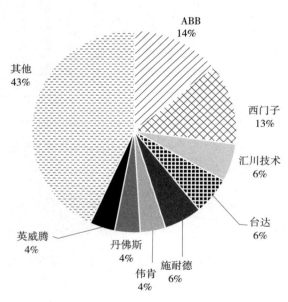

图 6-7　2016 年我国低压变频器市场竞争格局

数据来源:智研咨询、广发证券发展研究中心

（四）主要企业情况

近年来,本土变频器品牌经过多年发展,逐步扩大了市场占有率,并从单纯的提供产品开始转变为为用户提供系统化的解决方案。目前,市场上的变频器正逐渐走向多元化,通用型、专用型产品的出现,满足了用户的多样化需求,为攻占高端市场提供了基础。

低压变频器可分为三大阵营,欧美品牌、日系品牌和国内品牌,而国内优秀企业如汇川技术、英威腾等持续突破,销量已超过日系品牌。表6-11展示了国内变频器主要上市公司。汇川技术是我国低压变频器领域的龙头公司,成立于2003年,2010年在A股上市,公司在低压变频器领域的市场份额持续提升,2008年1.8%,2016年已经达到6%,龙头地位不断巩固。其他变频公司如新时达、英威腾、智光电气、九洲电气随着市场经验的不断积累,竞争实力也在不断增强。

表6-11 国内变频器主要上市公司

公司名称	成立时间	上市时间	公司简介
汇川技术	2003年	2010年	专门从事工业自动化控制产品的研发、生产和销售的高新技术企业。业务服务领域涵盖:智能装备 & 机器人、新能源汽车、轨道交通、工业互联网等。主要产品包括变频器、伺服系统、控制系统、工业视觉系统、传感器等智能装备 & 机器人核心部件及电气解决方案,新能源汽车动力总成核心部件,牵引变流器、辅助变流器、高压箱、牵引电机和TCMS等轨道交通牵引与控制系统,智能硬件、信息化管理平台等工业互联网解决方案

续表

公司名称	成立时间	上市时间	公司简介
新时达	1995年	2010年	公司是电气传动及运动控制专家,业务涉及电梯控制与驱动、机器人、运动控制、物联网、工业传动、新能源等领域。产品主要包括工业机器人、伺服驱动器、高/中/低压各种变频器、一体化驱动控制器、电梯控制与驱动系统、电梯人机界面及专业线缆等
智光电气	1999年	2007年	公司是一家在电气控制与自动化领域里具有自主创新能力和高成长性的高新技术企业,主要从事电网安全与控制设备、电机控制与节能设备、供用电控制与自动化设备及电力信息化系统的研发、设计、生产和销售
英威腾	2002年	2010年	公司是国家火炬计划重点高新技术企业,目前拥有16家控股子公司,依托于电力电子、电气传动、自动控制、信息技术等关键技术的掌握,主要产品包括高/中/低压变频器、电梯智能控制系统、伺服系统、PLC、HMI、电机和电主轴、SVG、UPS、光伏逆变器、节能减排在线管理系统、轨道交通牵引系统、新能源汽车电控系统等。英威腾现有员工3000多人,大型生产基地3个,营销网络遍布国内及海外六十多个国家和地区
荣信股份	1998年	2007年	公司是国家重点高新技术企业,中国电力电子行业首家上市公司,主要从事大功率电力电子设备研发、设计与制造业务,产品包括柔性直流输电、电能质量与安全、大功率整流装置等。全线产品可满足从发电、输配电到终端负载的系列应用需求,在提升电能质量、优化控制与节能降耗等方面为客户提供解决方案
科陆电子	1996年	2007年	公司是由国家科技部认定的国家火炬计划重点高新技术企业,成立于1996年,专业从事用电管理系统、电子式电能表、标准仪器仪表及软件产品的研发、生产和销售
九洲电气	2000年	2010年	公司的业务集中在电压等级0.4kV—72.5kV之间的供配电一次和二次系统的电气成套设备、关键元器件及系统解决方案。产品涵盖:各类高低压开关成套设备、变压器、封闭母线、断路器、控制元器件、智能仪表、保护和智能化终端、交直流电源与UPS、高压变频器、高压软启动器、各类高压无功补偿装置、兆瓦级风电并网变流器、兆瓦级光伏逆变器、蓄电池与充电装置等先进的产品和装备

数据来源:广发证券发展研究中心

二、全球变频器行业发展对比

（一）全球变频器市场分布及竞争格局

20世纪50年代末，美国通用电气公司推出了电力半导体组件晶闸管，为变频技术的发展奠定了硬件基础。进入70年代，由于直流电机的调速局限性，市场对交流电机的接受程度越来越高。随着市场需求的增长，技术也日益发展和完善。1971年，美国、德国提出了矢量控制技术，变频器的交流调速性能逐渐发展至和直流调速相媲美。1973年，美国产生了电力电子技术这一新的技术学科，其最大应用领域就是调速传动。1979年，日本采用矢量控制的变频调速系统进展到实用阶段，技术领域也取得了新的突破。到了80年代，由于电力半导体开关器件和微电子技术的进步，变频器性能及可靠性提高，生产成本下降，其应用开始普及。

低压变频器自20世纪60年代左右问世，到80年代在主要工业化国家已经得到广泛应用，行业内知名企业主要包括瑞士ABB、德国西门子、日本安川、日本三菱、美国艾默生等。目前高压变频器领域主要厂商有瑞士ABB、德国西门子、日本日立等。

（二）产业发展水平横向对比

相对于工业化国家来说，我国的低压变频器行业起步比较晚。20世纪90年代末，低压变频器逐渐得到国内广大用户的认可，在国内开始广泛地推广使用,但仍然以国际品牌为主。2000 年以来,在国家的大力支持下,以汇川技术、英威腾等国产低压变频器生产厂商在吸收国外低压变频技术的基础上通过不断创新,开始尝试自主研发生产,极大地推动了低压变频器的国产化进程。

从变频器市场产品构成来看,5%—10% 左右的市场份额为大功率变频产品,而 90%—95% 的市场份额为中小功率的产品。欧美品牌的变频器多集中在大功率变频器方面,20KW 以上的变频器基本由西门子、ABB 等企业所占据。而中小容量变频器的 80% 左右为日本产品占领,如富士、安川、东芝、三菱、松下等。

三、国际变频器发展趋势及我国行业发展机遇

伴随着控制技术的发展,以及新型电力电子元器件和高性能微处理器的应用,变频器产品的性能日益提升,性价比越来越高,小型化趋势明显。目前,生产厂家在提升产品性能和可靠性,进一步降低产品体积和实现产品轻量化方面继续探索并实现突破。

(一)性能提升和专业定制并重

随着市场的扩大和用户端需求的多样化,变频器产品的功能在不断完善和增加,集成度和系统化越来越高。从类型看,变频器逐渐向多元化方向发展,为满足客户的多样需求,通用型和专用型产品不断涌现。

结构小型化和性能大容量化是变频器产品当前普遍的发展方向。

大容量化和小型化在目前变频器产品上已经得到了一定程度的体现，在今后的发展过程中，它们仍然是一个不可忽视的因素。

近年来，国内变频器市场上，专用型变频器发展迅速。根据某一类领域的特定需求制作出来的专用型变频器，能更好发挥在该领域的功能和特性，方便用户使用，并实现制造成本的更好控制，如电梯控制专用变频器、风机、水泵专用变频器、起重机械专用变频器和空调专用变频器等。因此，专用化已经成为变频器发展的一个主流方向，预计在未来的发展过程中将会诞生更多的专用型变频器产品。

（二）网络化、数字化、智能化是大势所趋

变频器是建立工业互联网，迈向工业 4.0 时代的基础硬件环节，作为制造业生产线中的重要一环，变频器在提升节能功效的同时，未来将进一步向着网络化、数字化和智能化的方向发展。

变频器应用场景广泛，其中不乏工作环境恶劣、高负荷、长时间运行的工况环境，使得变频器发生故障的可能性大为增加，其维修和维护也更加困难，并伴随较高的成本。随着新技术的发展，故障预判和线上诊断成为可能，大大降低故障率。

此外，变频器与互联网的结合，可进一步连同变频器与智能控制终端，使得工厂操作人员通过手机等无线设备即可对变频的情况进行实时监测，获取实时在线数据以及其他智能服务功能，有利于为客户形成高效运行的工厂级甚至企业级的解决方案。

未来，在硬件产品趋于同质化的情况下，如何满足客户的特定需求，及时响应市场上新出现的需求，促进产品的差异化，成为变频器企

业要重点思考的方向。持续的研发投入,智能化、网络化程度不断提升,生产出更多贴近终端客户需求的产品,成为变频器生产企业的核心竞争力之一。此外,企业在特定应用领域的经验积累,将有利于其在特定需求领域形成突破,这些细分领域的需求,将为变频器生产企业创造更高的附加值并进一步构筑竞争优势。

四、海外并购策略思考

近年来,本土变频器品牌经过多年蓄力,逐步扩大市场占有率,进口产品的市场份额不断缩小。然而,我国变频器配套产业实力相对较弱,缺乏技术优势,高端市场占有率依然与外资品牌存在差距。未来我国企业可以从以下角度考虑通过海外并购来进一步增强实力。

(一)补齐核心零部件 IGBT 短板

绝缘栅双极晶体管(IGBT)是变频器的核心部件,根据南京三特空间技术研究院报告,目前国外产品占据国内 IGBT 市场 90%以上的市场份额,进口替代空间非常大,代表企业以欧美和日本企业为主。

在全球市场,IGBT 模块市场近 70%的市场份额被三菱、东芝、富士等日系企业掌握;德国半导体生产商英飞凌具有显著的领先地位,独立式 IGBT 功率晶体以接近 25%的市场份额排名世界第一,IGBT 模块则以 20%左右的市场占有率位居第二,如图 6-8 所示。未来拥有技术优势和核心零部件先进生产能力的企业有望率先实现进口替代。

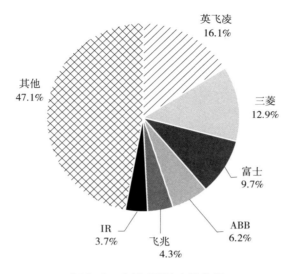

图 6-8　中国 IGBT 市场份额

数据来源：中国产业发展研究网、广发证券发展研究中心

（二）提升品牌能力，完善管理，增强市场影响力

国内变频器市场是以外资品牌的进入而发展的，外资品牌具有先发优势。大部分本土企业成立的时间不长，许多产品进入市场的时间较短，缺乏足够的应用可靠性经验积累，在产品的成熟度和品牌知名度方面与国外品牌尚有较大差距。部分变频器生产企业的运营采用外包的方式，变频器的某些部件产品由其他厂家进行生产，这种情况存在管理不当等问题，很容易出现质量风险。通过收购并购海外优秀企业，有利于补齐品牌、管理方面的短板。

（三）完善产品体系，进军高端市场，抢占专用领域份额，提升产业链价值

总结西门子的发展经验，其成功源于持续的新产品研发和推出。

西门子产品更新周期一般不超过五年,产品能够很好地匹配不同客户的特殊需求,配合西门子强度大的通信功能和配套软件,产品的竞争力持续增强。西门子公司产品在我国化工、造纸、机械制造等领域的产品升级中得到不断应用。

第三节　执行层相关产品行业

一、执行层产品行业概览

(一)行业简介及上中下游产业链

执行层的作用在于实施和执行相应的任务,产品具体包括伺服电机、直驱电机、调节阀、接触器等。伺服电机(servo motor)指在伺服系统中控制机械元件运转的发动机,一种补助马达间接变速装置。由于其转子转速受输入信号控制并能快速反应,在自动控制系统中,伺服电机用作执行元件。

1.伺服电机分类

伺服电机有直流和交流伺服电机之分。结构上,伺服系统通常包括伺服驱动(指令装置)、伺服电机、伺服反馈装置(编码器)三个部分,通常伺服反馈装置嵌入伺服电机之中。高性能的伺服系统大多采用永磁同步型交流伺服电动机,控制驱动器多采用快速、准确定位的全数字位置伺服系统。

伺服系统按照功率划分为小型伺服系统、中型伺服系统、大型伺服系统三个等级。在应用范围上,中大型伺服系统在机床、电梯、起重、电子等行业广泛应用;中小功率伺服系统在电子设备制造行业应用较多,同时中小功率伺服系统也是市场上应用最广的功率段。小型伺服系统市场需求量最大,接近50%,在电子制造、新能源设备、机器人等精益领域普遍使用,这些领域不仅需求量最大,且对伺服系统的精度、响应速度等参数都有高要求,如表6-12所示。

表6-12　伺服系统分类——按功率

分　类	功　率	领先供应商	应用领域
小型伺服系统	<1KW	松下、三菱、台达	小型机械、电子装配、小型机床、雕刻机、切割机、小型包装机、印刷机等
中型伺服系统	1KW—5KW	安川	重型机械、铣床、轮胎机械、枕式包装机、高端印刷机、钻孔机等
大型伺服系统	>5KW	西门子、力士乐（Rexroth）	大型铣床、大型数控机床、大型轮胎机械等

数据来源:中国传动网、广发证券发展研究中心

从技术上来讲,功率越大,伺服系统相对难度越高,因此大型伺服系统目前仍是由外资占据主导,内资企业从小功率伺服系统开始逐渐进发。从下游行业发展空间来看,中小型伺服系统市场份额仍有进一步提升空间。

2. 伺服系统下游产业链

伺服系统市场的下游包括机床、电子制造设备、包装、纺织、塑料机械等行业等。据MIR分析,2014—2019年我国伺服系统前十大下游行

业分别为机器人、包装机械、塑胶机械、电子设备、医疗设备、食品机械、塑料机械、塑胶机械、纺织机械、机床工具、印刷机械,其中,机器人领域应用增长最快,复合增速31.4%,其次为包装机械(8.7%)、电子设备(8.4%)及医疗设备(7.7%)等,如表6-13所示。

表6-13 2014年、2019年伺服系统前十大下游行业及增速对比

年 份	2014年(实际)			2019年(预测)		
行 业	伺服系统业绩(百万元)	份额(%)	年增长率(%)	伺服系统业绩(百万元)	份额(%)	2014—2019年复合增长率(%)
机器人	420	6.2	50.0	1643	17.1	31.4
包装机械	734	10.8	15.0	1113	11.6	8.7
电子设备	986	14.5	24.6	1473	15.3	8.4
医疗设备	184	2.7	12.0	267	2.8	7.7
食品机械	286	4.2	13.4	398	4.2	6.8
塑料机械	653	9.6	1.2	734	7.7	2.4
塑胶机械	265	3.9	6.0	298	3.1	2.4
纺织机械	823	12.1	6.0	884	9.2	1.4
机床工具	1390	20.4	-2.0	1468	15.3	1.1
印刷机械	122	1.8	3.5	110	1.1	-2.0
其 他	937	13.8	12.0	1212	12.6	5.3
总 计	6800	100	8.3	9600	100	7.1

数据来源:MIR、广发证券发展研究中心

(二)国内政策

近年来,中国从制造业大国正向制造业强国迈进,发展工业自动化是迅速促进大中型企业持续发展的有效手段之一,伺服电机作为工业自动化的明珠,不仅具有投资少、见效快,可大幅度节约能源的优点,更

是体现一个国家工业技术水平发展的重要指标之一。另外,发展工业自动化还是扩大国内需求的有效手段之一。近年来,我国颁发了一系列促进伺服电机发展的政策与规划。

随着我国对制造配备及其技术改造工作的注重,随着全数字式交流永磁伺服系统的性价比逐渐提高,交流伺服电机作为控制电机类高档精细部件,其市场需求将稳步增长,应用前景广阔。

例如,在机器人领域,伺服电机是影响机器人工作性能的主要因素,也是我国机器人产业需要突破的关键短板之一。机器人伺服电机的总体部署目标:到 2020 年,性能、精度、可靠性达到国外同类产品水平。

为了突破零部件对国外进口的依赖的问题,我国的政策在逐步加大推动机器人零部件行业的发展的力度。工业和信息化部、国家发展和改革委员会、国家认证认可监督管理委员会联合印发《关于促进机器人产业健康发展的通知》,针对产业低水平重复建设、轻关键零部件制造问题,提出推动机器人产业理性发展,加强零部件等关键短板突破,大力培育龙头企业等。

(三)国内市场现状及展望

2013—2015 年,我国伺服系统市场累计复合增速约 8%,2016 年我国伺服系统市场规模达到 80 亿元,增速超过 18%。预计到 2020 年这一数字将达到 120 亿元,以超过 10% 的复合增速不断增长。2016 年我国伺服系统市场中,小型伺服系统和中型伺服系统占比较大,分别占 44% 和 36%,大型伺服系统市场份额相对较小,为 20%,如图 6-9、图 6-10 所示。

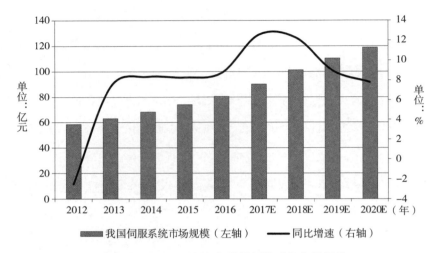

图 6-9　2012—2020 年我国伺服系统市场规模

数据来源：MIR、广发证券发展研究中心

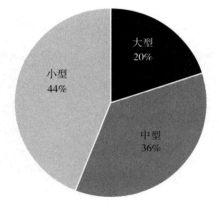

图 6-10　2016 年我国伺服系统市场结构类型占比

数据来源：广发证券发展研究中心

　　我国伺服系统市场竞争较为激烈，国外品牌占据伺服系统市场将近 70% 的市场份额，国外厂商以日本和欧美品牌为主。我国本土品牌主要有汇川技术、广州数控、登奇、米格、埃斯顿等。国内伺服系统产品生产厂商虽较多,但规模和技术实力相较外资品牌还是有一定的差距。伺服系统的核心技术之一是高精度的编码器,尤其机器人上用的多圈绝对值编码器,进口依赖程度较高。目前国内的伺服系统 OEM 厂家根据市场份额,大多是仿制日系伺服系统设计,以中小功率为多。中大功率伺服系统产品相对较少,一些设备产品由于缺少大功率的伺服系统和驱动配套,导致国内的产品未能最终成功应用。

2016 年,国内伺服系统市场中,日系品牌占据了 44.08% 的市场份额,代表企业有安川、三菱、松下等;其次为欧美品牌,市场占有率 24.08%,代表企业有西门子、力士乐(Rexroth)等;本土品牌占据了 21.83% 的市场份额,主要企业有汇川技术、埃斯顿以及台湾的台达、东元电机等,如图 6-11、图 6-12 所示。

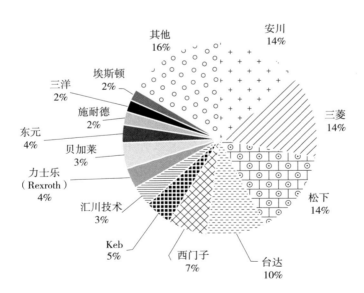

图 6-11　2016 年国内伺服系统市场份额情况

数据来源:智研咨询、广发证券发展研究中心

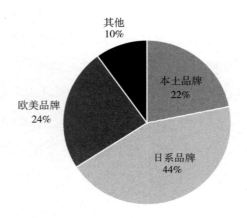

图 6-12　2016 年国内伺服系统竞争格局

数据来源：智研咨询、广发证券发展研究中心

（四）主要企业情况

伺服系统领域，我国本土主要企业包括广州数控、埃斯顿、华中数控和固高等，其中广州数控的伺服系统主要应用于机床、包装机械等领域，与自身的机床数控业务协同发展；埃斯顿作为工业机器人及智能制造系统提供商，其伺服系统在工业机器人领域具有较强优势；此外，汇川技术也是本土企业中伺服系统市场占有率最高的品牌。汇川技术在智能装备、工业机器人领域推出了变频器、伺服系统、控制系统、工业视觉系统、传感器等核心部件及电气解决方案等一系列工业自动化产品，目前已成为国内最大的中低压变频器与伺服系统供应商。其他如英威腾、米格等也都在各自领域具有较强的竞争力。

二、全球伺服系统行业发展对比

（一）全球伺服系统市场分布及竞争格局

伺服系统最早是1978年在德国推出。到20世纪80年代中后期，行业已形成完整的系列产品。日本品牌具有较好的性价比和较高的可靠性；欧美品牌在高端设备和生产线上比较有竞争力，其市场策略是以高性能、高价格以及提供全套自动化解决方案作为竞争优势。

具体的市场需求方面，伺服系统市场以欧洲、北美地区和亚洲为主。2015年北美、欧洲和亚洲地区的全球需求量基本各占30%左右，形成了需求端三足鼎立的局面。

（二）行业发展水平横向对比

我国伺服系统的发展阶段分萌芽阶段、初步发展阶段和国产替代阶段三个阶段。萌芽阶段是指1995年到2005年，这个阶段的产品以研发和试制为主，应用方向主要集中在军工和航天领域，主要的研究力量多为高等院校和科研院所。2005—2010年伺服系统进入了初步发展阶段，国产品牌逐渐诞生，国内产品的性能逐渐得到认可，需求领域也拓展至民用领域。第三阶段为2010年至今，第二代伺服系统新品推出，性能大幅提升，国内厂家的品牌知名度不断提升，产品在机床、机械手等自动化设备领域应用越加广泛，进口替代也在加速推进。

　　我国伺服系统市场竞争较为激烈,根据中国步进电机网数据,2017年国内伺服系统市场中,日系品牌占据了50%市场份额,代表企业有安川、三菱、松下等;其次为欧美品牌,市场占有率25%,代表企业有西门子、力士乐(Rexroth)等;本土品牌占据了20%左右的市场份额,主要企业有汇川技术、埃斯顿以及台湾的台达、东元电机等。

　　与国外的品牌相比,我国本土企业在需求的快速发现能力和售后服务响应能力方面更具优势,同时,产品的性价比也在持续提升。

三、国际伺服系统发展趋势及我国行业发展机遇

　　需求的快速变化为伺服领域产品创造了新的需求。技术的持续更新,核心元器件的出现,也为伺服系统生产厂家满足新需求提供了条件。根据统计,国际厂商的伺服系统产品大约每五年会进行一次更新换代,并且产品的生命周期越来越短,改动越来越快。从对伺服系统的发展趋势总结和分析角度来看,产品将向着更加高效化、高速、高精度以及一体化、集成化的方向发展。

　　国内企业由于在伺服系统领域的持续研发投入,产品质量和性价比获得越来越高的市场认可。此外,由于国内主要制造企业的工控产品品类愈加丰富,提供系统解决方案的能力大幅提升,可以满足客户打包采购和系统采购的需求,综合实力的提升进一步带动伺服系统产品市场占有率持续提高。

四、海外并购策略思考

（一）产品＋方案＋服务

在产品层面,突破高端市场是本土企业需要持续奋斗的方向,并且伺服系统需要在生产过程中积累工艺参数,需要在客户实际使用中积累应用经验,如果高端市场的实际应用很少,那高端产品本身的研发也会受阻。通过海外并购可以补足产品性能方面的短板。

大型工控产品客户一般都是对所需产品进行统一采购,因此,单一伺服电机很难满足大客户需求。相比之下,国际知名伺服系统供应商则具备十分完善的工控产品体系,为了补足这一短板,需要进行产品线的延伸,提供包括控制软件、运动控制器、伺服驱动和伺服系统的整套解决方案,这样可以提升系统整体性能和稳定性,为客户创造更大价值,也为企业自身提高了产品的附加值。除了运动控制解决方案,在大工控领域的解决方案还包括 PLC、变频器、电机、机械传动部件和工厂软件等。通过收购、并购海外企业实现产品门类拓展的同时,还可以在品牌知名度上实现对本土企业的补足。

（二）拓展行业宽度,布局新兴领域需求

目前,在产业发展以及国家政策支持下,很多新兴产业正孕育着对伺服产品的大量需求。拓展行业宽度包括开发一些比较新兴的行业,比如航天航空、军工、船舶、机械手臂、LED 生产、智能手机部件检测,

触摸屏行业,高端医疗设备,柔性加工中心,高端自动化纺织机械,高精密印刷机械,自动仓库,自动化物料搬运设备等。本土厂商可以通过海外收购并购,提前在这些领域布局,积累客户和行业经验,打造成功案例,为未来行业的启动和收获做准备。

(三)与下游相结合,从需求出发进行赶超

下游行业的强劲需求,会传导到上游产业链,拉动上游工控产品的需求,机器人是伺服系统的典型应用,机器人最核心的技术就是运动控制系统,包括机器人控制器、伺服驱动、伺服电机和编码器。机器人的下游行业应用非常丰富,需求也十分旺盛,主要的需求来自汽车行业、3C 行业、橡塑行业和食品饮料行业。由于目前机器人系统应用的现状与客户的实际工作要求存在差距,机器人行业的下游需求并没有完全释放。因此,通过完善下游机器人领域的布局,掌握需求,可促进上游伺服产品的国产化,并进一步实现世界市场的拓展。

专栏　埃斯顿入股意大利 Euclid Labs

南京埃斯顿自动化股份有限公司创建于 1993 年,2015 年 3 月 20 日,在深圳证券交易所正式挂牌上市(股票代码:002747)。公司已形成了两大业务模块:智能装备核心功能部件模块包括数控系统、电液伺服系统、交流伺服系统及运动控制解决方案;工业机器人及智能制造系统模块包括机器人本体、机器人标准化工作站及智能制造系统。

埃斯顿在新的发展阶段提出了"双核双轮驱动"发展战略:双核即

二项核心业务：智能装备核心功能部件，工业机器人及智能制造系统；双轮即二种发展动力：内涵式发展（技术、产品和业务模式创新），外延式发展（并购、投资和跨业发展）。

2016年3月，公司与意大利 Euclid Labs 在南京签署战略合作协议。此次协议的签署，将对埃斯顿工业机器人智能化技术提升起到很大的促进作用，扩充和完善公司在工业机器人领域的产业链，增强技术实力，提升公司工业机器人产品和智能制造系统业务的综合竞争力和可持续发展能力。Euclid Labs 成立于2005年，拥有国际领先的机器人三维视觉技术，用于机器人对任意物体判断和抓起，通过机器人的智能化，实现自动化的最佳解决方案；该公司还拥有先进的机器人离线编程和智能操作技术，其视觉及编程和操作技术已被广泛应用于机器人的随机抓起、焊接、码垛、折弯、铆接、喷涂、抛光等自动化作业，在提高机器人灵活性的同时免除定位工装夹具的制作，减少人工参与，大幅减少自动化系统解决方案的总成本。

第 七 章

化工制造行业①

第一节　化工行业的海外并购浪潮

一、全球化工行业并购市场②③

2015 年以来,全球化工行业并购十分活跃,交易总额频创新高。2016 年潜在交易额超 3000 亿美元,是 2015 年的两倍,如图 7-1 所示;不仅总额创新高,单笔交易规模也大幅提高,2016 年进行的并购交易中,有四笔单笔金额介于 400 亿—700 亿美元之间,而回顾过去

---

① 本章由兴业证券徐留明团队撰写。
② 科尔尼咨询:《2017 年全球化工行业并购报告》。
③ 德勤:《2017 全球化工行业并购展望》。

十年,单笔交易金额最高也仅为 2007 年阿卡斯并购利安德的 190 亿美元,如图 7-2 所示。

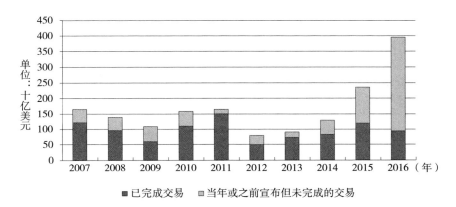

图 7-1 2006—2016 年全球化工产业并购案交易额

数据来源:科尔尼咨询

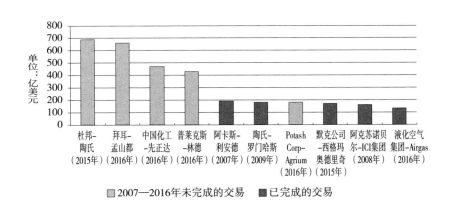

图 7-2 2006—2016 年已完成和未完成的十大交易

数据来源:科尔尼咨询

从细分市场来看:在过去几年中,大宗化学品牢牢占据着交易量头把交椅,每年占并购交易总量之比均超过 50%,主要原因是过去几年大宗化学品整体经营向下,价格低迷,通过并购来整合产业链、扩大规模、实现成本协同效应是企业提高利润率的有效法宝;中间体化学品和特种材料的交易量在 2016 年明显上升,这反映了专业化、高价值产品的重要性不断提升,企业希望通过并购产生协同效应,以实现为客户提供综合解决方案;其余几个细分市场的并购情况发展都较平稳,如表 7-1 所示。

表 7-1 全球化工行业并购交易总量(数量)——按产品细分市场

单位:笔

年份 细分市场	2010 年	2011 年	2012 年	2013 年	2014 年	2015 年	2016 年
大宗化学品	356	376	350	340	383	372	382
中间体化学品和特种材料	145	174	171	132	159	147	185
化肥和农化	64	69	66	43	67	72	61
工业气体	9	12	14	16	15	14	13
多元化学品	5	15	8	6	11	7	9
合　计	579	646	609	537	635	612	650

数据来源:德勤

从并购国家和地区来看:美国遥遥领先,是并购交易总量最多的国家,欧洲并购市场一直较为平稳,亚洲、南美洲的增长则较为明显,说明包括中国、印度在内的新兴市场企业正在不断寻求机会从成熟市场获得先进的技术或应用,如表 7-2 所示。随着新兴市场产业整合和市场格局形成,那些产业巨头又将会通过并购实现其全球化战略目标,因此,根据欧美经验,未来新兴市场的并购行为将进一步增加。

表 7-2　全球化工行业并购交易总量(数量)——按并购国家

单位:笔

年份 地区	2010 年	2011 年	2012 年	2013 年	2014 年	2015 年	2016 年
美　国	165	197	204	160	206	186	201
中　国	57	50	50	48	70	78	72
英　国	35	29	37	27	35	33	41
德　国	37	28	44	37	44	37	38
印　度	17	27	10	20	17	23	28
法　国	30	29	24	26	28	25	26
巴　西	12	18	23	15	12	10	24
瑞　士	6	13	5	6	5	7	9
其　他	220	255	212	198	218	213	211
合　计	579	646	609	537	635	612	650

数据来源:德勤

综合而言,全球化工行业并购造成目前这一趋势的几个重要因素是:

(1)企业有意通过并购整合行业,提升自身优势。在化工行业各领域,很多公司都在考虑通过投资并购来提升行业整合水平以及实现优势互补,从而扩大自己的市场覆盖面,提升产能和效率。

(2)化工企业的投资组合策略。由于对估值和投资回报预期的持续高涨和未来市场需求放缓的预测,有机增长的投资方案往往无法满足公司回报率要求,于是公司纷纷转向并购。

(3)投资者对特种化学品和解决方案公司基于更高估值。因此,部分综合性化工企业通过合并再拆分,实现将现有资产组合向更专业化、更高附加值的单一业务模式转型。图 7-3 说明了全球化工行业市场集中度情况。

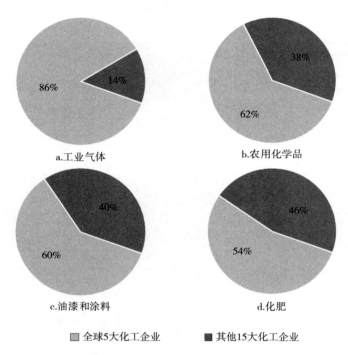

图 7-3　全球化工行业市场集中度情况

数据来源:科尔尼咨询、兴业证券经济与金融研究院整理

以三个全球化工行业经典的并购案为例。

(一)2015 年杜邦陶氏合并

2015 年 12 月 11 日,美国化工巨头杜邦与陶氏宣布达成平等合并协议,合并后的新公司名为陶氏杜邦公司,双方各持 50% 股份,新公司将取代巴斯夫成为全球第一大化工企业。陶氏和杜邦两家公司一直向特种化学品领域持续谋求增长的战略驱动,此次合并之后,新公司派生出三家独立上市子企业,分别专注于农业、材料科学和特种化学产品。

新公司合并完成后可以按照专业化方向集合两家优势资源,提升创新能力;同时成本优势突显,专业化必然促进集约化生产,提升生产效率和产品盈利水平。2015 年杜邦和陶氏合并和拆分,在优势互补基础上实现由两个综合化工巨头转型为拥有三个各自领域更专业的子公司的巨擘。

(二)2016 年巴斯夫并购凯密特尔

在涂料领域也有同样的例子,巴斯夫在 2016 年 12 月 15 日宣布以 32 亿美元现金收购美国特种化学品制造商 Albemarle 旗下的凯密特尔,这是巴斯夫自 2011 年以来进行的最大一笔收购。凯密特尔是一家全球领先的表面处理供应商,主要为表面处理市场开发和生产定制的技术与系统解决方案。并购凯密特尔巩固了巴斯夫的汽车涂料业务,使其形成了更完整的产业链,强化配套服务。此外,巴斯夫将工业涂料以 5 亿美元的价格出售,使涂料部门的业务更加专一,这也与主流的并购趋势相符合。

(三)法国液化空气集团并购美国 Airgas 公司

通过并购实现不同企业之间优势互补的例子不胜枚举。2015 年 11 月 18 日,工业气体巨头法国液化空气集团宣布斥资 134 亿美元完成对美国 Airgas 公司的收购。液化空气集团是世界上最大的工业气体和医疗气体以及相关服务的供应商之一,而 Airgas 是美国最大的工业、医疗和特种气体经销商。液化空气集团生产能力强,在美国 200 多个地点建有 140 多座工业气生产厂;Airgas 则擅长分销,拥有强大的销售网络,在美国本土 1100 多个地点建立了 900 多个分支和零售店,现有

客户规模 100 多万个。液化空化集团收购 Airgas 不仅可以取代德国的
Linde 公司成为美国市场最大工业空气供应商,同时在业务上也可以与
Airgas 的销售网络形成有效的互补,进一步提升产品销售能力。

二、中国化工行业并购市场

产业整合的需求与进入高端市场的想法也在驱动中国化工并购市
场的发展。中国化工企业,尤其是国有企业,一直在积极寻找海外并购
机会,一方面政府正推动钢铁、煤炭和化学品等供应行业进行整合,这
些整合催生了很多巨头,而这些巨头想要实现全球化就必须依靠并购;
另一方面,通过前期的快速发展,中国许多化工产品目前已经占据了大
部分的中低端市场,要想进入高端领域分得一杯羹,通过并购获取先进
的技术、团队、品牌等资源无疑是最有效的。因此,在部分大型国有企
业主导下,中国化工企业的身影也频繁出现在最近几年的海外并购市
场中,像中国化工集团,远的有收购法国安迪苏公司进军蛋氨酸,近的
有收购安道麦和先正达强势整合农药行业格局。

1. 中国化工集团并购先正达

以中国化工集团收购先正达这一中国企业有史以来的最大宗交易
为例。2017 年 6 月 27 日,中国化工集团正式宣布完成了对先正达的收
购,此次收购金额高达 430 亿美元,刷新了中国企业海外收购的最高纪录。

先正达是全球第一大农药、第三大种子农化高科技公司,是全球最
具价值的农化品牌,在农化种子行业拥有强大的销售渠道优势与技术
研发实力。中国化工集团是中国最大的基础化学的制造企业,拥有化

工新材料及特种化学品、基础化学品、石油加工及炼化产品、农用化学品、橡胶制品、化工装备六个业务板块,中国化工集团主营农化业务的是中国化工农化总公司,是世界最大的非专利农药生产商。

通过收购先正达,中国化工集团获得了具有全球竞争力的产业、国际知名品牌及全球营销网络,特别是获得具有自主知识产权的专利技术,以及世界一流的农药和种子研发技术及能力。同时,与原有业务形成互补协同——在先后收购了安道麦和先正达后,中国化工集团将在非专利农药和高端专利农药两个领域形成协同。不仅如此,此次收购还改变了全球农药农种产业的原有格局,在中国化工集团收购先正达之后,紧接着美国陶氏和杜邦合并,德国拜耳收购美国孟山都,全球农药行业形成拜耳与孟山都、中国化工与先正达、杜邦与陶氏益农、巴斯夫四强竞争的格局。

2. 金正大并购德国康朴

国内企业也有通过并购国外企业从而获得该行业先进技术和渠道的案例。例如在化肥领域,国内化肥龙头企业金正大在 2016 年 4 月 7 日公告出资 1.16 亿欧元收购德国康朴旗下康朴园艺业务。康朴是欧洲最大的家庭园艺类肥料、植保产品供应商,研发能力强,拥有成熟的全球营销网络。本次收购一方面可以借助康朴的先进技术和开发能力,使金正大的研发能力大幅提升;另一方面,利用康朴的品牌影响力和全球营销网络,可以推动金正大控释肥、水溶肥等新型肥料走向全球,同时引进康朴园艺产品在中国市场推广,通过收购国外优秀企业不仅获取其先进技术与强大的销售网络,还可以乘势进军欧洲市场,完善全球生产基地的布局。

三、中国化工行业中有望通过海外并购实现跃进的子行业

展望未来,我们认为中国仍有较多子行业的企业有望通过海外并购的方式实现自身的跃进式发展。我们将中国化工行业分为 15 个子行业,仔细梳理了其中主要行业的竞争格局与市场集中度、技术壁垒与产业升级、政策导向等多方面因素,归纳了五类我们认为最适合进行海外并购的子行业,分别是:电子化学品、碳纤维、农药、化肥与涂料。这些子行业中,电子化学品与碳纤维领域不同企业存在较大的技术差距,通过并购能"购买"时间迅速跨越技术障碍,跻身潜在客户的优秀供应商名单之列;农药、化肥与涂料等行业集中度亟待提升,产品也亟待升级以缓解低端领域的无序竞争。

第二节　电子化学品行业

一、我国电子化学品发展概览

（一）电子化学品简介

电子化学品品种众多,近年来快速发展。

电子化学品是传统化工行业与电子制造业的跨界结合,目前尚未有统一定义,一般是指配套电子工业的精细化工材料,是半导体(IC、

FPD、LED、PV)、印刷电路(PCB)、新能源电池(NEB)等行业制造过程不可或缺的关键性化工材料。全球电子化学品的发展始于 20 世纪七八十年代,以美国、日本等发达国家为代表的全球电子信息产业蓬勃发展,其电子化学品行业也于同期突飞猛进,迈入了全球领先地位,并一直持续到现在。

21 世纪以来,伴随着我国电子信息产业的高速发展,与之配套的电子化学品市场也已成为我国化工行业发展速度最快、最具活力的细分行业之一。

电子化学品种类繁多,据不完全统计其品种在两万种以上,按用途主要分为半导体用电子化学品、PCB 元器件和封装用电子化学品以及新能源电池用电子化学品三大类,其中半导体用电子化学品代表了当前电子化学品行业的最高水平,也是三大类电子化学品中最受国外制约的领域,如表 7-3 所示。

表 7-3　电子化学品分类

用　　途	品　　种
半导体用电子化学品	特种气体,光刻胶及辅料,湿化学品,CMP 抛光材料,高纯化学品,液晶材料
PCB 元器件和封装用电子化学品	孔金属化镀铜系列化学材料,镀镍金系列化学材料,棕化液,褪菲林液
新能源电池用电子化学品	电极材料,电解质,电解液,膜材料
其他	电子浆料,稀土化合物,电容器用材料,导电聚合物,封装用电子级树脂,封装、灌封、导电材料,酚醛树脂

数据来源:兴业证券经济与金融研究院

（二）我国电子化学品市场现状

受益政策扶持,国内电子化学品行业成长空间广阔。

近年来,伴随《国家集成电路产业发展推进纲要》的发布和国家集成电路产业投资基金的成立,集成电路产业基本形成了较为完备的政策支持体系;在此背景下,国家各部委陆续颁布了多项政策法规鼓励企业使用国产化电子材料,并对电子化学品行业给予重点扶持,有力推动电子化学品行业的发展,如表7-4所示。

电子化学品为整个电子信息产业发展提供了重要基础支撑,后续得益于以IC、FPD为代表的电子信息产业的蓬勃发展及材料国产化的推动,我国电子化学品发展空间广阔。

表7-4 电子化学品行业主要政策

文 件	发布日期	颁发部门	主要相关政策内容
《关于实施制造业升级改造重大工程包的通知》	2016年5月18日	国家发展和改革委员会、工业和信息化部	实施包括电子信息升级工程、关键新材料发展工程等在内的十大重点工程……重点发展先进半导体材料等四大类材料加工制备
《"十二五"国家战略性新兴产业发展规划》	2012年7月9日	国务院	明确重点发展方向和主要任务,积极有序发展大尺寸薄膜晶体管液晶显示(TFT-LCD)、等离子显示(PDP)面板产业,完善产业链
《工业转型升级规划(2011—2015年)》	2011年12月30日	国务院	大力发展化工新材料、高端石化产品、新型专用化学品。发展上游原材料、元器件及专用装备等配套产业
《石化和化学工业"十二五"发展规划》	2011年12月13日	工业和信息化部	"十二五"规划高端石化化工产品发展重点之12专用化学品 高性能电子化学品

文　件	发布日期	颁发部门	主要相关政策内容
《当前优先发展的高技术产业化重点领域指南（2011 年度）》	2011 年 6 月 23 日	国家发展和改革委员会、科学技术部、工业和信息化部、商务部、国家知识产权局	特种功能材料、光敏材料
《石油和化学工业"十二五"科技发展指南》	2011 年 5 月 27 日	中国石油和化学工业联合会	"十二五"我国石油和化工行业的发展方向主要是通过科技创新,促进传统产业的结构调整和转型升级,培育化工新材料、高端专用化学品、新能源……快研制高性能、节能环保的电子化学品、水处理剂、饲料添加剂、表面活性剂、阻燃剂、造纸化学品等高端专用化学品。……电子化学品以及精细化工产品等清洁制备技术,提高高端化学品的自给率
《产业结构调整指导目录（2011 年本）》	2011 年 3 月 27 日	国家发展和改革委员会	第一类鼓励类 ……超净高纯试剂、光刻胶、电子气、高性能液晶材料等新型精细化学品的开发与生产

数据来源:兴业证券经济与金融研究院

二、中国电子化学品行业面临的挑战

当前,半导体行业尤其是集成电路(IC)是我国大力发展的重要行业。

2014 年国家出台了《国家集成电路产业发展推进纲要》,并成立千亿元规模的国家集成电路产业投资基金(大基金)。而《中国制造2025》更是将集成电路列于重点关注的新一代信息技术产业首位,半导体行业发展已上升到国家级战略层次。受益丰厚的政策红利,加之人工智能、云计算、物联网等电子信息产业也大力发展,国内半导体产值快速增长。

半导体制造的每步流程均需要使用相应的电子化学品,半导体行业的发展给电子化学品行业带来巨大的需求;但国内电子化学品行业与国内半导体行业发展不匹配,国产化程度很低。据国际半导体设备与材料协会(SEMI)统计,2016年全球硅片制造用电子材料(半导体工艺中电子化学品主要用于硅片制造)市场规模为247亿美元,其中我国约占14.7%,为65.3亿美元;近年来国内半导体用电子材料市场占全球比例正逐年提升,但当前占比依然偏低。

电子化学品一般具有产品纯度高,生产环境、包装和运输环节要求苛刻,技术密集,附加值高和客户黏度高等一些特点,严苛的产品指标要求和生产运输全环节的要求对电子化学品企业有很高的要求,如表7-5所示。而我国电子化学品行业发展起步较晚,近十年该行业才开始发展,不管是技术还是生产经验大幅落后于欧美、日韩等国。因此,我国当前半导体用电子化学品行业整体水平、规模明显滞后于下游产业的需求,产品自给率很低,国产化率不足8%。

表7-5 电子化学品特点

特 点	描 述
种类繁多	涵盖化工行业的多个领域,涉及几百种产品,这些产品均是从传统的化工行业里延伸出来,种类繁多
产品纯度高	纯度要求是这个行业对产品要求最典型的指标
生产环境的洁净度要求高	生产现场管理的要求基本按照电子行业的标准。由于此行业高投入高回报,目前国内企业在生产环境方面与国外一流水平差距非常大

续表

特　点	描　述
生产全过程要求高	标准不仅体现在生产环节,甚至体现在包装和运输环节,整个生产过程都需要通过严格技术管理保证
既是化工产品,又是电子材料	由于最终客户通常是按照电子产品的要求,对传统化工企业是非常大的挑战,需要企业脱胎换骨转型
门槛高,产品附加值高,客户黏度高	与客户建立良好合作关系后,客户依存度非常高
产品更新换代快	下游电子信息产业快速发展要求电子化学品更新换代速度不断加快

数据来源:CNKI、兴业证券经济与金融研究院

由于具有较高的技术壁垒,全球半导体用电子化学品行业集中度高,主要控制在陶氏、杜邦、三菱化学和住友化学等欧美、日本的跨国企业手中,而国内电子化学材料生产企业整体水平较低,规模小且产品多集中在附加值较低的中低端,用于 IC 大尺寸硅片制造的高端产品基本全部进口。

国家制定的一系列半导体产业发展规划,对于未来配套用电子化学品的国产化率提出了较高的要求,国产化替代刻不容缓,迫切需要国内电子化学品企业加快发展,提升技术开发能力,调整电子化学品产品结构,缩小与国际一流企业的差距,逐渐从以低端电子化学品为主向高端半导体用电子化学品市场突破。而技术垄断一旦突破且产品品质通过认证,外资企业一家独大的局势将改变,相应产品市场受益国内政策支持和本土化优势,迅速实现进口替代。而国内电子化学品企业量产后,有望快速成长为国内细分行业龙头,存在很大的发展机遇。

三、全球电子化学品行业发展趋势及我国行业发展机遇

近年来国内半导体、印刷电路板市场规模占全球比例逐步提升,带来电子化学品行业成长机会。以集成电路(IC)行业为例,根据中国半导体行业协会统计,2016 年国内 IC 设计、制造、封测行业市场规模分别达到 1644.3 亿元、1126.9 亿元和 1564.3 亿元,同比分别增长 24.1%、25.1%和 13%,自 2011 年以来占全球比例逐年提升。此外,而我国集成电路、液晶显示板仍是大额的进口商品,2015 年进口金额分别达 2270 亿美元、318 亿美元(总和超过同年我国原油的进口金额),进口替代空间广阔。

此外,近年来国内液晶面板行业亦高速发展。2010 年,全球主要面板厂商按出货面积从大到小分别为三星、LG Display、群创、友达、夏普和华映六家,共占据全球总出货面积的 89%,中国大陆企业市场份额不足 10%。随着近年来国内面板行业的快速发展,在全球市场占有率逐渐提升;2015 年年底,中国大陆全年面板出货面积(7000 万平方米)超越台湾地区,成为全球第二大液晶面板生产基地。而到 2016 年,国内企业京东方(第五位)、华星光电(第六位)总出货面积已经占据全球总出货面积的 28%,且比例还在逐年增加。

下游电子制造环节大举向国内转移,对上游材料提出了更高的配套要求。集成电路等行业具备重要战略意义,为了推进该行业发展及材料国产化,提升我国集成电路制造装备、工艺及材料技术的自主创新能力,国内相关扶持性政策密集出台,大基金的成立和各项支持政策的

实施,使得近年来国内电子材料行业迈入新的战略机遇期。

此外,从具体品种来看,国内电子化学品企业经过多年积累,在湿化学品、特种气体等高技术壁垒产品方面,已经逐步形成突破,初步具备了取代国外企业的实力;另一方面,部分国外企业电子化学品业务收入增长放缓,业务占比逐步下降;未来或将主要精力聚焦于农药、医药等盈利能力更强,市场空间更为广阔的业务。在此背景下国内电子化学品有望迎来高速发展期。

四、分产品看中国电子化学品提升空间

在完整的半导体生产工艺中,电子化学品使用频率高且涉及的品种很多,以集成电路为例,从硅片作为衬底开始,一直到形成芯片,几乎每步工序都需要电子化学品,包括清洗液、反应气、黏结胶、光刻胶、显影液、剥离液、蚀刻气、蚀刻液、掺杂气、化学气相沉积气体、靶材、抛光液、封装材料等,如图7-4所示。按照电子化学品在半导体工艺流程的应用领域和要求,主要可分为硅片和硅基材料、湿化学品、光刻胶及辅料、CMP抛光液、特种气体、高纯化学品等,这些产品占半导体用电子化学品全部市场的80%以上。

(一)硅片

硅片是集成电路等半导体制备工艺流程的主要底材,按照尺寸分类,主要可分为大硅片(18英寸,12英寸,8英寸)和小硅片(6英寸以下);按照工艺分类,可分为抛光片、外延片、SOI和研磨片。按工艺来

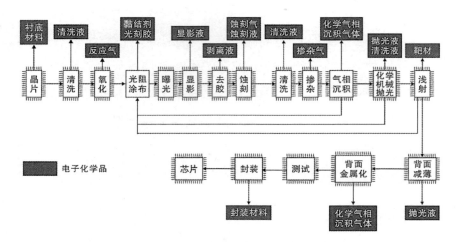

图 7-4　IC 制造各工艺环节关键材料

数据来源：兴业证券经济与金融研究院

看,抛光片是主流。按尺寸来看,12 英寸硅片是主流品种,2016 年已占全部市场的 70%以上,而 6 英寸以下的硅片正逐渐淘汰。硅片面积越大,可承载的芯片数量越多,单位成本也就越低,未来对于大硅片的需求将持续增长。

按照《国家集成电路产业发展推进纲要》的规划目标,到 2020 年集成电路产业规模达到 1 万亿元,平均增长幅度达到 20%。根据测算,2020 年国内半导体领域对 12 英寸大硅片的需求量将超过 100 万片。但 12 英寸硅片由于晶片尺寸更大,一方面要求有更大的坩埚装料和更庞大且昂贵的专门设备,大大增加了成本;另一方面,也使熔体流动、热量和质量传输、缺陷的形成和迁移等更为复杂,给 12 英寸硅单晶的生产带来了很大的困难,技术壁垒高。我国现有的硅片产能主要在小硅片方面,也具备生产一定数量的 8 英寸硅片的生产能力,但主要还是依靠进口,尤其是 12 英寸硅片完全依靠进口,国内尚不具备成熟的生产线。

(二)湿电子化学品

湿电子化学品是指在半导体生产过程中清洗和处理硅片表面的高纯溶剂或者复配溶液,如表 7-6 所示,按用途主要分为通用化学品和功能性化学品,其中通用化学品以高纯溶剂为主,例如高纯的硫酸、盐酸、甲醇等无机和有机溶剂;功能性化学品主要以复配化学品为主,针对不同功能又可分为清洗液、蚀刻液、电镀液及添加剂,例如铝连线干法蚀刻后清洗液、铜线 CMP 后清洗液、硅蚀刻液、缓释氧化蚀刻液、金属电镀液及电镀添加剂等,在保持高纯度的同时大多包含多种化学组分以达到各工序使用目的。湿电子化学品一般要求超净和高纯,对原料、纯化方法、容器、环境和测试都有非常严格的要求,是所有化学试剂中要求最高的一类。在整个硅片制造过程中,要反复通过十几次清洗、光刻、蚀刻等工艺流程,每次都需要湿电子化学品进行相关处理,贯穿了硅片制造流程的始终,其品质直接决定了半导体产品的成品率、电性能及可靠性。

表 7-6　湿电子化学品分类

种　类	品　种
无机类	过氧化氢、氢氟酸、硫酸、磷酸、盐酸、硝酸、氢氧化铵、氟化铵、氢氧化钾、氢氧化钠
有机类	甲醇、乙醇、异丙醇、丙酮、丁酮、甲基异丁基酮、乙酸乙酯、乙酸丁酯、乙酸(醋酸)、乙酸异戊酯、甲苯、二甲苯、环己烷、三氯乙烷、三氯乙烯

数据来源:兴业证券经济与金融研究院

目前,欧美、日本的湿电子化学品厂商,例如巴斯夫、霍尼韦尔、三菱化学、住友化学等国际著名的化学企业,技术优势明显,把控着大部分的湿电子化学品高端市场。而我国半导体用湿电子化学品在低端领域竞争激烈且已占据一定的市场份额,但在高端领域,依然存在很大发展空间,也是未来国内企业大力发展的目标市场。

高端湿电子化学品主要是非常高纯的溶剂和复配化学品。随着技术进步,半导体行业对高纯溶剂的品质要求越来越高,以 IC 为例,线宽是 IC 工艺先进水平的主要指标,线宽越小,集成度越高,对于线宽大于 $1.2\mu m$ 的工艺,高纯溶剂纯度达到 SEMI 提出的 C1 标准即可,而当线宽工艺提高到 $0.09—0.2\mu m$ 以上时,产品必须达到 C12 的标准。当前,国内只有少数企业生产的湿电子化学品可达到 C7 级别的品质要求,C12 及以上品质的产品是未来的目标,也是当前进口的重要部分。此外,判断湿电子化学品的纯度是否达标不是一次检测,而是在一个时期内,产品在运输和储存过程中都要保持达标的纯度,具有很高的行业壁垒。

复配化学品除了对化学品的成分有严苛的纯度要求外,配方也是其关键。配方的获取要求企业有丰富的行业经验,并通过不断的调配、试验、试制和测试才能完成,在这过程中需要与下游客户保持良好稳定的关系,并针对客户需求调节配方。因此,高端湿电子化学品对企业的技术积累和研发实力都有很高的要求。

(三)电子气体

电子气体是半导体工艺流程中不可缺少的基础性支撑材料,按功能用途可大致分为高纯气体和特种气体。高纯气体主要用作稀释气和运载气,而特种气体根据成分不同,广泛应用于 IC 制造领域的成膜(CVD 等)、干式蚀刻、化学清洗、掺杂(离子注入扩散)等加工工艺。从硅片到芯片完整的工艺流程中,几乎每一步、每一个环节都离不开电子气体,需要的高纯电子化学气体及电子混合气高达三十多种,例如硅烷、四氟化碳、六氟化硫、磷烷、超纯氢气、超纯氮气、高纯氯气、高纯氯化氢、高纯溴化氢等。因此,电子气体也被称为半导体材料的"粮食"和"源"。

半导体用电子气体要求纯度高,且电子气体多为易燃、易爆、剧毒化学品,生产难度较大。目前,美国空气化工、普莱克斯、德国林德集团、法国液化空气、日本大阳日酸等跨国公司供气能力强,产业配套完善,生产技术高端,控制着全球半导体用电子气体 90% 以上的市场份额。我国半导体用电子气体的研究和生产起步较晚,经过三十多年的发展,国产化取得了一定的成绩,但整体上相对落后于国外同行,主要表现为规模较小,无法提供全方位的服务,气体质量稳定性相对较差,气体产品的包装、储运未能与现代电子工业的要求接轨。因此,高端的IC 用电子气体依然全部依靠进口。

(四)光刻胶及其辅料

光刻胶是指由光引发剂、树脂以及各类添加剂等化学品成分组成的对光敏感的感光性材料,主要用于微电子领域的微细图形加工,其加工原理是利用光化学反应经曝光、显影、刻蚀等工艺将所需要的微细图形从掩模版转移到待加工基片上光刻胶的下游应用领域主要在 PCB、液晶显示器(LCD)和半导体领域,其中半导体用光刻胶代表着光刻胶技术的最先进水平,产品要求严苛,附加值最高。

据 SEMI 统计,2016 年,全球半导体用光刻胶的整体市场规模达到 13.4 亿美元左右。国内光刻胶方面,2016 年国内半导体光刻胶市场规模约为 25.7 亿元,如图 7-5 所示;但从供应结构来看,由于我国光刻胶起步较晚,因此偏高端的半导体用光刻胶几乎完全依赖进口,现阶段半导体用光刻胶显著落后于下游产业需求。光刻胶在集成电路生产工艺中有着非常重要的作用,一个大规模集成电路需要经过约十几次光刻才能完成各层图形的全部传递,耗时占整个芯片工艺的 40%—60%。

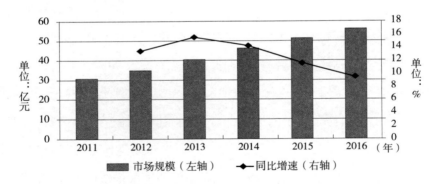

图 7-5　2011—2016 年国内光刻胶总市场规模
(包含 PCB 及 LCD)及同比增速

数据来源:SEMI、兴业证券经济与金融研究院

目前,集成电路工艺水平已从微米级进入到纳米级(90—22nm)阶段,对光刻胶的分辨率的要求也不断提高。按照不同分辨率的需求,光刻技术也经历了 g 线(436nm)光刻、i 线(365nm)光刻、深紫外 248nm 光刻和目前的 193nm 光刻的历程。对应不同曝光波长,主流半导体用光刻胶包括紫外宽谱光刻胶、g 线(436nm)光刻胶、i 线(365nm)光刻

胶、KrF（248nm）光刻胶、ArF（193nm）光刻胶、EUV（13.4nm）光刻胶
等。其中,g线光刻胶主要用于制造 0.5μm 以上的集成电路,i线光刻
胶用于制造 0.35—0.5μm 的集成电路,KrF 光刻胶用于制造 0.15—
0.25μm 的集成电路,ArF 光刻胶干法用于制备 65—130nm 的集成电路,
ArF 光刻胶浸湿法可用于制备 45nm 以下的集成电路,而 EUV 光刻胶主
要用于 10nm 的集成电路,产业尚处于导入阶段。当前,g线和 i 线光刻
胶使用量最大,而 KrF、ArF 光刻胶市场正在快速成长,如表 7-7 所示。

表 7-7　规模使用的半导体用光刻胶概况

类　别	波　长	成膜树脂	感光成分	IC 工艺精度
紫外负性光刻胶	300—450nm	环化橡胶	双叠氮化合物	微米级
紫外正性光刻胶	g线 436nm	酚醛树脂	重氮萘醌	0.5μm
	i线 365nm			0.35—0.5μm
深紫外光刻胶	248nm KrF	聚对羟基苯乙烯及其衍生物	光致产酸剂	0.15—0.25μm
	193nm ArF	聚酯环族丙烯酸酯及其共聚物	光致产酸剂	65—130nm

数据来源:兴业证券经济与金融研究院

当前全球的半导体用光刻胶生产企业主要集中在日本和美国,包
括 JSR、信越化学工业、TOK、陶氏、住友化学、日立化成等。同时,由于
半导体终端产品价格逐渐下降,成本压力不断往上游嫁接,光刻胶成本
控制越发受到重视,美、日等国家的光刻胶生产企业也在积极寻找其他
合格的专用化学品供应商,一旦通过认证,将会建立紧密的合作关系。

相比光刻胶,光刻胶辅料的性能指标并不低,主要用于除曝光以外

的工序,包括抗放射层、增黏剂、显影液和剥离液等,一般与光刻胶配套使用,例如,抗放射层用于消除光刻胶和基片界面及光刻胶与空气界面的反射,增黏剂提高基片与光刻胶的黏着性,显影剂用于溶解多余的光刻胶等。目前,光刻胶辅料中除了用于平板显示领域的显影液已实现国产化,其他用于半导体的高端显影液和其他辅料都主要依赖进口。

(五)CMP 抛光材料:需求快速增长,国内中高端产品占比偏低

化学机械抛光(CMP)是指在一定压力及抛光液存在下,被抛光工件相对于抛光垫做相对运动,借助于纳米粒子的研磨作用与氧化剂的腐蚀作用之间的有机结合,在被研磨的工件表面形成光洁表面。目前,CMP 技术是唯一可以提供全局平面化的技术,吸收了化学抛光和机械抛光的优点,在保证材料去除效率的同时,获得较完美的表面,并且可以实现纳米级到原子级的表面粗糙度,广泛应用于 IC 和超大规模集成电路中。

随着器件特征尺寸的不断减小,对 CMP 技术在抛光缺陷,抛光工艺可控性、一致性等方面提出了更高的要求,其抛光机、抛光液和抛光垫是关键工艺参数。其中,抛光液一般由腐蚀介质、成膜剂、助剂和纳米磨料粒子组成,其化学成分能够调整 pH 值,影响氧化物表面的带电类型和电荷量,决定表面的水合过程等化学反应;抛光液中的磨料在压力作用下与表面摩擦,影响反应产物的去除速率。抛光垫一般是含有填充材料的聚酰亚胺泡沫组成,主要起到存储抛光液的作用,同时其表面微凸起直接与晶片接触产生摩擦,以机械发生去除抛光层。因此,CMP 抛光液和抛光垫对最终的抛光效果有非常重要的作用。据 SEMI

统计,2016 年全球半导体用 CMP 抛光材料市场规模为 16.4 亿美元。近年来,其市场跟随半导体产业的发展而稳定增长;此外,半导体工艺精度进入到几十纳米后,单批次 CMP 抛光工序量明显增加,进一步带动 CMP 抛光材料市场需求。未来国内 CMP 抛光材料市场有望维持较高的增长速度。

对于 CMP 抛光液,在保证单一成分材料纯度的基础上,技术难点主要存在于磨料制备技术、浆料分散技术和配方技术;对于抛光垫,其技术壁垒主要存在于抛光垫基材以及其粗糙度、沟槽结构等表面特征。当前,全球高端的半导体 CMP 抛光液和 CMP 抛光垫供应商主要集中在日本、韩国和美国,如美国的卡博特、Rodel、Eka、陶氏,日本的Fujimi、日立化成、东丽等。其中 Fujimi 公司的硅片精抛光液几乎垄断了我国国内市场,Cabot、法国 Air Product、Fujimi、FujiFilm 和日立等占据着全球 80% 的铜抛光液市场份额;抛光垫以美国陶氏品质最优。国内方面,安集微电子、深圳力合、上海新安纳等在衬底和 IC 用 CMP 抛光液有一定的生产,而且多具有外资背景,但多数产品只能用于 4 英寸、6 英寸硅片,用于 8 英寸、12 英寸硅片的高端产品很少。

五、海外并购策略思考

(一)海外并购案例分析

除去通过自主研发和积累实现技术突破外,海外并购也成为国内企业掌控核心技术,获得核心产品生产能力的重要途径。

从雅克科技收购韩国 UP Chemical 为例。

UP Chemical 主要产品为有机硅烷前驱体和有机金属前驱体,主要用于集成电路芯片制造的 CVD 及 ALD 的成膜工艺,还可用于 OLED 显示以及工业领域。UP Chemical 有多年行业积累,下游客户包括 SK 海力士及三星电子等知名半导体企业。当前半导体晶圆的国产化进程正在加速,未来三年武汉新芯、晋华、台积电、中芯国际及华力、华虹等知名半导体企业在中国大陆新建生产线达到十条以上;随着国内先进半导体生产线的开工运行,将形成对半导体上游材料的巨大需求。此次 UP Chemical 收购完成将填补国内企业在多数前驱体品种领域的空白,对国内半导体材料的发展形成明显推动作用。

(二)海外并购策略思考

对于后续的海外并购方向,我们认为主要的机会在于:

1. 半导体行业的发展经历了从美、欧向日本再向韩国、中国台湾转移的产业地区转移过程,未来中国大陆也是重要的产业转移基地。随着产业转移的进行,原有产地(欧洲、日本)的部分先发电子化学品企业经历了客户转移而带来的订单衰退,从而导致近年来经营业绩连年下滑。在此背景下,多家企业的成熟电子化学品部门(安美特、汉高华威等)在近年内也出现了出售需求;从而带来国内电子化学品行业通过并购整合完善产业链的机会。

2. 高壁垒的半导体材料、OLED 材料以及部分未国产化的 PCB 和 LCD 面板材料是国际并购的主要方向。当前,高壁垒的半导体材料及 OLED 材料国产化率仍然极低,未来仍将是国内电子化学品企业国际并购努力的主要方向;而 PCB 材料及 LCD 面板材料中也仍有部分未能实现国产化的专用材料,若有可能,该领域的海外并购也将充分补足国内企业的短板,实现产业链的进一步完善,如表 7-8 所示。

表 7-8　电子化学品海外并购主要方向

产　品	国产化率	概　况
半导体材料	极　低	仅极少部分特气、湿电子化学品有微弱的自主供应能力,其他产品几乎完全依赖进口
OLED 材料	升华后材料国产化率极低	国内多数企业均不具备升华后材料的生产能力及资质
LCD 面板材料	不　高	单晶、混晶、偏光片等已实现一定程度国产化,但仍有部分产品几乎完全依赖进口
PCB 材料	较　高	仍存在部分如感光干膜、柔性覆铜板等进口依赖的产品

数据来源:兴业证券经济与金融研究院

第三节　碳纤维行业

一、中国碳纤维行业发展概况

(一)碳纤维行业简介及上中下游产业链

碳纤维素有"新材料之王"的美誉,坚硬胜钢铁,纤细如发丝,各项理化性能优异,用途十分广泛,堪称材料领域皇冠上的明珠。按丝束大小可分为大丝束(48K—480K)和小丝束(1K—24K),按力学性能分为高强型（GQ）、高模型（GM）、高强高模型（QM）等,按拉伸强度由弱到强可分为 T300、T700、T800、T1000 等。20 世纪 70 年代前后,日本、美国等国开始商业化开发,碳纤维行业进入发展快车道。

　　碳纤维上承石油化工,下启复合材料,是化工领域先进技术的集中展现。目前,碳纤维主要有聚丙烯腈、沥青、粘胶（纤维素）三种来源,其中聚丙烯腈（PAN）基碳纤维比重最大,超过总量的 90%。因其优良的特性,碳纤维被广泛应用于航空航天、汽车部件、风电设备、文体用具、建筑材料、军工产品等领域。对丙烯腈和沥青等来自石油、煤炭的原料进行纺丝、氧化、碳化等工艺处理有着相当高的技术壁垒,从实验室到大规模生产的转变更是难上加难,因此关键技术的突破往往意味着充分的话语权。图 7-6 展示了 PAN 基和沥青基碳纤维的产业链。

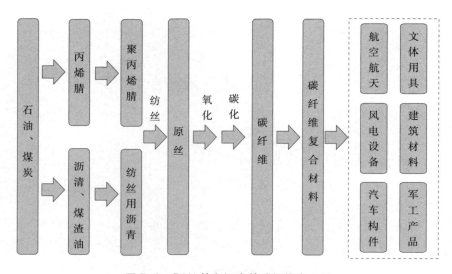

图 7-6　PAN 基和沥青基碳纤维产业链

数据来源:CNKI、兴业证券经济与金融研究院

（二）我国碳纤维行业市场现状

中国碳纤维研究始于 20 世纪 60 年代初,但受国外技术封锁,发展有限。直到 1975 年,张爱萍将军牵头,20 多家研究所和企业共同攻关,首先解决了有无的问题,但各项技术指标仍落后于国外水平。21世纪,随着一批科学家、企业家的大力推动,我国碳纤维事业发展迅猛,涌现出一批优秀的碳纤维生产企业。从原料、原丝到碳纤维、复合材料,产业链的各个角落都有中国企业活跃的身影。但一些尖端技术仍与国外企业存在差距,应用领域也以低端为主,存在有产能无产量等问题。

受外国技术封锁和低价倾销的影响,我国碳纤维行业呈现出进口依赖、开工率低、消费结构不合理等问题。伴随各领域对材料的要求日益提高,对碳纤维的需求与日俱增,但目前国内消费集中于低端产品,高端需求有待开发,渗透率整体偏低。供给方面,我国的碳纤维企业技术仍落后于日、美等国,产品以低端产品为主,多家龙头企业的高端产品线正在逐步建设投产,但仍难以满足快速增长的需求。

2016 年,我国碳纤维理论产能达 18000 吨,总产能位居世界第三。但开工率、良品率低,实际产量仅 4600 吨,进口量达 2781 吨,自给率仍有提升空间。表观消费量 7015 吨,与需求存在较大差距,碳纤维材料渗透率不足。

碳纤维是国家大力扶持的基础性战略性新兴产业,近年来国家密集出台多项产业政策支持碳纤维行业的发展,包括《新材料产业"十二五"发展规划》《"十三五"国家战略性新兴产业发展规划》和

《新材料产业发展指南》等。国务院、工业和信息化部、国家发展和改革委员会、科学技术部等部门均十分关心和支持碳纤维行业的发展,提出到 2020 年,"初步形成 2—3 家具有国际竞争力的碳纤维大型企业集团""规模化、集聚化发展态势基本形成,突破材料领域技术装备制约,在碳纤维复合材料等领域实现 70 种以上重点新材料产业化及应用"。

(三)我国碳纤维产业面临的挑战

开工率、良品率低下,难以满足国内需求。中国碳纤维行业自立自强,在外国的重重封锁下快速发展。但碳纤维行业总体技术尚不成熟稳定,良品率低,单位成本高,因而空有高产能,没有高产量,2016 年实际产量仅 4600 吨。从开工率曲线看,这种现象正在逐步得到改观,开工率稳中有升,但是仍然不及 30%。

渗透率有待提升,需求和实际消费相差过大。受限于产品质量等因素,碳纤维的实际渗透率并不尽如人意。2016 年碳纤维需求量已超 2.1 万吨,但实际的表观消费量仅为 7015 吨。

以近年来我国快速发展的风电产业为例,2016 年风力发电量近 2500 亿千瓦时,新增风电装机容量 5464 万千瓦。风电叶片对材料要求高,需求大,我国风电行业的持续快速发展将对碳纤维材料产生巨大需求。从渗透率来看,2016 年风电行业的碳纤维渗透率仅 12%,有很大的提升空间。由于碳纤维产品供给不足,质量不稳,企业不得不采用传统材料或其他材料进行生产,需求不能够得到满足。

中高端产品规模化生产能力不足。同等效率下,单线年产 1000 吨的生产线与年产 100 吨的生产线产品单位成本相比，每吨降低约三成。从全国来看，中高端碳纤维产品的产能仍以小规模为主，虽然这些产品打破了外国垄断，但规模不足，成本居高不下。

二、全球碳纤维行业发展现状对比

（一）全球碳纤维行业发展现状

全球来看，日本、美国稳居碳纤维行业的第一梯队。日本是全球最大的碳纤维生产国，世界碳纤维技术主要掌握在日本公司手中，其生产的碳纤维无论是质量还是数量均处于世界领先地位，日本东丽更是世界上高性能碳纤维研究与生产的领头羊，在小丝束碳纤维市场上，日本公司占据半壁江山，仅东丽一家就占了 26% 的市场份额。而东丽收购了美国 Zoltek 公司之后，万吨级的碳纤维生产企业几乎全部集中在日本。

日本碳纤维生产企业多具有纺织背景，使其在碳纤维材料最初问世时敏锐地把握机会，及早进行技术研究和产业布局。英、美等国对碳纤维亦十分重视，在早期对碳纤维研究贡献颇多，并将重点放在宇航、军工等领域。但由于早期碳纤维品质不高，质量难以满足军工产品需要，不少企业长期亏损，最终关闭。但日本军工产业规模较小，需求不高。这迫使日本企业另辟蹊径，利用碳纤维轻便耐磨的特性，从钓具、体育用品等领域率先打开市场，从而为后续研究提供了足够的经费，并逐步提高产品质量，直至占领高端市场。

日本碳纤维行业最具代表性的企业非东丽莫属。东丽株式会社成立于 1926 年 1 月,是最早涉足碳纤维领域的公司之一,主营业务包括纤维和纺织品、塑料和化学制品、碳纤维复合材料等。目前世界范围内认可度最高的牌号分类便是东丽牌号,如 T300、T800 等。东丽目前已在全球四个国家设有碳纤维工厂,产能超过 4 万吨,大幅领先于竞争对手。东丽的产品型号和规格齐全,从中高强(T 系列)到高强中模(M 系列),再到高强高模(MJ 系列),乃至相应的复合材料制品可谓无所不有。

除了技术和产能领先外,东丽在服务下游方面亦走在前列。东丽侧重于复合材料应用领域方面的研究,2014 年 11 月,东丽宣布获得美国波音公司价值 86 亿美元的飞机用碳纤维订单,成为东丽在飞机制造领域接获的最大订单,这和东丽与波音的长期合作,甚至将航空材料研究机构设置在波音公司附近不无关系。

(二)中国与全球碳纤维行业发展水平对比

质量稳定性不足,进口依赖仍然严重,自给率仍待提高。近年来,随着中国企业不断突破技术难题,产能节节攀升,碳纤维的自给率也迈上了新的台阶。但在渗透率偏低、高端产能投产缓慢的背景下,低端产品存在扩张过快、产能过剩的风险。固然,日本企业当初是从低端产品起家,步步为营、稳扎稳打,最终立于行业之巅,但对碳纤维材料的需求早已提升了多个层次,复制日本企业的策略是行不通的。

举例来看,2016 年南车青岛四方车辆厂采购车用氢气罐碳纤维材料时,选择与日本东丽合作,一定程度上反映了国内的碳纤维企业在质量稳定性上的问题。重视安全的压力容器采用中高端碳纤维复合材料,东丽的 T700S—12k 性能稳定,DowAksa、东邦等企业的 T300 级 12k 和 T700 级 12k 碳纤维产品也广受欢迎。

产业链各环节未有效衔接,企业各自为战,缺乏统筹。国外碳纤维生产企业与汽车、航空航天等碳纤维的重要应用领域生产商建立了广泛的合作和稳定的供求关系。国外碳纤维的生产与科研院所、装备和产业应用紧密结合在一起,形成了完整的碳纤维产业链。日本东丽的航空复合材料研发中心设在美国波音公司附近,常年密切合作。土耳其 Aksa 则利用其在原丝制备、树脂合成上的优势专注为造船、风电设备等客户提供完整解决方案。

1978 年,六家公司在日本成立"碳纤维座谈会",成为当时的碳纤维行业组织。1988 年更名为"日本碳纤维协会"(JCMA),即通常所称的日本碳纤维产业联盟。产业联盟会员企业不仅包括碳纤维制造商,还包括中间材料制造企业、复合材料加工企业和材料回收利用企业等,大企业强强联合,互通有无,协调信息,形成了覆盖全产业链的巨无霸集团。该协会的主要职能包括向日本政府部门提供行业情报,敦促厂商避免敏感产品出口,开拓碳纤维应用领域,协调废弃物处理等。虽然该组织于 2015 年 4 月 1 日宣布解散,但其为日本碳纤维企业的蓬勃发展立下了赫赫战功。

与之相对的是,我国的碳纤维行业科研、生产、应用各自为战,相互脱节。国内大部分碳纤维及复合材料厂家只是产业链上的一段,上下游厂家未能有效连接,缺乏应用解决方案及多方位的应用服务,是导致碳纤维材料渗透率低的重要原因,也是制约行业发展与行业技术提高的因素。许多企业盲目投资,重复建设低端产能,使得企业恶性竞争,不少企业长期处于亏损状态。

集中度偏低,规模效应弱。碳纤维行业技术壁垒高,资金投入大,先发优势明显,很容易出现强者恒强的马太效应。日本主要碳纤维企业产能均在 1 万吨/年以上,且上下游产业链完整,开工率高,容易实现产能出清。研究表明,碳纤维生产规模效应明显,通过规模化生产可以大幅增强企业竞争优势。部分中国企业规模较小,生产成本偏高。日本巨头刻意控制价格,使售价在中国公司成本线以下,企图逼死中国公司后形成垄断,东丽更是在深圳投资设厂,试图进一步增加其在中国市场的占有率。这就要求中国企业在不断提升技术的同时,要充分利用碳纤维规模效益显著的特点,优化工序,降低成本。

三、全球碳纤维行业发展趋势及我国行业发展机遇

(一)全球碳纤维行业前瞻

风电设备、汽车轻量化、压力容器等领域对碳纤维有庞大的需求,将是未来推动碳纤维行业发展的重要推动力。全球碳纤维需求中,占比最高的是风电设备和航空航天,而中国则是体育用品一枝独秀。

随着人们对全球变暖的担忧日益加重,国际社会普遍呼吁发展清洁能源,而风电是清洁能源的重要代表。同时,新能源汽车的发展突飞猛进,对汽车重量的要求日益严格,迫使汽车生产企业寻找轻量化必需的新型材料。而天然气作为一种较为清洁的能源,在供暖、供电等领域

发挥重要作用,天然气用量的增加使得对压力容器的需求也与日俱增。这些因素都对全球碳纤维行业提出了新的挑战,而东丽、东邦等行业龙头企业也纷纷增加产能应对这一挑战。

中国正在推动产业升级,对碳纤维等新材料的需求不断提升。除了顺应国际大趋势,更叠加原有碳纤维利用偏向低端应用的不足,这将在未来一段时期内为中国碳纤维行业发展提供充足的动力。

1. 发展方向一:风电设备

风电是清洁能源的代表,对于减少碳排放有着重要意义。风电成本虽然不断下降,较火电、水电等发电方式仍明显偏高,依靠政府补贴维持运营并非长久之策。而风电行业兴起的叶片大型化潮流,更是使得减轻重量与降低成本变得迫在眉睫,多种新型材料各显神通,其中就包括碳纤维材料。

当前主流的叶片为玻璃钢材质,而碳纤维材料可以在不降低强度的前提下减轻叶片重量,提高叶片抗疲劳性能,降低风电成本。根据全球风能理事会(GWEC)数据,2016 年全球新增风电装机容量超过 54.6GW,全球累计容量达到 486.7GW。中国 2016 年新增装机容量 23328MW,累计装机容量 168690MW。目前,受成本和质量限制,碳纤维复合材料主要应用于叶片的关键部位,包括主梁帽、蒙皮表面、叶片根部、叶片前后缘防雷系统等。随着碳纤维材料价格的下降和品质的提升,风机叶片中碳纤维材料的比例将进一步提升。

2. 发展方向二:汽车轻量化

德国、法国等国家纷纷推出政策,列明淘汰燃油汽车时间表。这对新能源汽车的发展意义重大,而新能源汽车对重量的要求较高,采用碳纤维复合材料不仅可以减少重量,还可以保持甚至提高车身强度,是理想的替代材料。

即使是传统的燃油汽车,在安全性和减排的要求下,也纷纷增加碳纤维材料的使用比例。碳纤维材料在汽车上有广泛的应用范围,包括车身、底盘、刹车片、加热坐垫、轮毂、发动机罩、行李箱、车顶天窗等。目前,由于碳纤维材料成本仍较高,主要用于 F1 赛车、跑车等对材料成本不太敏感的车型上,随着技术的进步和规模化生产降低生产成本,碳纤维材料将在汽车行业中得到更广泛的应用。

宝马通过西格里公司涉足碳纤维生产,并将产品应用于旗下宝马 i3 的生产,车身减重约 250—350 千克。目前,部分国内外碳纤维企业已经主动开始和汽车企业合作,发挥碳纤维企业在材料领域的专长,结合汽车企业需要改进的产品性能,形成双赢局面。

3. 发展方向三:压力容器

新能源汽车、航空航天等领域对气体燃料的需求与日俱增,对压缩天然气(CNG)和氢气(H2)等的储存提出了越来越高的要求。长期以来,我国都是天然气消费和进口大国,随着北方供暖改造升级的完成以及工业企业对清洁能源的需求增加,对运输、储存天然气的压力容器的需求也是水涨船高。

大多数常用的压力容器为钢制,存在较大局限性。压力容器靠增加壁厚来提高承载性能,碳纤维复合材料压力容器由碳纤维层层缠绕而成,比起同容积的金属气瓶,可以在提高压力气瓶承载能力的同时,减轻多达 50% 的重量。同时,碳纤维材料耐高湿,耐高温,防腐性能良好,能够适应多种不同环境。

（二）我国发展机遇

1. 上下游、产学研紧密合作，扩大碳纤维材料产品渗透率

原油价格自 2014 年以来持续低迷，近期渐有回暖迹象。碳纤维材料的生产离不开丙烯腈（AN）和沥青，同时还需要大量的溶剂二甲基亚砜（DMSO），原油价格上涨对资金紧张的碳纤维生产企业并不友好。如果能与上游有机结合，使碳纤维原丝生产企业有自己配套的丙烯腈、聚丙烯腈生产企业，再配合对冲，就可以有效缓解原油价格上涨带来的不利影响。

下游方面，一些碳纤维企业已经开始寻求打通下游渠道。从下游企业的需求出发改进产品设计，对碳纤维企业实现技术提升有很大帮助。二者经过磨合之后可以增进彼此互信，逐步提高碳纤维产品渗透率。

除了上下游整合，产学研的结合也是帮助企业突破技术难题的重要途径，而中国的碳纤维产业联盟就是最好的平台。2014 年初，科技部批准成立了"中国碳纤维及复合材料产业发展联盟"，属第三批国家试点联盟。联盟涵盖了碳纤维上下游企业和科研院所共计 42 家，联盟当前的重点工作是技术攻关，重点解决 T300 级等中低端碳纤维产品的批次稳定性和成本控制问题，加快 T700、T800 级等中高端纤维产品的产业化。除此之外，联盟应充分发挥统筹作用，鼓励企业各展所长，为下游提供多样化、差异化的解决方案；鼓励科研院所贴近实际应用，将 T1000 等技术突破尽快转化为实际产能。同时，应协调各企业战略规划，避免出现大量低端、重复投资。

2. 鼓励并购重组，培育若干行业龙头，突破《瓦森纳协定》的包围

1996 年 7 月,以西方国家为主的 33 个国家在奥地利签署《瓦森纳协定》,对先进材料、材料处理、电子器件、计算机等九大类军用、民用商品及相应技术实行出口控制。碳纤维材料、技术特别是部分高端产品及生产技术属于《瓦森纳协定》限制出口的对象,对中国等发展中国家实行禁运。

因此,中国碳纤维行业需要有自己的行业龙头和标杆级企业,集中优势攻克技术难关,并利用规模化生产降低成本,从而在国内外各个市场的激烈竞争中掌握足够的话语权。这也与工业和信息化部 2013 年发布的《加快推进碳纤维行业发展行动计划》提出的"到 2020 年,初步形成 2—3 家具有国际竞争力的碳纤维大型企业集团"相一致。

目前我国的行业集中度远低于世界水平,即便是有部分企业掌握先进技术,也因为稳定性不佳导致产量过低。部分企业在原丝生产上存在短板,有的则在碳化、石墨化等工序存在不足,通过并购重组将各家所长结合,补齐短板,同时扩大企业生产规模,集约化生产,将有利于碳纤维企业的长远发展。

专栏　东丽收购美国碳纤维企业卓尔泰克(ZOLTEK)

2013 年 9 月 27 日,日本东丽公司收购世界碳纤维排名第三的美国卓尔泰克(ZOLTEK)公司,收购金额约 5.84 亿美元。东丽借此开拓廉价碳纤维(大丝束)领域,产品占世界市场份额大幅提高,继续确保碳纤维行业的绝对优势。卓尔泰克(ZOLTEK)生产的碳纤维单价是东丽高性能纤维的 60% 左右,主要供应建材和汽车零部件厂家。东丽通过此次收购,降低生产成本,扩大低价格领域碳纤维销路。东丽通过此次并购,迅速拉开与日本东邦、三菱丽阳及快速发展的中国厂家的产能距离。

专栏　海外优质碳纤维企业土耳其 Aksa

土耳其 Aksa 公司称得上是碳纤维领域的一匹黑马。2006 年,公司开始涉足碳纤维领域,并于 2008 年建成 34 吨的中试线。在 2009 年下半年,Aksa 即建成 1500 吨产能的规模化碳纤维生产线,发展速度令人惊叹。Aksa 在碳纤维领域的快速发展与其深耕化纤领域四十多年关系密切,其于 1971 年起生产腈纶,产能约占全世界腈纶总产能的 12.5%,积累了大量生产经验和技术人才。

与国内大多数企业采用二甲基亚砜(DMSO)溶剂生产碳纤维原丝不同,Aksa 原丝生产工艺用的是二甲基乙酰胺(DMAC)溶剂,Aksa 所用工艺具有成本优势。同时,成本和技术的结合大大提升了 Aksa 的碳纤维原丝生产能力,其碳纤维原丝产能超过 30 万吨,远超第二名台塑(产能约 10 万吨),比日本东丽、东邦和三菱丽阳的原丝产能之和还要高,尽享规模效应红利。制备好的碳丝,离不开高纯度、高强度、高致密化、高表面光洁度的原丝。原丝在碳丝生产成本中占比很高,高品质的原丝对于保障碳纤维的产品质量意义重大。

2012 年,美国陶氏(Dow)化学公司投资 10 亿美元,与 Aksa 建立合资公司 DowAksa,主要产品 Aksaca 碳纤维已经销往世界各地,在中国市场上也可以见到该产品的身影。DowAksa 专注于服务建筑、工业企业,避免与以高端产品见长的日本公司直接碰撞,凭借成本优势和质量保证获得了相当的市场份额。

第四节　农药行业

一、中国农药行业发展概况

（一）农药行业简介及上中下游产业链

农药是重要的农业生产资料和救灾物资，科学使用农药可以显著提高产出，保障农作物产量和改善农产品品质。随着科技发展和政策趋严，食品安全和环境保护也成为农药行业必须面对的关键课题。按用途，农药产品主要分为除草剂、杀菌剂、杀虫剂；按能否直接施用，分为原药和制剂。

农药行业所需上游原料主要是石油和化工原料，下游是农林牧业和卫生领域等终端消费。上游原料一般均能获得稳定大量供应，受原油价格波动影响较大，一是原料生产的成本端，二是石油替代物生物乙醇的需求端。影响下游需求的因素主要有农业生产规模、复种指数、种植结构、农户购买力；农业生产的季节性、农作物种植多样性和经营方式集约化程度决定了农药需求的季节性、复杂性和供应方式。

（二）我国农药行业市场现状

我国农药行业发展起步于新中国成立之初，以四川泸州化工厂建成 DDT 车间为标志,大致经历了有机氯农药、有机磷农药和 21 世纪的杂环类农药和生物农药三个发展阶段。20 世纪 90 年代开始,为提高农药自给率,国家不断加大对农药行业的投入力度,引进国外技术,提高生产工艺。我国是全球农药原料、中间体和助剂等全产业链最完整的国家之一,产品种类齐全。目前我国已成为农药第一生产大国、第一出口大国,农药生产企业超过 2200 多家,其中化学原药制造企业 670 家。表 7-9 展示了 2016 年中国农药企业销售前十名。但是,中国农药产业大而不强,创新能力弱,研发投入较少,处于国际分工的低端领域,以代加工原药的粗放型生产为主。

表 7-9　2016 年中国农药企业销售前十名

序号	企业名称	2016 年销售额(亿元)
1	北京颖泰嘉和生物科技股份有限公司	45.49
2	山东潍坊润丰化工股份有限公司	37.51
3	四川省乐山市福华通达农药科技有限公司	36.64
4	南京红太阳股份有限公司	34.96
5	江苏辉丰农化股份有限公司	31.78
6	浙江新安化工集团股份有限公司	30.14
7	江苏扬农化工股份有限公司	28.76
8	中化作物保护品有限公司	28.37
9	山东滨农科技有限公司	25.37
10	南通江山农药化工股份有限公司	20.90

数据来源:中国农药工业协会、兴业证券经济与金融研究院

总体上,全球分工较为明确,国内农药企业是主要的非专利原药及中间体制造商,处于农药产业链的前端。近期国内环保趋严,政策频出

　　提高行业门槛,农药行业格局改善,供给过剩的局面得到缓解。

　　需求方面,在农业部《到 2020 年农药使用量零增长行动方案》的引导下,国内农药利用率逐年提升,高毒低效的产品陆续退出市场,高效低毒品种的农药占比提升,整体用量提前实现了"零增长",如图 7-7 所示。从产量数据来看,据国家统计局数据,2017 年我国化学农药原药(折有效成分)产量为 305.5 万吨,同比下降约 2.9%(2014—2016 年同比增速分别为-8.1%、-0.5%、0.9%)。同时随着海外农药企业去库存进入尾声,从 2016 年二季度末起我国农药出口量逐步提升,其中 5 月以来单月出口量同比增速均超过 10%;2016 年我国出口农药 140 万吨,同比增长约 20%;2017 年出口 164 万吨,同比增长约17%,如图 7-8 所示。

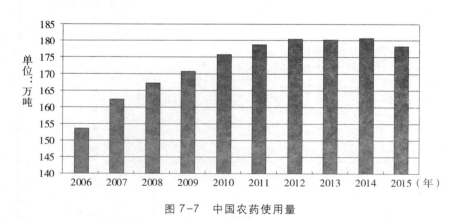

图 7-7　中国农药使用量

数据来源:国家统计局、兴业证券经济与金融研究院

　　供给方面,历经 2014 下半年至 2016 年的低迷期,我国化学农药制造企业数量持续缩减,一方面受国内外市场需求不旺,以及高毒农药禁限用等多重因素的影响,我国农药产品价格持续回落,行业利润空间受

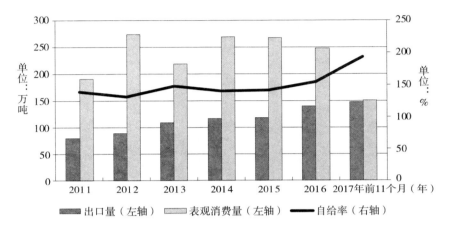

图 7-8　2011—2017 年中国农药出口量、表观消费量和自给率

数据来源：Wind、兴业证券经济与金融研究院

到挤压,部分中小企业因技术、规模、资金等方面竞争力落后而退出市场;另一方面,随着政府和民众对环境保护的重视程度日益提升,环保标准的提高,特别是新修订的《环境保护法》实施后,各地环保治理执行力度加大,部分企业因环保不达标或难以承受生产中环保处理成本的增加而难以正常开工甚至关停,产能持续收缩。

农药直接影响农产品产量、质量、食品安全等,与"三农"问题息息相关,所以农药行业一直是国家重点支持和关注的支农产业。国家也出台了各类政策,未来行业门槛持续提高,国内农药行业有望进一步规范。2017 年 3 月,国务院颁布修订后的《农药管理条例》,将多部门负责的农药生产管理职责统一规划农业部门,实行农药生产、经营许可制度,对售制假冒伪劣农药等违法行为通过提高罚款额度、列入"黑名单"等加大惩戒。农业部也公布了关于登记、生产、农药标签二维码的四条实施细则,更多的实施细则有望持续出台。农药行业供给格局有望持续改善。

（三）我国农药行业面临的挑战

目前我国农药行业存在的问题之一是行业集中度较低,资源相对分散。虽然企业数量众多,但市场占有率小。国内农药行业面临结构性产能严重过剩,产品同质化严重,容易引发无序恶性竞争。

同时,我国还没有建立起符合国际标准的农药科研开发体系,研发投入少,创新能力较弱,研究创新与成果转化存在脱钩,因此,我国的农药产品在国际分工中处在低端领域,企业没有核心竞争力。

此外,农药行业多年粗放型生产,且以环境污染较为严重的原药加工为主,企业不达标生产现象普遍,监管不严,环保欠账较多。

二、全球农药行业发展现状对比

（一）全球农药行业发展现状

整体来看,国外农药行业起步早,行业集中度高,技术水平先进,知识产权保护制度完善。目前已从高速增长时期进入稳定发展阶段。市场销售额从 1994 年的 278 亿美元增长至 2015 年的 512.10 亿美元。欧洲、美国等发达国家利用领先的技术优势不断发行创新产品,占据绝大部分市场份额。2015 年全球六大农药公司的总销售额为 392.76 亿美元,占全球市场份额的 76.7%。需求方面,拉丁美洲由于开荒种地,种植面积增加带动需求上升,是全球需求最大、增长最快的农药消费市场。其次是亚洲、欧洲及北美地区。但美国、日本等发达国家和地区的农药市场需求趋于稳定,增长主要集中在中国、印度、亚太地区和拉丁美洲的部分国家,如图7-9所示。

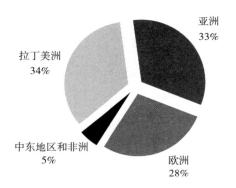

图7-9　2015年全球农药市场各地区所占份额

数据来源:兴业证券经济与金融研究院

产品方面,除草剂是农药最大产品类型,约占到农药产值的40%。草甘膦2015年全球销售额49.65亿美元,是氨基酸类除草剂的最重要组成,如图7-10所示。

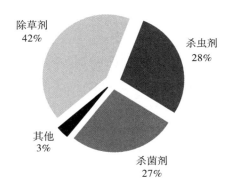

图7-10　2015年全球农药市场终端消费结构

数据来源:兴业证券经济与金融研究院

在合并风潮之前,国际农药市场格局是以孟山都、拜耳、先正达、陶氏、杜邦、巴斯夫为代表的六大农业巨头鼎立的局面,如图 7-11 所示。全球市场经过重新洗牌后,形成了"拜耳+孟山都""中国化工集团+先正达""陶氏+杜邦"巴斯夫四强相争的新格局。富美实通过并购有可能进入第一梯队。美国富美实公司是全球领先的农业科技公司,通过对杜邦作物保护业务大部分资产的成功收购,成为全球第五大作物保护公司,目前有 23 个研发基地、26 个生产基地和 180 万个新化合物的目录库。图 7-12 展示了富美实企业的财务数据。

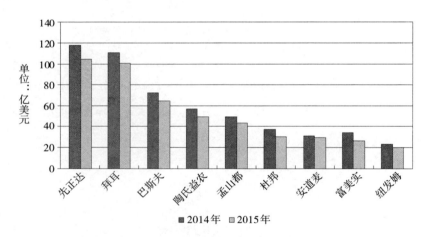

图 7-11 2014 年和 2015 年国外企业农药销售情况

数据来源:兴业证券经济与金融研究院

(二)中国与全球农药行业发展水平对比

(1)行业集中度高。全球农药行业集中度高,而我国农药行业集中度低。我国农药企业数量众多,规模较小,销售额在 10 亿元以上的仅有 40 家,多数企业销售额在 1 亿元以下。反观全球,六大巨头市场

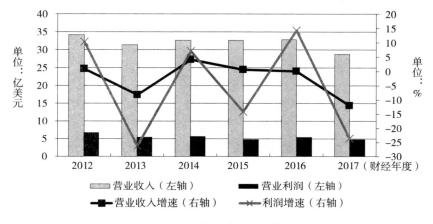

图 7-12 富美实企业财务数据

数据来源:彭博、兴业证券经济与金融研究院

占有率约 **80%**,拥有绝对话语权,如图 7-13、图 7-14 所示。

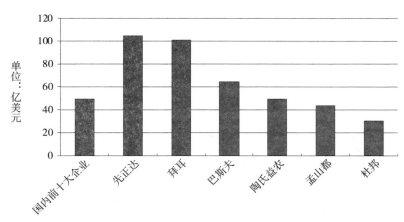

图 7-13 2015 年国内外企业农药销售额

数据来源:兴业证券经济与金融研究院

技术水平相对较低。由于我国农药企业规模小、实力较弱,导致不能支持高投入、长周期的农药自主创新,多数产品是仿制国外过专利保护期产品和专利期代加工,绝大多数企业研发投入占销售收入的比例

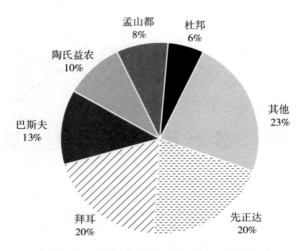

图 7-14　2015 年国外农药企业市场份额

数据来源：兴业证券经济与金融研究院

不到 1%，远远低于国外平均 10% 以上的水平，如图 7-15 所示。六大巨头占据上游专利和下游销售渠道，是利润最大的部分。表 7-10 介绍了 2017 年专利到期的五个农药品种。

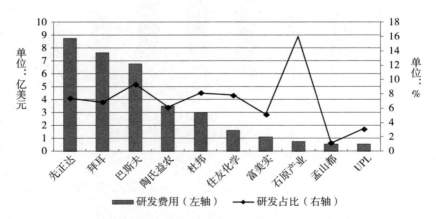

图 7-15　2014 年国外农药企业研发支出占销售额比例

数据来源：国家统计局、兴业证券经济与金融研究院

表 7-10　2017 年专利到期的五个农药品种

农 药	专利权人	专利期满日	保护内容	2015 年全球销售额（百万美元）	主要作物
氟嘧菌酯（杀菌剂）	拜耳	2017 年 1 月 14 日	通式化合物、制备方法	220	谷物、非农用
五氟碘草案（除草剂）	陶氏益农	2017 年 9 月 22 日		230	水稻
螺虫乙酯（刹虫剂）	拜耳作物科学股份公司	2017 年 7 月 22 日	通式合物、制备方法	175	非农用、疏果
吡氟硫磷（刹虫剂）	东部韩农化学株式会社	2017 年 6 月 24 日	通式合物、制备方法	—	—
氟胺磷（刹虫剂）	李坚	2017 年 6 月 23 日	用途	—	—

数据来源：兴业证券经济与金融研究院

　　环保重视度逐渐提高。国外的社会公众环保意识较高，环保政策发布时间较早，较为完善严格，环保投入较大，美国、日本、欧盟等发达国家和地区均制定了一系列旨在推进农药环保化的法律法规。而我国环保欠账较多，且疏于管理，"化工围城"的问题日益突出，环保政策的配套政策出台较慢，涉及的水污染问题、大气污染问题和土壤污染问题引发关注。近年来，我国逐渐完善相关法律体系和提高环保投入。根据国外经验，当环保投入占 GDP 这一数据为 1%—1.5% 时，有望初步控制环境污染，达到 2%—3% 时，环境质量才可能改善。图 7-16 展示了 2012 年至 2016 年中国环保支出及其占 GDP 的比例。图 7-17 介绍了 1999 年至 2008 年美国州和地方政府环保和污水支出。

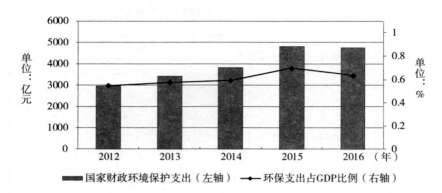

图 7-16　2012—2016 年中国环保支出与其占 GDP 比例

数据来源：国家统计局、兴业证券经济与金融研究院

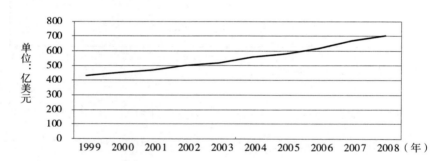

图 7-17　1999—2008 年美国州和地方政府环保和污水支出

数据来源：Wind、兴业证券经济与金融研究院

三、全球农药行业发展趋势及我国行业发展机遇

（一）全球农药行业前瞻：未来主要增长驱动力

　　未来农药行业渠道模式是种子、肥料、农药、农机、产品创新、信息化发展、金融等深度融合的模式。因此，技术、科技和服务等方面的飞

速发展是将来推动农药行业向前发展的重要因素。首先,技术是第一生产力,研究环保高效的新型农药,将高新技术与传统应用相结合是未来农药的主要发展方向。其次,利用现代科技来辅助完善农药行业的发展也是大势所趋。还有,行业发展趋势表明,完善的服务业务将会成为企业未来的收入增长点,市场迫切需要既能提供优质产品,又能提供植保技术服务的企业来满足农业生产需求。这些因素既为农药行业提出了新的挑战,同时也注入了活力。

1. 发展方向一:高新技术发展

全球农药市场产品未来仍会以除草剂为主,高效、长效、安全、环境友好、水基化农药品种是未来主要发展方向。生物农药的协同增效、适宜剂型、功能助剂等配套技术成为制约生物农药和生物防治的技术瓶颈。与其他相关学科领域共同探究,攻克这些技术难题,是农药行业的重要发展方向。

2. 发展方向二:信息化发展

由于农药行业的区域性、季节性等特征,不确定因素较多,农药流通领域的信息化发展也会随着全球移动互联网技术而发展。企业可以通过建立产品信息库、作物耕种信息库、病虫草害信息库等有效整合上下游数据信息,形成科学有效的农药产品及应用数据分析技术,凭借信息资源优势抢占市场,加快流通领域的发展。

3. 发展方向三:服务导向型发展

在行业早期,规模能带来优势,是因为市场处在需求大于供给的阶段。而当市场处于供大于求状态,尤其是如今供给过剩时,顾客服务和提高生产能力的重要性开始有所改变。细分市场成为进一步的手段,针对不同客户的需求提供相应的服务,而不是大规模生产无差异的产品,仅仅停留在产品销售的层面。所以,提高农药应用及植保技术,服务于客户,将成为关键性的竞争优势。

(二)我国发展机遇:环保趋严,需求回温,行业大洗牌,利好正规企业

在经历了严格的中央环保巡视之后,随着国家不断加大环保巡视和处罚力度,前期对环保投入较多的一体化企业将迎来收获期,这也意味着我国农药行业新格局即将到来。经过这轮洗牌,政府和企业的环保意识更加清晰,进而逐步完善排污监测和设施建设,行业内清除不合规企业,利好正规企业。2018 年的环保政策仍然不会松动,但是对行业的冲击不会像 2017 年那么大。长远来看,对整个行业的综合效益会有所提高,行业集中度低、环境污染严重等问题都将会得到一定缓解。再加上国内农业改善,大宗商品的价格有所回升,海外需求方面也是向好,2018 年我国农药行业迎来了新的发展机遇。

四、海外并购策略思考

(一)农药行业海外并购案例分析

除了前文介绍的中国化工集团收购先正达以及陶氏与杜邦合并案例,典型案例还包括:

1. 拜耳收购孟山都

2016 年 9 月,拜耳宣布以 660 亿美元收购孟山都,拜耳将成为全球最大的种子农化品公司。孟山都是世界上最大的种子生产企业,拜耳除了是一家世界大型制药和化工企业,同时在农药市场的份额也仅次于先正达。拜耳近些年来已经将传统的化学和材料工业分离,剩下的主要业务就是制药和种子相关的农业化学。收购孟山都不仅能够使拜耳更加专注于农化领域,同时还可使自身的产品线更加完善,此外还能继承孟山都在美国市场的强势地位,可谓一石三鸟。

2. 富美实收购杜邦农化业务

2017 年富美实以 12 亿美元收购杜邦部分作物保护业务,同时杜邦收购富美实健康与营养业务。收购后,富美实一跃成为全球农化公司第五位,作物保护收入将均匀分布在北美地区、拉丁美洲、欧洲和亚洲。富美实收购的内容包括全球咀嚼式害虫杀虫剂产品系列、全球谷物阔叶除草剂和杜邦全球作物保护研发能力的很大一部分,以及相关知识产权、专利、注册和数据包。此项收购使富美实的除草剂产品多样化,增加了富美实产品组合中的出苗前和出苗后应用的平衡,并且进一步增强了富美实的研发能力。此外,富美实的健康与营养业务也会提升杜邦植物营养方面的实力,成为覆盖种子、肥料、农药全产业链的农业巨头。

3. 沙隆达收购安道麦

2016 年 9 月 13 日沙隆达公布预案,宣布耗资 185 亿元收购安道麦,合并后公司成为国内第一大农药企业、全球第六大农药企业,市值接近 300 亿元。安道麦前身为两家老牌以色列化工公司合并而成的马克西姆阿甘工业公司,为全球第七大农药生产商,是世界最大的非专利农药生产企业。主要生产和销售各类除草剂、杀虫剂、杀菌剂等农药产品,业务遍布 100 多个国家。沙隆达通过整合安道麦和原本的农化业务,引入新的差异化产品,使公司在农药领域产品更全面。

(二)中国农药行业海外并购策略思考

结合我国目前现状,一方面,我国农药行业供给过剩,需要出口消化,可以通过海外并购拓展海外销售渠道;另一方面,我国农药行业偏向于注重生产原药和过期专利、非专利产品,不具备打破国际巨头垄断的核心技术。

近几年行业内大型并购事件表明,巨头垄断背后是行业竞争激烈和整合加速。对中国企业来讲,并购行业龙头是成为行业巨头最直接的途径。国外的专利性公司,拥有从产品研发、生产到市场终端投放的完整产业链,在创新型农药专利上保持壁垒,每年在产品研发、专利开发大量投入,专利产品和非专利产品的质量过硬,市场认可度高。

对于后续的海外并购方向,我们认为,国内企业用来扩张区域、拓展业务、丰富品类、整合规模的海外并购诉求确实是存在的,主要的机会在于,可以在全球行业内第二梯队、第三梯队内的农药公司中寻找合适的标的。

第五节 化肥行业

一、中国化肥行业发展概况

（一）化肥行业简介及上中下游产业链

化肥行业是按照用途分类的化工子行业,根据肥料所含元素不同分为氮肥、磷肥、钾肥和复合肥。行业需求端取决于国内农业和出口,目前国内需求疲软,出口下滑,单质的氮磷钾肥呈现下滑趋势;行业供给端方面:氮、磷、复合肥产能过剩,钾肥进口的依赖程度较高,环保的趋严使得已有产能开工率降低,供给侧的改革下新增产能有限。

农药化肥产业链上游为煤、天然气、磷矿石、钾矿石等化工原料,下游通过渠道和经销商进入农商贸易、农业生产以及农牧卫生等领域。原材料通过诸如气化、酸化、精制提纯等加工方法得到甲醇、黄磷、合成氨、光卤石等中间产品,进而合成农药原药(草甘膦等)以及三大基础化肥原料(氮肥、磷肥、钾肥)以及复合肥,整个产业链条对于上游的原料价格较为敏感,中下游近年普遍存在着产能过剩的情况,其利润分配情况随着不同产业链条的变化有所不同。

（二）我国化肥行业市场现状

化肥工业的发展,氮肥、磷肥、钾肥、复合肥各有不同的发展历程。

氮肥:经历了 20 世纪 50 年代兴建中型氮肥厂,到适当发展小氮肥,到改革开放从国外引进大型装置,扩大规模并实施技术改造,先后进行了企业、产品的调整和行业的调整几个阶段。行业集中度低,市场容量大,产品同质化,市场区域化,资源依赖性强,资本及技术密集,进入和退出壁垒高是我国氮肥行业的基本特征。

磷肥:从 1958 年开始发展低浓度磷肥,到从国外引进资金技术建设高浓度磷肥厂,到实现自主建设以及建设云、贵、鄂等磷肥基地,一举扭转了我国高浓度磷肥长期依赖进口的局面,实现了自给有余,适度出口。高浓度磷肥行业产品同质化,行业集中度高,进出壁垒高,而中低浓度磷肥产品多样化、行业集中度低,壁垒较低。

钾肥:我国钾肥的自然储备较少,主要分布在青海、新疆等较为偏远的地区,可供开采量有限,我国不断克服科研难题增强钾肥自供能力,但是市场缺口仍然较大,依赖进口,目前盐湖股份是钾肥行业的龙头企业。

复合肥:未来农业现代化水平将不断提高,农业种植更加专业化和集约化,机械化水平不断提高。施用复合肥可以为作物提供多种营养元素,提高肥料利用率,有利于节约劳动力,提高产量,改善产品品质,减轻长期使用以氮肥为主的单质肥造成的土壤板结,肥力下降,水质污染等不利影响,因此更适合现代化农业。随着我国农业施肥的复合化率逐渐提升,多家企业进入这一市场,领先企业主要有金正大、鲁西化工、江苏华昌等,产能分别能达到 240 万吨、210 万吨、200 万吨。

国家正在用政策引导化肥企业去除产能。自“十三五”规划目标确定之后,国家对化肥政策出现了明显的转向,主要体现在:(1)化肥各项优惠政策逐步取消,企业目前只能谋求市场化生存;(2)工业和信息化部明确了2020年的化肥行业调整目标;(3)农业部提出了2020年"零"化肥施用量增长的新要求,如表7-11所示。

表7-11　我国化肥行业的相关政策

	文件名称	发布时间	发布部门	相关内容
化肥行业法律法规	《中华人民共和国食品安全法》	2009年（2015年修订）	全国人民代表大会常务委员会	肥料的安全性评估应有专家
	《中华人民共和国水污染防治法》	2008年（2017年修订）	全国人民代表大会常务委员会	推广测土配方施肥技术和高效低毒低残留农药,控制化肥和农药的过量使用,防止造成水污染
	《中华人民共和国农产品质量安全法》	2006年	全国人民代表大会常务委员会	对可能影响农产品质量安全的肥料,依照有关法律、行政法规的规定实行许可制度
	《中华人民共和国农业法》	2002年（2012年修订）	全国人民代表大会常务委员会	鼓励和扶持农业生产资料的生产和贸易,宏观调控化肥价格
	《基本农田保护条例》	1998年（2011年修订）	国务院	国家提倡和鼓励农业生产者对其经营的基本农田施用有机肥料,合理施用化肥
	《农药管理条例实施办法》	1997年（2007年修订）	农业部	保证《农业管理条例》的贯彻实施

	文件名称	发布时间	发布部门	相关内容
化肥行业相关政策	《关于创新体制机制推进农业绿色发展的意见》	2017年9月	中共中央办公厅、国务院办公厅	推进化肥农药减量，促进农业绿色发展
	《关于简并增值税税率有关政策的通知》	2017年4月	财政部、国家税务总局	部分化肥产品增值税降至11%
	《中共中央、国务院关于深入推进农业供给侧结构性改革加快培育农业农村发展新动能的若干意见》	2016年12月	中共中央、国务院	调优产品结构。消除无效供给，增加有效供给，减少低端供给，拓展中高端供给
	《2017年产品质量国家监督抽查计划》	2016年12月	国家质量监督检验检疫总局	钾肥、磷肥、复混肥料被列入2017年产品质量国家监督抽查计划
	《2017年关税调整方案》	2016年12月	国务院关税税则委员会	对尿素、复合肥、磷酸氢铵3种化肥的配额税率继续实施1%的暂定税率
	《中华人民共和国国环境保护税法》	2016年12月	全国人民代表大会常务委员会	明确环境保护税适用税额标准
	《2016年种植业工作要点》	2016年1月	农业部	发展病虫统防统治、化肥统配统施等新型服务，提高规模化标准化水平
	《国务院关于第一批清理规范89项国务院部门行政审批中介服务事项的决定》	2015年10月	国务院	不再要求肥料质量复核性检测、肥料残留试验等

	文件名称	发布时间	发布部门	相关内容
化肥行业相关政策	《关于加快转变农业发展方式的意见》	2015 年 8 月	国务院办公厅	坚持化肥减量提效、农药减量控害,建立健全激励机制,力争到 2020 年,化肥、农药使用量实现零增长,利用率提高到 40%以上
	《到 2020 年化肥使用量零增长行动方案》	2015 年 2 月	农业部	力争到 2020 年中国化肥使用总量实现零增长

数据来源:公开资料整理、兴业证券经济与金融研究院

化肥各项优惠政策逐步取消。化肥行业目前已经进入了供过于求的状态,再加上国家节能减排、环境保护以及农业可持续发展等多方面因素的影响,取消了化肥用电、天然气、铁路运费的优惠措施并恢复了增值税,政府已经明确指出,化肥将逐步回归一般商品属性,而不再具有"特殊商品"属性,也不再享有以往的待遇。2015 年 12 月 9 日国务院常务会也明确指出,对连续三年亏损的企业且不符合国家产业结构调整方向的将予以强制"出清",总体目标是到 2017 年末经营性亏损企业亏损额显著下降。① 国家的市场化改革正在倒逼化肥企业做出相应的改变。

工业和信息化部明确了 2020 年的化肥行业调整目标。2015 年工业和信息化部印发了《关于推进化肥行业转型发展的指导意见》,目标是力争到 2020 年,(1)实现总量调控:氮肥产能 6060 万吨,产能利用率

---

① 李克强主持召开国务院常务会议,2015 年 12 月 9 日,见 http://www.gov.cn/guowuyuan/2015-12/09/content_5021935.htm。

提升至 80%;磷肥产能 2400 万吨,产能利用率提升至 79%;钾肥产能
880 万吨,自给率提升至 70%;(2)原料结构改善:到 2020 年,采用非无
烟煤的合成氨产品占比从目前的 24%提升至 40%左右,硫资源对外依
存度下降 10 个百分点。提高中低品位磷矿资源开发利用水平,采用浮
选技术使入选磷矿品位下降 2—4 个百分点;(3)产品结构升级:力争
到 2020 年,我国新型肥料的施用量占总体化肥使用量的比重从目前的
不到 10%提升到 30%,氮肥、磷肥企业非肥料产品销售收入比重达到
40%—50%;(4)节能环保水平提升:到 2020 年,所有合成氨企业能源
消耗水平达到《合成氨单位产品能源消耗限额》要求,其中 70%的企业
达到新建企业准入值要求;所有磷铵企业能源消耗水平达到《磷酸一
铵、磷酸二铵和工业硫酸单位产品能源消耗限额》要求。所有加工型
硫酸钾企业能源消耗水平达到《硫酸钾单位产品能源消耗限额》要求。

农业部要求 2020 年实现零化肥施用量增长。2015 年 3 月农业部
印发了《到 2020 年化肥使用量零增长行动方案》,到 2019 年,将年化肥
施用量增长率控制在 1%以内;力争到 2020 年,实现化肥施用量零增长
目标。这无疑对化肥行业的发展提出了新的要求,未来行业要继续生
存发展就必须主动顺应这种转变。

(三)我国化肥行业面临的挑战

我国化肥行业形势严峻,存在行业产能过剩影响加剧,肥料利用率
低,企业农化服务水平低下,环境保护等多重问题,而行业发展模式仍
然在摸索与形成之中。化肥行业所面临的困局倒逼行业走上转型升级
之路:

行业产能过剩,整体盈利性差。据国家统计局统计,2016年我国农用氮磷钾化肥产量达到6629.62万吨,施用量约3782.44万吨,是全球最大的化肥生产国和消费国。一方面,供过于求,施用量约为产量的60%,存在着大量的过剩产能;另一方面,复合肥料和新型肥料产能和研发不足,产品同质化严重。据国家统计局统计,2016年氮肥全行业亏损222.8亿元,较2015年增亏193.9亿元,行业亏损面50.7%。磷肥全行业利润6.4亿元,大幅下降71.7%,行业亏损面26.9%。钾肥全行业利润24.3亿元,大幅下降40.7%,行业亏损面34.2%。恶性的价格竞争,产品同质化严重,导致企业利润低,投入研发不足,相对于国外,上市肥料企业市值整体偏低,6万亿元的农业总产值并没有诞生市值过千亿元的农药肥料企业。

消费端肥料利用率低,浪费严重。农业部公布的数据显示,2015年我国农作物亩均化肥用量21.9公斤,远高于世界的平均每亩8公斤水平,是美国的2.6倍,欧盟的2.5倍。据统计,我国水稻、玉米、小麦三大粮食作物氮肥、磷肥和钾肥当季平均利用率分别为33%、24%、42%。其中,小麦氮肥、磷肥、钾肥利用率分别为32%、19%、44%,水稻氮肥、磷肥、钾肥利用率分别为35%、25%、41%,玉米氮肥、磷肥、钾肥利用率分别为32%、25%、43%。

较低的肥料利用率不仅造成我国肥料资源的浪费,提高农业生产成本,也对生态环境产生巨大破坏。土壤板结、土壤盐渍化、有机质含量下降、水质污染等都是肥料利用率低下和过度施肥造成营养富集的后果。

农化服务投入少水平低。随着我国农村劳动力的减少和土地流转的加快,种植大户和职业农民渐渐成为农业生产的主体,土地种植规模加大,单次购买农资量加大,施用方法要求更加科学,单次投入农资资金量大。传统的经销模式终端既没有提供解决这么大化肥购买量的物流解决方案,也不能帮助农户解决资金周转问题,同样对农户的施肥教育欠缺,也导致化肥使用率低下,大量化肥被浪费。

化肥行业污染仍然较大,存在环境破坏现象。我国虽然在 20 世纪八九十年代进行了对引进先进装置设备的消化吸收再创新,即国产化过程,然而忽视了对引进流程专利技术中核心科学知识的消化吸收再创新。长期以来,对核心科学知识消化吸收的缺失是我国化肥行业进行节能减排、发展低碳经济面临的主要问题。因此,必须重点消化吸收先进化肥技术的核心知识,进行自主的科学核心知识创新,然后以创新知识为导引,开展、开发符合我国国情的化肥新技术,这是引领我国传统化肥行业实现新的节能型低碳经济发展,走向化肥强国的合理途径。

二、全球化肥行业发展现状对比

(一)全球化肥行业发展现状

全球范围内,化肥虽然面临着与国内相同的产能问题,但整个行业积极应对寻求解决问题的途径:退出产能使得供需平衡,生产成本趋于合理;通过并购重组实现产业的集中化;通过产品贸易缓解产能过剩状况,使得肥料的生产和进口水平保持较大的弹性。

全球氮肥供需基本维持平衡,但供给增长快于需求,使得供过于求的矛盾日渐明显。据 IFA 统计,新增部分的产能主要用于出口,会对氮肥产品的出口构成更大的压力。

近年磷肥需求复苏,产能过剩的情况有所缓解,全球市场出现了地区性分化,地区性过剩出现在非洲和西亚地区;地区性短缺则出现在拉丁美洲、南亚和东南亚地区。同时,近几年间,全球的产能相对稳定,略有增长,磷肥的新增产能主要集中于摩洛哥和沙特阿拉伯,其他地区的产能增长有限。

钾肥市场显示了一种集中化的需求现状,巴西和美国对于钾肥的需求一直维持在一个强劲的水平,中国的进口量略有下降,印度进口量略有增长,印度尼西亚和马来西亚的进口量相对稳定,这六个国家占据全球钾肥进口量的 72%。同时,钾肥的产能增长主要集中在加拿大、俄罗斯、乌兹别克斯坦和中国,美国和西欧地区的产能出现下降。

以美国为例,美国农业具备较强的竞争力,与该国在化肥制造、销售与大规模应用上的优势是分不开的。美国农业由于作物单一,人手少,动物粪便、草木灰等有机肥或天然无机肥难以回到耕地中,精耕细作几乎无法完成,因此化学肥料必不可少。同时,美国由于耕地面积大,可以实现年际休耕,或年内休耕,大部分农业区只种植一次,很少有轮作或间作套种,部分地力可以得到休息和恢复。因此,即使美国大量使用化肥,其总体利用效益还是较高的。机械化施肥是美国肥料使用的一个显著特点,农场主常用的方法是撒施,美国先进的农业机器就可发挥重要作用。大面积施肥,机器撒施是最经济的,能够最大化地提升产量和效益。

美国的化肥利用率高达 55%—65%,是我国利用率的两倍,这与先进的管理机制密不可分。首先，具有因地制宜且高度协调的化肥管理法规，鉴于各州自然条件、土壤肥力和作物结构的差异，美国联邦政府授权各州在遵循美国植物食品管理机构协会每年出版的年度手册基础上，因地制宜地制定地方性化肥管理法规。同时，美国各州农业厅负责化肥管理的主要官员均是该协会会员，出版的年度手册具有很高的权威性。手册中提出的肥料法基本框架被各州广泛参考，并作为制定地方性化肥管理法规的基本依据。从这个角度看，各州制定的化肥管理法规既有地方性差异，又在基本内容上保持高度一致性。其次，美国立足科学且引导与执法并重的化肥施用管理，主要做法有三点：一是在土壤养分测试和肥效田间试验基础上构建施肥指标体系。各州根据食品管理机构提出的指导性意见，结合当地农业资源禀赋和环境保护目标，形成各具特色的施肥管理标准。二是根据施肥指标体系向农场主推荐施肥方案。各州政府定期对外公布不断更新的推荐施肥方案。该方案具有区域普适性，农场主可免费获取并参考运用。三是引导和处罚相结合的施肥管理制度。各州政府不强制农场主采用其推荐的施肥方案，但注重施肥方案的推广示范，尤其注重轮作、休耕和免耕。

近年，随着美国的页岩气大规模商业化开发，页岩气产量大幅提高，降低了天然气的成本，从而促进了美国氮肥工业的复苏。有了大量的化肥需求，加上该国先进的科技储备与管理经验，美国化肥行业在其本土乃至全球范围均具有重要的地位。

美国是化肥行业的制造大国之一，十大化肥行业巨头之一美国美盛公司是世界最大的磷肥生产商和销售商，第二大化肥生产商。

加拿大 Nutrien Ltd. 于 2018 年 1 月 1 日由原加拿大钾肥公司和加

阳公司合并而来,目前,是全球最大的化肥公司,也是全球最大的肥料渠道商之一。原加拿大钾肥公司是世界上产量最高的化肥生产商,该公司生产农作物最重要的三种肥料钾肥、磷肥、氮肥。作为世界领先的钾肥生产商,加拿大钾肥公司拥有每年 1000 万吨以上的钾肥产量,占全球总产量的 20%。公司与全球近 10 个国家有业务运营和商业往来。

(二)中国与全球行业发展水平对比

综合中国和全球代表国家的行业现状,可以通过不同维度总结出中国的化肥行业与国际上的差距。

1. 去产能效率

世界化肥行业同样存在着需求疲软、经济前景不明、产能过剩、行业竞争激烈等问题,但全球的几大供应商早已开始联手去除产能:或通过淘汰落后、富余产能的方式;或通过进出口的方式;或通过研发新型肥料的方式开拓蓝海;或通过国际并购集中产业。由于市场促使行业不断地去除产能,强大的研发能力和并购都能为全球市场较快地完成去产能的任务。但中国现在也在进行这个过程,去产能的过程通过上命下从的方式,厂商去产能的积极性不高。在去产能的过程中,国内的厂商研发能力不足,新产品问世较慢,更加拖累了国内去产能的进程。

2. 使用效率

中国化肥施用强度严重超标。据国家统计局统计,1980 年至今,我国粮食单产提高了 56%,而化肥投入量增长了 225%。同期,主要发达国家粮食单产水平提高了 50% 以上,而化肥投入量减少了 40% 左右。当前,我国的耕地不足全球 10%,但每年施用化肥超过全球总量的1/3,年施用总量近6000万吨,平均施用强度超过440千克/公顷,接近国际公认化肥施用上限(225千克/公顷)的2倍,是全球化肥平均施用强度的2.8倍以上。但先进国家,如美国的化肥利用率较高,能达到55%—65%,这与美国的年际休耕、机械化措施都密不可分,因此中国的化肥使用效率仍有很大的提升空间。

3. 管理能力

中国化肥行业农化服务投入不足,主要体现在:(1)营销思维、观念和手段落后,缺乏以消费者的需要为出发点,为消费者服务的生存和发展意识,仍以货物买卖为主,营销服务技术含量低;(2)流通效率不高,费用大,竞争力不强;(3)没有形成以资产为纽带,联系紧密的工商联合。而美国设立了地方与中央相互融通的化肥管理法规,保证了管理的弹性,同时利用施肥指标体系推荐不同的施肥方案,使得不同农作物产量均能实现最大化。由此可见,中国的农化管理上也需要一定的提升。

4. 环保能力

中国施肥量大,磷、钾等元素的回收率低下,导致了环境的污染问题,从污染程度看,第二次全国土地调查结果显示,我国遭受农药化肥严重污染的耕地已达1600万公顷,约占全国耕地总面积的12%。《全国土壤污染状况调查公报》显示,当前我国耕地土壤点位超标率高达19.4%。国际上已经越来越重视化肥施用的环保问题,市场逐渐偏向了缓控释肥、液体肥、水溶肥、有机肥和微量元素肥等新型肥料,该类产品具有节水、节能、绿色、高效、护土等作用。因此,中国的化肥环保仍有向上的提升空间。

三、全球化肥行业发展趋势及我国行业发展机遇

（一）全球化肥行业前瞻：功能化、高效化、环保化与生物解决方案

产品趋向功能化、高效化、环保化。随着全球经济一体化，化肥生产将进一步向资源产地集中，国际贸易会进一步扩大。亚洲地区的供需缺口会逐渐增大，仍是世界化肥最活跃的市场。化肥新增生产能力主要集中在亚洲。随着世界化肥布局向资源产地集中和精准农业的要求，化肥品种逐步向功能、高效和环保方向发展发展，例如，缓控释肥、水溶肥料等是未来肥料发展的重要方向。

重视各种提高肥料利用率的方法。全球大多数国家在提高肥料利用率方面都运用了多目标的综合管理方法，根据天气、干旱程度、土壤程度等进行多目标导向施肥。这些方法包括机械施肥的变化等都是为了提高肥料利用率。以色列的水肥一体化模式提高了化肥利用率，美国的精准农业施肥管理也大大节约了农业成本。

生物解决方案打造行业新的增长点。生物肥料具有环保、增产和健康安全的优点，未来有望成为新的发展方向。得益于植物和土壤对于环境友好型解决方案的需求，生物肥料成为最近几年在全球兴起的新型肥料之一。目前来看，通过全面满足土壤和作物的养分需求，为作物提供更加安全高效的生物刺激物、生物肥料、生物农药等产品，减少化学激素、肥料、农药的使用量，降低化学产品对于环境的不利影响，将

是未来行业发展的重要方向。

(二)我国发展机遇

对比我国和世界的产业格局,从行业发展角度来看,转型升级将重点放在去产能,提升使用效率,加速产品升级,提升创新水平,实现节能环保等几个重要方面,最终是要提高产业的核心竞争力。

行业内可以充分地借鉴国外企业的去产能方式,可以自发地提升研发能力和科技水平,将产品从传统的肥料逐渐地转向新型肥料,如缓控释肥料、水溶性肥料等。政府要给予资金支持新型化肥的研发工作;或转变服务对象,从粮食转向经济作物。同时,可以借鉴国际经验,实施并购,加强产业的集中化程度,从而改善整个行业的利润水平。

积极推动《肥料管理条例》制定出台。许多国家重视肥料使用管理,制定了相关法律或条例。例如,加拿大1985年颁布《肥料法》;英国1991年颁布《肥料法》;德国1986年颁布《肥料法》等。这些国外《肥料法》的重要内容之一,就是对肥料的质量和田间施用进行规范管理,把肥料标准、农业准入、肥料使用量、有机肥氮含量及使用时间等写入法律,并且在法律中非常明确地规定了农业部门的职责和使用者的义务。

提高化肥利用效率,发展生态有机农业,解决污染问题。在西方国家,丹麦是控制化肥使用的典范,氮磷钾三大类化肥总体施肥量,从20世纪80年代初的224公斤下降到1996年的144公斤。目前,丹麦化肥用量还一直保持在这个水准上下,而且化肥利用率接近60%。丹麦在实施了严格的化肥减量控制后,农作物的单位产量不仅没有下降,反而呈上升的趋势。例如,每公顷小麦的产量从 20 世纪 70 年代中期的 5027 公斤上升到 1997 年的 7172 公斤。2011 年,丹麦的有机农业种植面积占农业总面积 7%,处于世界领先地位。不过,丹麦政府依旧没有就此止步,计划到 2020 年将有机种植的农田面积提升至 15%。

生态有机农业以保持良好生态环境下生产高品质农产品为特征,是解决过量施用化肥,降低化肥面源污染直至恢复优良生态环境的最佳选择。尽管在原有化肥污染的土地上实施生态有机农业改造会面临短期内产量下降的风险,但是在先进的生态改良技术的帮助下,将很快跨过过渡期,一旦土壤的地力恢复,就可以进入到持续稳定的高品质、高产出阶段,这是治本之策。

四、海外并购策略思考

结合我国目前现状,一方面,我国化肥行业供给过剩,需要出口消化富余供给,可以通过海外并购方式增加行业的集中化程度,增加销售渠道,将富余的供给出口到国外;另一方面,我国化肥行业的使用效率低下,缺少环保的化肥产品的推出,因此,实施海外并购可以习得先进的产品技术,加快推出新型化肥产品的进程。

巨头抱团垄断是世界化肥行业的发展趋势,是行业快速减少竞争摩擦,实现行业集中化的最快速方式。中国化肥企业也可以通过并购来快速地扩大市场影响力,打响品牌知名度,提升行业地位。国内企业可以瞄准规模相对较小,拥有先进的研发技术,与自身业务能产生协同效应的标的,整合业务和研发力量,逐渐实现全球化的布局。

　　案例:富邦股份购买荷兰诺唯凯 55%的股权。2015 年 8 月 4 日,富邦股份子公司荷兰富邦以现金方式购买 HNC Holding B.V.持有荷兰诺唯凯 550 股的股份,占荷兰诺唯凯总股份的 55%。荷兰诺唯凯公司是欧洲市场主要的化肥助剂提供商之一,"诺唯凯"品牌已运营 20 余年。本次收购将实现富邦股份内生式和外延式发展相结合的经营目标,同时也有助于完成其国际化战略布局和国际化运营。

第六节　涂料行业

一、中国涂料行业发展概况

(一)涂料行业简介及上中下游产业链

　　涂料是国民经济配套的重要工程材料,广泛用于机械制造、交通运输、轻工、化工、建筑等行业。近年来涂料行业竞争日益激烈,环保政策的出台,原料成本的提高推动涂料行业加快转型升级与科技创新。

　　涂料行业上游为生产树脂、颜料、助剂等原辅材料的化工行业,下游以房地产、汽车和家装行业为主。化工行业属于资本密集型、高污染的周期行业,对环保政策敏感,与原油价格关联性高,上游原材料价格的波动对涂料行业生产端的稳定有较大影响。下游行业中房地产和汽车行业的生产销售对宏观经济波动较为敏感,下游行业景气水平决定了涂料行业的市场规模和增长态势。

（二）我国涂料行业市场现状

新中国成立初期,我国涂料产品仅有几十种,年产量不足万吨。新中国成立后我国涂料产量迅速提高,近年来增速放缓,据国家统计局统计,2016 年涂料产量增速为 10.6%,年产量接近 1900 万吨。目前我国有大量的涂料生产企业,但规模普遍较小,产能分散,行业集中度不高。涂料行业市场需求较大,产品结构随着政策和消费习惯逐渐转变。

涂料需求结构逐渐转变。涂料的下游房地产行业受政府调控影响,新开工房屋面积增长率整体呈现下降趋势,由 2011 年以前的 10%—40% 的年增长率逐渐降低到近年来的 10% 以下,增速明显放缓。但在精装房逐渐普及,国内居民消费升级以及存量房二次装修比例提高的影响下,涂料重涂需求增加,建筑涂料的需求仍有较大空间。近年来家具行业增长迅速,对高端、环境友好型家具涂料的需求不断敞开,新能源汽车的迅速发展在提高汽车行业产销量的同时亦增加了对汽车涂料的需求。

行业竞争激烈,盈利水平普遍较低。2016 年我国规模以上涂料生产企业已超过 1350 家,企业间竞争激烈,全国总产量接近 1900 万吨,而前十大涂料生产企业市场份额不足 15%,小型涂料企业往往以低价策略参与涂料市场的竞争,涂料行业的整体盈利能力不佳,涂料企业平均的主营业务利润率一般在 7%—8%,处于相对薄利的状态,如表 7-12 所示。

表 7-12　中国市场涂料十强企业

排名	企业名称	成立时间	总部位置	企业属性	销售收入（亿元）	市场占有率（%）
1	立邦(中国)投资有限公司	2010 年	上海	台港澳法人独资	178.206	4.09
2	阿克苏诺贝尔(中国)投资有限公司	2005 年	上海	外国法人独资	112.816	2.59
3	庞贝捷管理(上海)有限公司	2011 年	上海	台港澳法人独资	107.413	2.47
4	湖南湘江涂料集团有限公司	1994 年	长沙	私营企业	40.573	0.93
5	巴斯夫上海涂料有限公司	1995 年	上海	中外合资	38.156	0.88
6	艾仕得涂料系统(上海)有限公司	2005 年	上海	外国法人独资	35.883	0.82
7	佐敦(上海)投资管理有限公司	2014 年	上海	台港澳法人独资	32.208	0.74
8	威士伯(上海)企业管理有限公司	2011 年	上海	台港澳法人独资	31.734	0.73
9	嘉宝莉化工集团股份有限公司	1999 年	江门	台港澳与境内合资	30.375	0.70
10	广东巴德士化工有限公司	1998 年	中山	私营企业	24.632	0.57
				合计	631.996	14.51

数据来源：《涂界》、国家企业信用信息公示系统、兴业证券经济与金融研究院

　　进出口产品附加值差异明显。2016 年我国涂料出口量为 17.8 万吨，进口量 17.3 万吨，出口量略高于进口量，2012—2016 年进出口量基本持平且数量较为稳定，如表 7-13 所示。我国涂料平均出口单价为 3540 美元/吨，而进口单价为 5865 美元/吨，价格差距非常大，说明进口涂料产品的附加值明显高于出口产品，进口产品以高端涂料为主。

表 7-13 中国涂料行业供需平衡表

年 份	产量 （万吨）	表观消费量 （万吨）	进口量 （万吨）	出口量 （万吨）	自给率 （％）
2016	1899.8	1899.3	17.3	17.8	100
2015	1717.6	1714.3	17.6	20.9	100.2
2014	1648.2	1647	18.5	19.7	100.1
2013	1303.3	1303.7	18.1	17.7	100
2012	1271.9	1273	18.2	17.1	99.9
2011	1079.3	1082.7	20.6	17.2	99.7
2010	966.6	973	23.8	17.4	99.3

数据来源：Wind、CNKI、兴业证券经济与金融研究院

　　涂料行业属于重污染行业,2010 年以来,我国颁布了大量的环保政策,监管也越来越严格。《环境保护法》《大气污染防治法》等法律法规通过制定处罚标准的方式对与涂料行业的环境污染问题加以约束,《建筑类涂料与胶粘剂挥发性有机化合物含量限值标准》等条文以制定标准的方式对涂料生产企业加以规范。我国颁布了多部限制涂料中可挥发性有机化合物（VOCs）含量的政策条例,环保政策对涂料企业的约束不断增强,如表 7-14 所示。

表 7-14 涂料行业环保政策梳理

颁布时间	实施时间	政策条例	主要内容
2014 年 7 月	2014 年 12 月	GB/T 9755-2014《合成树脂乳液外墙涂料》	全面升级外墙涂料标准,外墙涂料产品得到严格的规范
2014 年 4 月	2015 年 1 月	《环境保护法》（修订）	对拒不改正的单位和经营者,依法作出处罚决定的行政机关可以自责令改正之日的次日起,按照原处罚数额按日连续处罚

续表

颁布时间	实施时间	政策条例	主要内容
2015年1月	2015年2月	《关于对电池、涂料征收消费税的通知》	将电池、涂料列入消费税征收范围
2014年12月	2015年6月	HG/T 4761-2014《水性聚氨酯涂料》、HG/T4759-2014《水性环氧树脂防腐涂料》、HG/T4758-2014《水性丙烯酸树脂涂料》	正式实施水性工业涂料产品标准
2015年5月	2015年7月	DB11/1202-2015《木质家具制造业大气污染物排放标准》	首次在排放标准中提出了限制原辅材料中的挥发性有机物含量指标;2017年后,北京家具制造行业全面禁止使用有机溶剂型涂料(油性)涂料
2015年8月	2016年1月	《大气污染防治法》(修订)	提高了对企业要求及处罚标准,并要求公众举报渠道畅通。首次将挥发性有机化合物(VOCs)纳入监管范围
2016年3月	2018年	《市场准入负面清单草案(试点版)》	禁止新建硫酸法钛白粉、铅铬黄、1万吨/年以下氧化铁系颜料、溶剂型涂料(不包括鼓励类的涂料品种和生产工艺)、含异氰脲酸三缩水甘油酯(TGIC)的粉末涂料生产装置
2016年12月		《国家鼓励的有害有毒原料(产品)替代品目录(2016年版)》	力推水性涂料替代溶剂型涂料
2016年12月		《国家先进污染防治技术目录(VOCs防治领域)》	包含18项VOCs污染防治先进技术,"木器涂料水性化技术"在列
2016年11月		《"十三五"生态环境保护规划》	涂装行业实施低VOC含量涂料替代
2017年1月		《"十三五"节能减排综合工作方案》	全面推进现有企业达标排放,出台涂料等有机溶剂产品挥发性有机物含量限值强制性环保标准
2017年4月	2017年9月	DB13/3005-2017《建筑类涂料与胶粘剂挥发性有机化合物含量限值标准》	对生产、销售、使用建筑类涂料与胶粘剂的各个环节进行全过程管控,减少VOCs无组织排放
2017年11月		《环境保护综合名录(2017年版)》	新版名录新增的"双高"(高污染、高环境风险)产品达52种,其中新增6项涂料类产品

数据来源:兴业证券经济与金融研究院

（三）我国涂料行业面临的挑战

行业整体技术水平不高，产品以中低端为主，高端涂料供应不足。我国涂料行业进入壁垒较低，大量中小企业采用低价策略参与竞争，但研发投入不足，技术水平较低，多停留于中低端产品。近年来我国推出多项环保政策，严格限制涂料中挥发性有机物的含量，消费税、排污费的征收也给高污染的小型企业带来巨大压力。低端产品逐渐失去市场，产能无法向高端转移，结构性产能出现过剩。下游市场对高档涂料存在较大需求，国内生产能力无法满足，部分高端涂料依赖进口，进口涂料附加值明显高于出口涂料。

国内生产企业中外资企业占据主导地位，国产品牌市场占有率低。我国涂料行业呈现出明显的梯队层次，第一梯队是具有强大品牌影响力的外资企业，占据了较大的市场份额，如立邦和阿克苏诺贝尔；第二梯队是具有一定品牌优势的国内企业，如嘉宝莉、三棵树；第三梯队为小型涂料企业，技术水平低下，以低价战略营利。国产品牌止步于第二梯队，品牌影响力和资金实力有待进一步提高；第三梯队技术水平较弱，依靠低价竞争难以实现长远发展。

二、全球涂料行业发展现状对比

（一）全球涂料行业发展现状

据中国涂料工业协会统计，2016 年，全球涂料总产量为 6550 万吨,年增长率约为 6%;销售收入约 1992 亿美元,同比增长约 4%。全球涂料行业市场容量巨大,美国龙头企业 PPG 年收入超过 140 亿美元。全球涂料行业前八大企业行业集中度指数为 28.65%,低于 40%,属于竞争型市场,行业整体处于低凝聚力、高竞争力、行业"小、多、散、弱"的市场格局。

涂料行业逐渐向环保健康方向发展,美国和德国环境友好型涂料占比已超过 60%,研发实力较强的大品牌涂料公司在市场竞争中独占优势。全球涂料行业掀起并购浪潮,PPG、宣伟、立邦、阿克苏诺贝尔、威士伯等国际知名涂料企业都曾通过兼并收购扩张市场,提升企业综合实力,在目前较低的行业集中度背景下,全球涂料行业并购仍有较大空间,如表 7-15 所示。

表 7-15　涂料行业主要并购事件

时　间	并购方	被并购方	简要介绍
2016 年 12 月	东方雨虹	DAW SE	东方雨虹以人民币 1.8 亿元认购 DAW SE 90% 股权
2016 年 12 月	关西涂料	Helios	关西涂料以 700 亿日元收购 Annagab 公司全部股权,从而并购 Helios 集团涂料业务
2016 年 9 月	立邦中国	长润发	立邦中国收购长润发集团 60% 的股权,"将携手推动中国家具漆市场的创新与发展"
2014 年 11 月	PPG	Comex	PPG 以现金 23 亿美元收购墨西哥 Comex 公司,进入墨西哥及中美洲的建筑涂料市场
2012 年 8 月	凯雷集团	杜邦公司	凯雷集团以 49 亿美元现金收购杜邦公司高性能涂料业务

数据来源:兴业证券经济与金融研究院

涂料行业销售额前十大公司中美国占据五个席位,美国涂料企业注重研发投入,产品技术水平较高,销售价格每吨高于中国 90 美元。

欧洲涂料企业历史悠久,以多条业务线进军涂料细分市场,打造出了阿克苏诺贝尔巴斯夫等知名品牌。

Sherwin-Williams 是全球涂料行业龙头企业之一,总部位于美国,成立于 1866 年。在一百多年的发展中宣伟注重技术创新,生产全系列涂料产品,主打水性涂料、UV 涂料、粉末涂料等高质量环保涂料,以良好的品牌形象在美国涂料协会中居于首位。Sherwin-Williams 的收入结构中重涂占据较大比例,在美国房地产市场整体下行的情况下营业收入仍保持增长,多年以来毛利率均在 42%—50% 之间,处于行业领先水平。Sherwin-Williams 在行业中率先布局直营渠道,每年均新增一定数量的直营店,2016 年新增直营店 96 家,以直营店作为重要销售渠道,以定制化产品提升消费者体验。

(二)中国与全球涂料行业发展水平对比

行业集中水平:全球涂料行业集中度为 28.65%(以行业前八大企业集中度统计),而中国涂料行业集中度为仅 13.24%(以行业前八大企业集中度统计),不足全球涂料行业集中度半数。与美国等成熟市场相比,我国涂料龙头企业较少,销售额最高的立邦中国公司市场占有率仅 4.9%,大量中小企业以低价策略参与涂料行业竞争,使得我国市场相对全球涂料市场更为分散。

环保型涂料市场份额:我国环境友好型涂料占比为 49%,而美国、德国已超过 60%,近几年来我国推出了大量的环保政策,通过征收排污费,制定行业标准等手段对涂料产品挥发性有机物的含量加以限制,目前已进入油改水改革的关键时期。国外成熟市场早于我国推行水性涂料,环保涂料已占据了较大的市场份额。

产品技术水平:我国涂料行业市场占有率前十名的公司中只有两家内资企业,高端涂料的生产技术仍掌控在跨国企业手中,内资企业三棵树、嘉宝莉等近年均进行了大量的研发投入,但国内涂料行业中众多中小型企业仍依靠简单加工原材料生产低端涂料的方式获得微薄利润,我国涂料生产的技术水平整体较低。国际涂料龙头企业技术创新较早,在目前技术已经占据优势的情况下仍以大量的研发投入保证产品竞争力,技术水平长期领先国内。

销售模式:全球涂料龙头企业 Sherwin-Williams 首创直营模式,国外众多大品牌企业也积极参与直营渠道的布局。我国涂料企业则以经销方式为主,部分采用"经销商+直营"的销售模式。经销模式下,企业可以借助经销商的数量优势迅速拓宽市场,以较低的销售成本获得较大的市场份额,将更多的资金投入到企业经营的其他方面;直销模式的优势在于为涂料生产企业和客户提供更多的接触机会,根据客户反馈的信息优化产品和服务。我国涂料行业相对全球更为分散,经销模式更适合小客户较多的中国涂料企业,对于大客户相对较多的公司而言,直营模式可能更具优势。

三、全球涂料行业发展趋势及我国行业发展机遇

(一)全球涂料行业前瞻

环保政策推动低端涂料产能向高端转移或淘汰。涂料行业是传统

的重污染行业,随着人们环保意识的逐渐提高,环保型涂料越发受到欢迎,各国政府和各行业协会也纷纷出台环保政策和环保产品质量标准,对涂料企业的环境污染问题加以约束。在环保压力的推动下,生产高污染劣质涂料的企业将负担更多的排污费、环境保护税等,低价优势逐渐丧失,如果不能顺利通过技术改造转变产品类型,产能将逐渐被淘汰。从行业整体来看,环保政策将成为推动涂料行业产能结构调整的重要驱动力,使优质的涂料生产企业占据更大的市场份额。阿克苏诺贝尔正在推进永续家园战略,计划在 2020 年将来自生态优势解决方案(eco-premiun solution)的收入占比提高到 20%。

重涂需求逐步扩大,增强建筑涂料消费属性。在房地产迅猛发展时期,建筑涂料市场主要通过招投标的方式选择涂料供应商,随着房地产热度的降低,该项销售收入的比例将会逐渐减少。房地产增量减少但存量依旧可观,伴随着消费水平的提高,二次装修的需求逐渐凸显,并且房屋建筑的重涂周期正在逐渐缩短,重涂市场的份额将逐步扩大,重涂的服务和技术要求均高于一次装修,建筑涂料消费属性将逐渐增强。

多元化、差异化需求使涂料行业机遇与挑战并存。高端涂料的需求逐渐向多元化、差异化发展,对涂料生产企业提出了更高的技术要求。国外知名企业阿克苏诺贝尔的高科技产品脱颖而出,例如,“上海中心”内部钢筋上涂满了阿克苏诺贝尔的防火涂料“Interchar”,在外界温度 1000℃ 以上的情况下,保护涂层内的钢材能够在四小时内保持 22℃;建筑外墙上涂覆的“Dulux Pro”反射外墙漆能够使夏天的建筑内部较涂漆之前降低 5℃,减少空调耗电。未来多元化、差异化涂料的需求将不断扩大,差异化逐渐成为企业占领市场的重要手段之一。

(二)我国发展机遇

国家产业政策大力支持环保型高端涂料的发展,环保政策加速低端涂料过剩产能的淘汰。我国产业政策明确鼓励环保型高端涂料的发展,对高技术含量、绿色环保涂料的技术研发提供政策支持。《新材料产业"十二五"发展规划》中提出要大力发展环保型高性能涂料、长效防污涂料、防水材料等品种;《产业结构调整指导目录(2011 年本)》(2013 年修正版)将水性木器、工业、船舶涂料,高固体分、无溶剂、辐射固化、功能性外墙外保温涂料等环境友好、资源节约型涂料生产列为鼓励投资类项目。另一方面,国家出台了大量的环保政策,在一定程度上提高了涂料生产成本,目前涂料上游化工行业也处于上升周期,原料价格和生产成本的提高使议价能力较弱的小型企业失去低价优势,品牌企业则可以通过价格向下传导保证自身盈利水平,以此推动低端产能的淘汰和转移。

技术突破为高端涂料行业的迅速发展提供驱动力。我国部分高端涂料的市场长期被跨国公司所占据,近年来国内一些涂料企业通过建立技术研究院、与科研单位合作等方式加快了高端涂料的技术开发工作。以汽车涂料和重防腐涂料为例,惠尔明 2017 年取得了"一种汽车外用涂料及其制备方法"和"一种重防腐粉末涂料"两项专利。汽车涂料和重防腐涂料均为技术含量极高的涂料技术,重防腐涂料主要应用于船舶、电力和水利工程等关乎国家发展和经济命脉的重要领域,技术上的不断突破将为我国高端涂料行业的发展提供强大驱动力。

四、中国涂料行业海外并购策略思考

一方面,我国涂料企业技术水平普遍较低,高端涂料的生产技术仍掌握在跨国企业手中,国内高端涂料的需求无法得到满足,可以通过海外并购获得高端涂料的先进生产技术和先进企业的管理经验,提升我国涂料产品的技术水平,并扭转结构性产能过剩的问题;另一方面,我国涂料行业集中度过低,通过海外并购可以快速提升企业的综合实力,提高行业进入壁垒,改善我国涂料行业低价竞争的局面。

近年来世界涂料行业发生了多项大型并购,从已经完成的并购中可以看出,兼并收购是涂料行业增长的驱动力之一,兼并收购为新产品新技术的获得提供了新的渠道,公司可以通过并购策略迅速进入新市场和新领域,拓宽市场规模。

就后续的海外并购方向而言,我们认为,我国涂料企业可以将拥有先进生产技术但体量相对较小的涂料企业作为并购目标,通过并购提高涂料产品的国际竞争力,逐渐将并购范围向大型海外涂料企业扩大。

专栏　PPG 收购 Comex 海外并购案例分析

2014 年 11 月 7 日,美国涂料龙头企业 PPG 公司宣布就收购 Comex 公司达成协议,交易总价值 23.4 亿美元,借此机会 PPG 正式进军墨西哥建筑涂料行业。

PPG 公司成立于 1883 年,总部位于美国匹兹堡市,成立初期主要生产平板玻璃,后进军涂料领域,是一家全球涂料、光学产品和特种材料供应商。2013 年销售额位居全球涂料企业第二位,2014 年开始位列全球顶级涂料制造企业销售额排行榜首位,多年来在涂料行业的龙头地位无法动摇。收购 Comex 之前,PPG 公司涂料产品以汽车涂料、工业涂料为主,在墨西哥基本无涂料业务。

Comex 成立于 1952 年,主要在墨西哥和中美洲生产销售涂料和相关产品,2013 年销售额约 10 亿美元,被 PPG 收购时拥有 3600 多家门店,700 多家特许经营公司,员工 3900 人,6 个配送中心。除了经营与 PPG 同类的工业涂料外,Comex 的另一优势产品为建筑涂料,处于墨西哥和中美洲建筑涂料市场中的领先地位。PPG 对 Comex 的收购采用了现金交易的方式,交易价格为 23.4 亿美元,同时 PPG 承担 Comex 的全部债务。PPG 通过收购 Comex 成功进军墨西哥及中美洲的建筑涂料市场,补齐了 PPG 在建筑涂料行业的短板,推动 PPG 的全球战略布局计划。

第 八 章
机器人行业

为贯彻落实十九大报告提出的制造强国战略,一系列规范、支持国产机器人产业的政策相继出台,带动相关话题成为当前热点。

根据 IFR 的分类,机器人分为工业机器人、服务机器人和特种机器人,如图 8-1 所示。其中,工业机器人是指面向工业领域的,按人类指挥、预定程序或基于人工智能,自动执行工作的多关节机械手或多自由度机器人。工业机器人的设计和制造目的是协助或取代人类执行某些单调、频繁和重复的长时间作业。服务机器人是指除工业机器人外,用于非制造业并直接服务于人类的、多种高技术集成的先进机器人。按照用途划分,服务机器人主要分为专业服务机器人和个人/家用服务机器人。专业服务机器人一般在特定场景中使用,如物流机器人、商业服务机器人、医疗机器人等,多为商业用途(to business);个人/家用服务机器人主要应用于日常生活场景,相关效用直接与人进行交互,如家政机器人、娱乐休闲机器人、助老助残机器人等,多为消费用途(to consumer)。

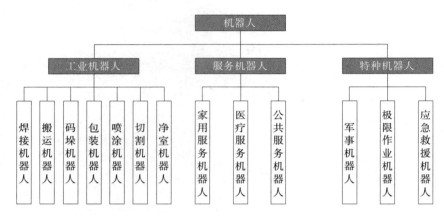

图 8-1　机器人主要类型

数据来源:《中国机器人产业发展报告(2018年)》①、中投研究院

第一节　工业机器人

　　20 世纪 50 年代末,第一台工业机器人在美国诞生;80 年代初传统工业机器人市场饱和,导致全球机器人行业第一次高增长阶段结束。随着互联网的兴起,机器人产业自 1995 年起逐渐复苏,全球保有量以较高增速逐年增加,市场规模不断扩大。进入 21 世纪后,在科技、资金的持续推动下,全球工业机器人行业迅猛发展,行业规模与市场空间日益提升,在工业制造的各个细分领域扮演着越来越重要的角色,成为经

----

　　①　中国电子学会:《中国机器人产业发展报告(2018年)》,2018 年 8 月,见 ht-tp://www.sohu.com/a/249860283_436079。

济发展的重要推动力之一。

目前,工业机器人行业已形成包括核心零部件、本体制造、系统集成与应用等在内的全球产业链,如图8-2所示。核心零部件生产位于产业链上游,主要包括减速器、伺服系统、控制器、传感器;本体制造位于产业链中游,负责机器人机械传动系统,通常以坐标类型分类;系统集成位于产业链下游,面向客户需求并依据应用场景提供解决方案。

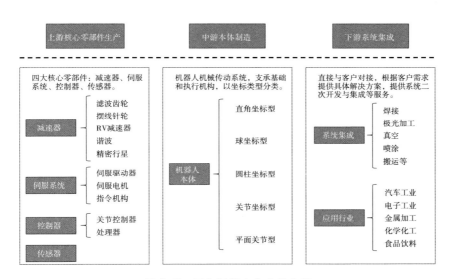

图8-2 工业机器人产业链全景

数据来源:公开资料整理、中投研究院

一、工业机器人市场概况

(一)全球市场

由于工业机器人在传统工业(如汽车)和高端制造(如电子产品)

中具有不可替代的重要作用,其始终位居全球机器人市场主导地位,如图 8-3 和图 8-4 所示。业内普遍认为,一国的工业机器人水平(密度和结构)直接决定了该国的工业制造实力;提高一国工业机器人水平,有助于提升该国实体经济的韧性。

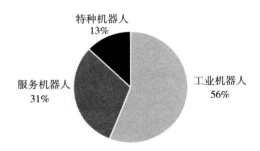

图 8-3 各类型机器人全球市场份额

数据来源:《中国机器人产业发展报告(2018 年)》、中投研究院

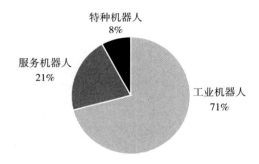

图 8-4 中国市场份额

数据来源:《中国机器人产业发展报告(2018 年)》、中投研究院

技术和应用场景是机器人市场增长的决定性因素。例如,工业机器人主要受汽车、电子产品、物流等行业周期影响。服务机器人主要依托人工智能技术发展,特种机器人主要由政府主导等。2008 年金融危机后,全球工业机器人新增装机数维持稳定增长。2017 年全球工业机器人新增

装机 38.1 万台,预计至 2021 年新增装机达 208.8 万台,如图 8-5 所示。

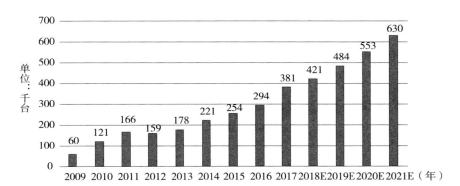

图 8-5　2009—2017 年全球工业机器人供应量及 2018—2021 年预计供应量

数据来源:IFR、中投研究院

从地区分布上来看,亚洲是工业机器人未来的主要增长点,如图 8-6 所示。主要原因是欧洲、美洲等地区汽车工业等传统工业机器人应用场景增长动力不足,电子制造代工厂等应用场景主要集中在亚洲等。

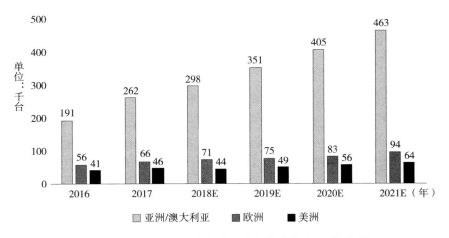

图 8-6　2016—2021 年全球工业机器人供应量(分地区)

数据来源:IFR、中投研究院

（二）中国市场

在产业升级的大背景下，中国智能制造水平不断提升。特别是受益于互联网等相关技术的蓬勃发展，中国工业机器人市场迅速成长，增速超过全球平均增速的两倍，如图8-7所示。

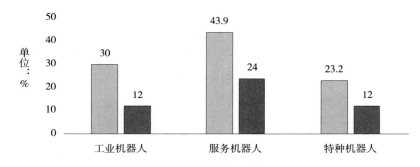

图 8-7　机器人市场增速（按类型）

数据来源：IFR、《中国机器人产业发展报告（2018年）》、中投研究院

2017年，中国工业机器人出货量达13.79万台，是第二名日本4.56万台的三倍。全球每万名工人平均对应85台工业机器人。中国装机密度为每万名工人97台，较2016年的68台同比增长42.6%，装机密度已达欧美平均水平，如图8-8所示。

二、中国工业机器人行业特点

IFR数据显示，中国工业机器人年销售量已超过15万台，连续六

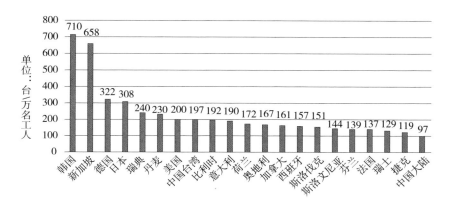

图 8-8　2017 年全球工业机器人装机密度

数据来源：IFR、中投研究院

年成为全球第一大市场。尽管中国拥有全球最大的机器人市场，但外国品牌占据了市场主导地位。如上游核心零部件生产方面，外资厂商占有绝对优势。中游本体制造部分，超过 60% 的市场份额由外资厂商占据；六轴以上的多关节机器人市场中，外资厂商占有率超过 80%，如图 8-9 所示。下游系统集成虽主要为中资厂商，但规模普遍较小，年产值不高；多数企业年销售收入 1 亿元以下，市场竞争激烈；特别是由于硬件产品价格逐年下降，行业门槛降低，上下游议价能力不强，多数系统集成商盈利能力不足并面临淘汰。

　　作为"智能制造"的重要支柱，工业机器人的发展路径得到政府、业界和学界的广泛关注。在此背景下，关于中国工业机器人行业的研究显得尤为必要。本书中，中国工业机器人是指本体、控制器由中国企业设计和制造的工业机器人。

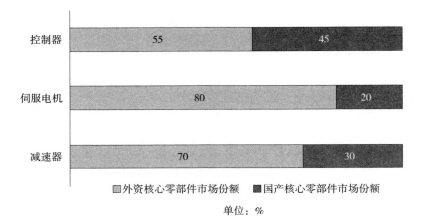

图 8-9　外资、国产核心零部件市场份额对比示意图

数据来源:《中国机器人产业发展报告(2018年)》、中投研究院

(一)起步较晚,基因有别

各界普遍认为,全球产业链转移是各个国家和地区工业机器人发展的核心因素。在此影响下,工业机器人行业发展总体可分为技术准备期、行业孕育期、行业形成期、行业发展期和智能化时期五个阶段。

其中,发达国家(如日本、美国)和地区(如欧洲)的工业机器人行业,在汽车工业的推动下基本完成了前四个阶段并形成了各自的产业模式。例如,日本在上游核心零部件生产方面具有绝对优势,欧洲强调本体加集成的整体解决方案,美国在系统集成方面积累较多等。

伴随全球电子制造、工业加工等产业链转移,中国工业机器人起步于20世纪90年代。截至2019年,由于本体部分未实现大规模国产替代,中国工业机器人仍处在产业孕育期。相应地,由于中国工业机器人的"产业基因"不同于与日、美、欧等市场,中国国产工业机器人行业逐步形成了具有中国特色的发展路径。

如前所述,日、美、欧等市场的工业机器人主要应用于汽车工业和电子制造,两者合计占比接近70%,如图8-10所示。主要原因:一是汽车和电子制造行业标准化程度较高,产品多为"单件大批量生产";二是汽车和电子制造行业现有主要厂商规模相对较大,确保有足够运维团队支持工业机器人应用体系和后续升级。

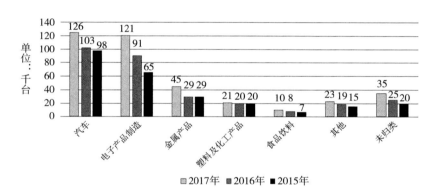

图 8-10　2015—2017 年全球工业机器人应用场景分布

数据来源:IFR、中投研究院

考虑到中国目前仍是国产工业机器人的最主要市场,我们重点比较了国产和外资工业机器人厂商在华销售情况,发现:一是国产和外资厂商在不同应用场景上各具优势。外资厂商在汽车制造领域优势突出,国产厂商在电子产品生产方面优势明显;二是国产与外资厂商均有大量"其他"(即未归类)场景,且较外资厂商相比,"其他"是国产厂商销售最多的场景,如图8-11所示。

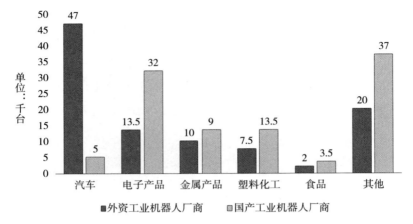

图 8-11　2017 年中国工业机器人应用场景分布（按厂商类型）

数据来源：中国机器人产业联盟、中投研究院

（二）"蓝海"浮现，弯道超车

按照"技术累计与先进性"和"应用场景多元化"两个维度，可基本将全球工业机器人主要厂商划分为四种类型，如图 8-12 所示。

类型一——大型综合类机器人厂商。主要包括发那科、ABB、安川、库卡公司"四大家族"等。这类厂商的特点主要是在工业制造各主要领域均构建了较完整的产品线和解决方案，具备相对较高的技术壁垒，较难简单复制发展路径。

类型二——特定领域厂商/系统集成商。主要包括 Cloos、杜尔（Dürr）、神户制钢所（Kobelco）等。这类厂商的特点主要是在某些技术含量相对适中的制造业细分领域，如焊接、涂装等提供产品和解决方案。

类型三——产业集团下设机器人厂商。主要包括松下、电装、爱普

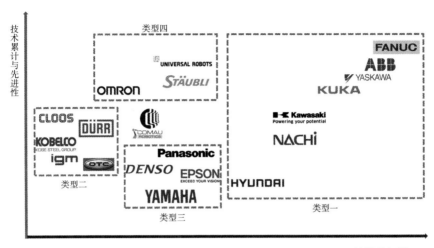

图 8-12　工业机器人主机厂竞争格局

注：各公司 Logo 位置与技术先进性及应用场景多元化程度相对应。

数据来源：公开资料整理、中投研究院

生（EPSON）、雅马哈（YAMAHA）等。这类厂商的特点主要是面向产
业集团内部需求，或伴随集团产品、技术输出提供产品和解决方案。

　　类型四——协作式机器人（Cobot）厂商。主要包括优傲（Universal
Robots）、欧姆龙等。这类厂商的特点是主要面向通用工业，具备一定
技术壁垒，需要技术、资金的持续投入。

　　根据前述工业机器人在华销售情况，"其他"（即未归类）场景主要
由"类型二"和"类型四"组成，主要包括搬运与上下料机器人、涂层与
封胶机器人、焊接和钎焊机器人等。我们认为，源于中国在全球产业
链上的定位，上述电子制造和加工业等通用工业及中小制造企业构
成了中国工业制造的主体部分。与大规模、集约化的汽车工业不同，

中小制造企业缺乏标准化,产品一致性差。在提升智能制造水平的过程中,中小制造企业需要的是更为智能、柔性,更具性价比的工业机器人。

随着中国人口红利消退,劳动力成本不断上升,中小制造企业对工业机器人的需求日趋迫切。在此背景下,技术、资金、人才持续流入中国工业机器人产业。中国国产机器人本体和控制器厂商数量显著增加,出现了如新松机器人、埃斯顿、埃夫顿等厂商。在外部环境方面,全球汽车工业因技术换代等原因导致行业增长疲软,传统工业机器人厂商销售增长动能不足,如图 8-13 所示。

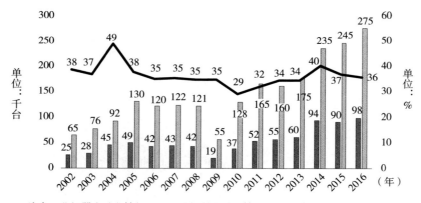

图 8-13　2002—2016 年汽车工业机器人出货量占比情况

数据来源:IFR、中投研究院

在全球产业链重塑的大背景下,大力发展面向电子产品制造及中小制造企业的通用工业机器人,以此为"着力点"切入产业链寻获上游核心技术的突破机会,或将帮助中国国产机器人产业实现"弯道超车"。

三、相关思考

各主要厂商的战略规划,主要集中在"突破核心零部件技术"和"大力发展机器人本体"两条路径上。在此过程中,应用场景迭代帮助国产机器人厂商不断积累设计经验、革新生产技术;中国市场多元化业态促使国产机器人厂商不断创新商业模式,寻求更广阔的发展空间。

中国国产机器人或从"行业孕育期"进入"行业形成期",相关主要厂商或进入快速发展阶段。数据显示,中国国产工业机器人 2014 年至 2018 年跨境并购交易数量超过 20 笔,金额超过 400 亿元。例如,美的 40 亿欧元收购德国库卡公司,均胜电子 9.2 亿美元收购美国 KSS,万丰科技 3 亿美元收购美国派斯林(Paslin),汉德资本 1.5 亿欧元收购意大利 Gimatic 等。通过海外并购,中国厂商期待可以更好完善工业机器人技术、产品、供应链和销售渠道。

目前国内主要工业机器人厂商海外收购需求相对较多,可考虑设立与国内主要工业机器人厂商进行共同投资的工业机器人投资子策略,通过并购基金、共同投资等"联合出海"方式,接入国内工业机器人市场和行业。一方面,顺应产业发展路径或将为机构投资者提供较好的财务回报;另一方面,可有效推动国产工业机器人产业升级。

第二节 服务机器人

以个人/家用服务机器人为例,服务机器人上游核心零部件包括传感器、控制器、舵机及减速器等,相关技术水平决定服务机器人行为控制的精准度。中下游生产包括本体制造和系统集成两个主要环节,相关技术水平决定服务机器人的应用边界,如图8-14所示。

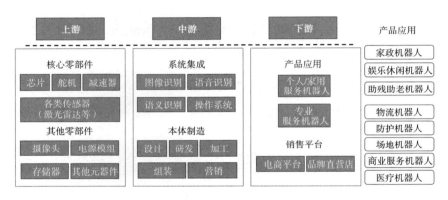

图 8-14 服务机器人产业链

数据来源:因果树、广证恒生、中投研究院

与工业机器人相比,服务机器人更强调"人工智能"对机器人行为的"赋能"。通过更为丰富、精准的人机交互方式,服务机器人可在一些具有重复性和危险性的行业中发挥辅助和替代性的作用。在此背景下,服务机器人对系统集成要求更为多元,语音识别、语义分析、图像识别及SLAM算法(simultaneous localization and mapping,即时定位与地图构建)等,已成为推动服务机器人技术迭代的重要引擎。随着"自主性"要求越来越高,服务机器人种类日趋增多,应用场景不断拓展,如表8-1所示。

表 8-1　服务机器人细分领域及代表企业

分类	项目	简介	细分	企业/产品代表
个人/家庭服务机器人	家用机器人	需要光电传感和芯片控制,当遇到故障时会随机改变角度继续工作,直到遇到新障碍。同时,能根据用户设定的信息来控制机器人完成相应的操作	吸尘、拖地、除草、泳池清洗、环保机器人	科沃斯、小米、石头科技、福玛特、青岛海尔、浦桑尼克、iRobot
	残障辅助机器人	为老年人或者身体有缺陷的人提供服务的机器人,包括康复治疗或者提供日常护理	康复机器人、护理机器人	傅利叶
	教育陪伴机器人	在教育上进行个性化教育、定制化教育;在陪伴上要求读懂人的情感,互相契合习惯	教育机器人、陪伴机器人	科大讯飞、小米、优必选、奥松、狗尾草
专业服务机器人	医用机器人	能够直接为医生提供服务,帮助医生对病人进行手术治疗的服务机器人。在医生难以直接进行手术的部位由机器人准确地完成各种手术。可减少创面,缩短手术时间,减少病人痛苦	临床医用机器人、护理机器人、医用教学机器人	Rewalk、Remebot、妙手、天智航、新松机器人
	救援机器人	为救援而采取先进科学技术研制的机器人	地震救援机器人	中科院沈阳自动化所
	水下机器人	水下环境恶劣,人的潜水深度有限,水下机器人已成为开发海洋的重要工具	有缆遥控潜水器、无缆遥控潜水器	"海翼"号深海滑翔机、"潜龙"系列机器人
	安防机器人	用于维护社会治安、保卫财产安全或监控厂房运营情况的机器人,内置 GPS、激光扫描、摄像头、麦克风或者气味分析仪等	安防机器人	旷视、中智科创、神州云海、国自机器人
	无人机	警用、城市管理、农业、地质、气象、电力等行业	无人机	大疆
	国防/救援机器人	军事用途,如执行战场侦察和处理炸弹等危险。	侦察机	新松机器人、哈工大、北航
	金融机器人	帮助投资顾问的技术助手,金融服务业务	金融服务机器人	智能外呼机器人、国有银行的金融服务机器人

数据来源:前瞻产业研究院、中投研究院

一、服务机器人市场概览

（一）全球市场

服务机器人在机器人各门类中增速最快。据统计，2013 年以来全球服务机器人市场规模年均增速达 23.5%。2018 年，全球服务机器人市场达到 92.5 亿美元，以家用服务机器人应用最为普及，市场占比达 48%。据 IFR 估计，至 2020 年，服务机器人全球市场规模将快速增长至 156.9 亿美元，进一步推动服务机器人产业进入发展黄金时期，如图 8-15 所示。

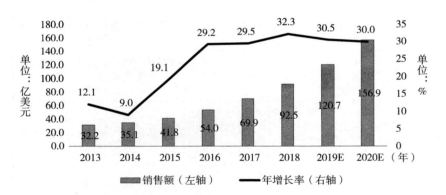

图 8-15　2013—2020 年全球服务机器人市场规模及增速对比

数据来源：IFR、中投研究院

（二）中国市场

中国服务机器人市场规模增长迅速。2017 年，中国服务机器人销量达 183.34 万台,市场规模约为 12.8 亿美元;2018 年,中国服务机器人市场规模约为 18.4 亿美元,同比增长 43.9%,远高于同期全球市场 32.3% 的增长速度,如图 8-16 所示。

图 8-16　2013—2020 年中国服务机器人市场规模及增速对比

数据来源:IFR、中投研究院

业内普遍认为,随着新兴应用场景(如教育编程、智能家居等)的快速拓展,中国服务机器人将维持高速增长趋势,至 2020 年,中国服务机器人市场规模将占全球市场的四分之一。

从市场结构(即应用场景)角度,中国服务机器人市场中,家务机器人市场份额为 27.4%,占主导位置;其次是物流机器人,市场份额为 24.9%,如图 8-17 所示。随着机器视觉、语音识别以及深度学习等人工智能技术取得突破,消费级机器人市场快速发展,主要应用场景包括智能家居、教育、看护、娱乐等,逐步形成了以扫地机器人、智能音响、民用无人机、智能服务机器人为代表的四大种类。

扫地机器人是家庭服务机器人领域的入门级智能产品。随着"懒人化"消费逐渐兴起,扫地机器人市场空间较大。2017 年,中国扫地机

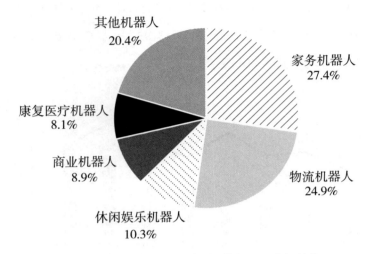

图 8-17 2018 年中国服务机器人市场结构

数据来源:赛迪、前瞻产业研究院、中投研究院

器人市场规模达 56.7 亿元,2013—2017 年复合增速达到 61%,如图 8-18 所示。

图 8-18 2013—2017 中国扫机器人市场规模及销售量

数据来源:前瞻产业研究院、中投研究院

智能音箱通常为智能家居的交互入口之一。通过智能音箱,除可

实现内容搜索、上网购物等第三方服务外,还可控制其他智能家居设备。2016—2018 年,中国智能音箱市场规模爆发性增长。2016 年,中国智能音箱的销售量仅为 6 万台;2017 年,销售量达到 165 万台,同比增长 2650%,如图 8-19 所示;2018 年,中国智能音箱销售量达到 588 万台,市场规模达到 11.8 亿元人民币,同比增长 256%,如图 8-20 所示。

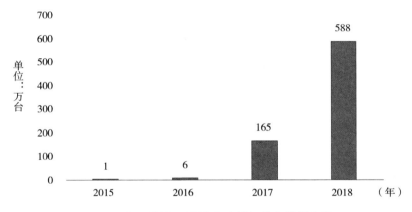

图 8-19　2015—2018 年中国智能音箱销售量

数据来源:前瞻产业研究院、招商证券、中投研究院

　　无人机是指消费级民用无人机。根据 IDC 公司预测,2019 年民用无人机市场规模将达到 51 亿美元,占全球无人机市场规模的四成。中国在民用无人机领域的发展处于全球领先地位,2018 年市场规模达到 134 亿元人民币,如图 8-21 所示。

　　智能服务机器人的主要应用场景包括早教和娱乐等,可搭载语言交互、远程视频、家具控制等功能,被认为是服务机器人市场的下一个爆发点。

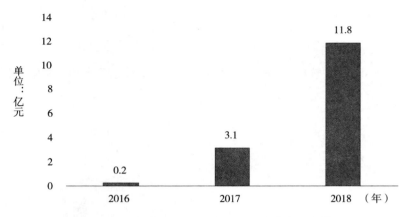

图 8-20　2016—2018 年中国智能音箱市场规模

数据来源:前瞻产业研究院、招商证券、中投研究院

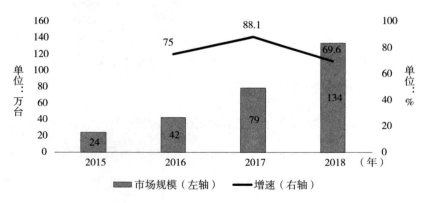

图 8-21　2015—2018 年中国民用无人机市场规模及增速

数据来源:中国产业研究院、招商证券、中投研究院

二、中国服务机器人行业发展趋势

（一）中国服务机器人行业发展路径

易观智库将中国服务机器人市场的发展周期分为探索期、市场启动期、高速发展期和应用成熟期四个阶段，如图 8-22 所示。

探索期是市场发展的初始阶段，分为三个子阶段：（1）市场中存在少数创业厂商，应用的创新吸引用户不断进入，市场受资本市场高度关注；（2）用户规模不断扩大，大量厂商及投资方涌入，市场竞争激烈，商业模式不清晰；（3）行业盈利模式遇到挑战，激烈竞争使得厂商收入微薄，资本退出，市场整合，厂商数量骤减。

市场启动期是发展进程中的关键阶段，市场中主流厂商逐步确立，成熟的商业模式出现。主流厂商开始发力市场推广，抢占市场第一的位置。紧随其后的是高速发展期，分为两个子阶段：（1）在新商业模式的支撑下，市场稳定增长，市场进入门槛提高，主流厂商成功 IPO；（2）厂商实现盈利，市场持续增长，产品应用也逐步成熟，产业链分工明确。最终，市场发展到达顶峰，进入应用成熟期。厂商收入稳定，企业开始探索新产品/应用。

业内普遍认为，中国服务机器人市场尚处于早期阶段。以扫地机器人为例，2016 年美国市场的产品渗透率为 16%，而中国沿海地区市场的产品渗透率为 5%，内陆地区市场的产品渗透率仅为 0.4%，如图 8-23 所示。在人口结构变化和消费升级的背景下，中国服务机器人市

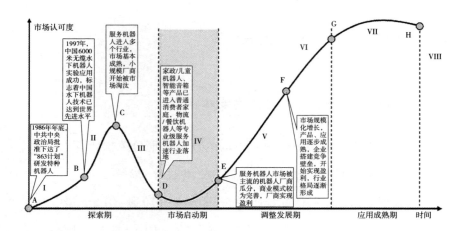

图 8-22　中国服务机器人市场发展周期 AMC 模型

数据来源:易观智库、前瞻产业研究院、中投研究院

场具有较大发展空间。

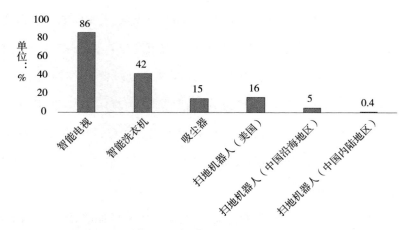

图 8-23　2016 年中国扫地机器人渗透率横纵向对比

数据来源:中国产业信息网、国海证券研究所、中投研究院

(二)中国服务机器人产业的发展动因

　　人口结构变化是中国服务型机器人市场蓬勃发展的核心动因。截至 2017 年,我国 60 岁以上人口达到 2.41 亿人,占总人口的 17.3%,如图 8-24 所示。随着人口老龄化趋势加快,劳动人口缩减和人力成本上涨等问题不断出现。日常生活照料、精神抚慰、医疗健康等陪护型机器人具备较丰富的想象空间。

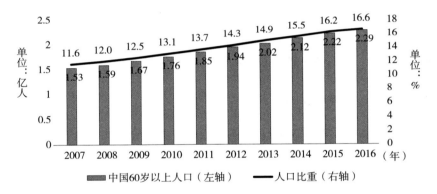

图 8-24　2007—2016 年中国 60 岁以上人口数量及人口占比

数据来源: 国家统计局、广证恒生、中投研究院

　　消费升级促使服务机器人新兴应用领域浮现。随着可支配收入不断提升,大众消费观念出现变化,如图 8-25 所示。由于消费属性相对明显,个人/家用服务机器人(to consumer)在消费升级的促进下发展迅速。诸如教育机器人、烹饪机器人、停车机器人和超市机器人等效率提升型机器人能够较好地满足人们智能家居、便捷生活的消费新需求。

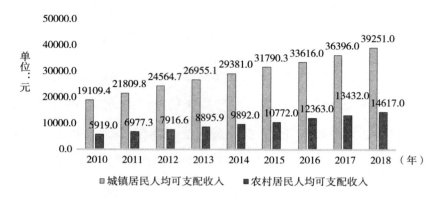

图 8-25　2010—2018 年中国居民人均可支配收入

数据来源：国家统计局、前瞻产业研究院、中投研究院

（三）中国服务机器人产业的发展优势

中国市场的巨大体量是中国服务机器人产业发展的核心优势。一方面，为机器视觉和智能语音等人工智能应用场景的快速迭代提供了可行环境，孕育了如商汤科技、科大讯飞等若干拥有自主技术的领先厂商。中国机器人专利数量如图 8-26 所示。

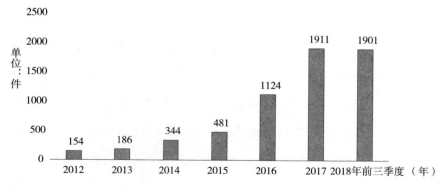

图 8-26　2012—2018 年 9 月中国机器人专利数量

数据来源：前瞻产业研究院、中投研究院

另一方面,提高了中国服务机器人发展的"容错率",支持服务机器人厂商积极拓展多元化应用,探索最佳商业模式。与中国白色家电企业发展路径类似,服务机器人厂商通过技术研发、销售渠道、规模效应等不同领域的优势,逐渐探索出多种成熟的商业模式。代表性厂商情况如下:

大疆创新强调产品属性。公司已占领全球民用无人机市场70%以上的份额,拥有超过1000件专利,是行业的绝对龙头。大疆同时不断围绕"玩具""相机"等入口开发消费级产品,随着机甲大师S1教育机器人的发布,公司产品线进一步丰富,迈入家庭机器人领域。

科沃斯强调渠道优势,同步发展线上分销、线下零售、B2C等销售渠道。在深化同京东、天猫、苏宁等电商平台合作的基础上,2018年,科沃斯线下门店数量增至1500家,零售业务收入同比增长62%,公司已形成强大品牌效应,B2C渠道毛利率达到59.8%。同时科沃斯在海外成立销售子公司,线下线上分别与开市客(Costco)和亚马逊合等平台合作,攻占海外市场势头强劲。

美的强调产业集群效应,最大化利用海量用户数据和终端经验。2016年,美的以45亿欧元收购库卡公司,加速布局机器人行业。在工业机器人之外,美的已拓展智慧物流机器人、远程手术机器人、家用轮椅机器人等服务机器人应用场景。结合公司在传统领域中积累的海量用户数据和终端经验,美的从经营产品转向经营用户,打开巨大的想象空间,在服务机器人市场拥有强大竞争力。

科大讯飞强调人工智能,以功能应用赋能相关硬件。科大讯飞是中国最大的智能语音技术提供商,在智能语音技术领域有着长期的研究积累,并在中文语音合成、语音识别、口语测评等多项技术上拥有国际领先成果。在与优必选、狗尾草、纳恩博、康力优蓝、小鱼在家等智能机器人企业合作的同时,科大讯飞拥有自己的阿尔法蛋智能机器人系列。

综上所述,在中国服务机器人的各细分领域中,主流厂商已逐步确立,市场竞争格局基本形成,集中度将进一步提高。通过自主研发和并购等方式,实现产业链一体化或拓展新兴应用场景,或将成为中国服务机器人未来3—5年发展的主旋律。

三、相关建议

资本是产业发展的重要驱动力之一。据统计,2017年中国服务机器人行业融资数量超过110次,总融资规模超200亿元,如图8-27所示。其中,个人/家用机器人、自动引导运输车(auto mated guided vehicle,AGV)、协作机器人、机器视觉等"本体制造"和"系统集成"领域投融资案例较多,规模较大。

考虑到中国服务机器人行业已基本度过探索期拐点,其投资价值逐步显现,投资安全边际逐渐提高。机构投资者可重点关注"本体制造"和"系统集成"等具体领域中,产品达到"工业红线"的厂商。一方面,顺应行业发展路径或将为机构投资者提供较好的财务回报;另一方面,通过"产融结合"可有效支持国产服务机器人行业健康发展。如设立与顺利过渡至市场启动期的主要本土服务机器人厂商进行共投的服务机器人投资子策略。国内龙头厂商在具有海外并购需求的同时,也

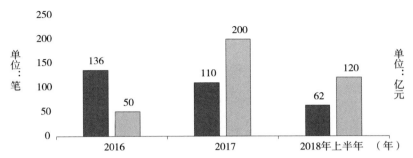

图8-27　2016—2018年上半年中国服务机器人行业融资事件及融资金额对比

数据来源:前瞻产业研究院、中投研究院

在细分应用场景具备拓展海外市场的能力。可利用服务机器人行业高度自由开放、内外资技术合作普遍等特点,帮助中国国产服务机器人厂商,对接海外优质资产,通过并购基金、共同投资等"联合出海"方式,实现"走出去"和"引进来"。

索　引

公司简称	公司全称
ABB	ABB Group
ADI	亚德诺半导体设备公司（Analog Devices, Inc.）
ADVICS	株式会社爱德克斯
Agrium	加拿大加阳公司（Agrium Inc.）
Airgas	Airgas 公司（Airgas Inc）
Altera	阿尔特拉公司
Amazon	亚马逊公司
Autodesk	欧特克有限公司
Cabot	美国卡博特公司
CLOOS	CLOOS Robotic Welding Inc.
Comex	Consorcio Comex,S.A.de C.V
DowAksa	DowAksa 高级复合材料控股有限公司（DowAksa Advanced Composites Holdings BV）
Euclid Labs	意大利埃克里得公司（Euclid Labs）

PPG	PPG 工业公司（PPG Industries，Inc.）
PSA	标致雪铁龙集团
Rewalk	Rewalk Robotics Ltd
Robox	意大利瑞博斯公司（Robox SpA.）
Rockwell Automation	罗克韦尔自动化有限公司
SAP	德国思爱普软件公司（SAP SE）
Sherwin-Williams	美国宣伟公司（The Sherwin-Williams Company）
SKF	斯凯孚集团（Svenska Kullager-Fabriken）
SK 海力士	SK 海力士半导体有限公司
Taleris	美国通用电气公司与埃森哲合资公司
Teradyne	泰瑞达有限公司
TOK	东京应化工业株式会社（Tokyo Ohika Kogyo Co.，LTD.）
TRW	天合汽车集团
UBER	优步科技公司（Uber Technologies，Inc.）
Wind	万得信息技术服务有限公司
Xilinx	赛灵思公司（Xilinx Inc.）
阿克苏诺贝尔	荷兰阿克苏诺贝尔公司
阿里巴巴	阿里巴巴集团（Alibaba Group）
阿帕奇（IPG）	阿帕奇光纤激光技术有限公司
阿托斯（ATOS）	意大利阿托斯公司
埃夫特	埃夫特智能装备股份有限公司
埃森哲	埃森哲管理咨询公司
埃斯顿	南京埃斯顿自动化股份有限公司
艾默生	艾默生电气集团
艾派克集团	艾派克科技股份有限公司
爱普生（EPSON）	精工爱普生公司
爱信精机	日本爱信精机株式会社
安川	日本安川电机株式会社

戴姆勒　　　　　　　　　　戴姆勒股份公司

德尔福　　　　　　　　　　德尔福公司

德勤　　　　　　　　　　　德勤会计师事务所

登奇　　　　　　　　　　　上海登奇机电技术有限公司

滴滴　　　　　　　　　　　北京小桔科技有限公司（滴滴出行）

地平线机器人　　　　　　　地平线机器人科技有限公司

电装　　　　　　　　　　　日本株式会社电装

东邦　　　　　　　　　　　东邦株式会社

东方雨虹　　　　　　　　　北京东方雨虹防水技术股份有限公司

东风　　　　　　　　　　　东风汽车集团有限公司

东丽　　　　　　　　　　　东丽株式会社（TORAY）

东元电机　　　　　　　　　东元电机股份有限公司

东芝　　　　　　　　　　　东芝公司

东芝精机　　　　　　　　　日本东芝机械株式会社

斗山　　　　　　　　　　　韩国斗山集团

杜邦　　　　　　　　　　　杜邦公司

杜尔（Dürr）　　　　　　　**Dürr AG**

杜克普·爱华　　　　　　　德国杜克普爱华股份有限公司（Dürkopp
　　　　　　　　　　　　　　Adler AG）

恩智浦　　　　　　　　　　恩智浦半导体股份有限公司

发那科　　　　　　　　　　日本发那科公司

法国液化空气　　　　　　　法国液化空气集团

法雷奥　　　　　　　　　　法雷奥集团

飞思卡尔　　　　　　　　　飞思卡尔半导体有限公司

飞兆　　　　　　　　　　　飞兆半导体（上海）有限公司

菲亚特集团　　　　　　　　菲亚特汽车集团

费斯托（Festo）　　　　　　Festo 集团

丰田　　　　　　　　　　　丰田汽车公司

佛吉亚　　　　　　　　　　法国佛吉亚集团

福玛特　　　　　　　　　　福玛特（北京）机器人科技股份有限公司

华力	中国华力控股集团有限公司
华泰证券	华泰证券股份有限公司
华为	华为技术有限公司
华星光电	深圳市华星光电技术有限公司
华映	华映科技集团股份有限公司
惠尔明	惠尔明（福建）化学工业股份有限公司
基恩士（Keyence）	Keyence Corporation
吉利汽车	浙江吉利控股集团
加拿大钾肥公司	加拿大钾肥公司（Canada Potash Corporation）
江淮	安徽江淮汽车集团股份有限公司
江铃	江铃汽车股份有限公司
江森自控	江森自控有限公司
捷豹路虎	奇瑞捷豹路虎汽车有限公司
晋华	福建晋华集成电路有限公司
京东方	京东方科技集团股份有限公司
九洲电气	哈尔滨九洲电气股份有限公司
均胜电子	宁波均胜电子股份有限公司
卡博特	美国卡博特公司
开市客（Costco）	Costco Wholesale Corporation
凯傲（Kion）	凯傲集团
凯雷集团	凯雷投资集团
凯密特尔	德国凯密特尔集团 Chemetall GmbH
康力优蓝	北京康力优蓝机器人科技有限公司
康耐视（Cognex）	Cognex Corporation
康朴	德国康朴公司
科尔尼咨询	科尔尼管理咨询公司
科陆电子	深圳市科陆电子科技股份有限公司
科大讯飞	科大讯飞股份有限公司
柯马（COMAU ROBOTICS）	意大利柯马机器人公司

苹果　　　　　　　　　　　苹果公司
普莱克斯　　　　　　　　　美国普莱克斯公司
浦桑尼克　　　　　　　　　深圳市浦桑尼克科技有限公司
奇瑞　　　　　　　　　　　奇瑞汽车股份有限公司
前瞻产业研究院　　　　　　深圳前瞻产业研究院有限公司
青岛海尔　　　　　　　　　青岛海尔股份有限公司
群创　　　　　　　　　　　群创光电股份有限公司
日本大阳日酸　　　　　　　日本大阳日酸株式会社
日产　　　　　　　　　　　日产汽车公司
日立　　　　　　　　　　　株式会社日立制作所
日立化成　　　　　　　　　日立化成株式会社
锐科激光　　　　　　　　　武汉锐科光纤激光技术股份有限公司
瑞浦能源　　　　　　　　　瑞浦能源有限公司
瑞萨　　　　　　　　　　　日本瑞萨电子株式会社
瑞仕格（Swisslog）　　　　瑞仕格有限责任公司
赛迪　　　　　　　　　　　赛迪信息产业（集团）有限公司
三菱　　　　　　　　　　　三菱汽车工业有限公司
三菱电机　　　　　　　　　三菱电机株式会社
三菱丽阳　　　　　　　　　三菱丽阳株式会社
三星　　　　　　　　　　　三星集团
三星电子　　　　　　　　　三星电子有限公司
三洋电机　　　　　　　　　日本三洋电机株式会社
三一重工　　　　　　　　　三一重工股份有限公司（Sany Heavy Indus-
　　　　　　　　　　　　　try）
沙隆达　　　　　　　　　　湖北沙隆达股份有限公司
山崎马扎克　　　　　　　　山崎马扎克公司
商汤科技　　　　　　　　　深圳市商汤科技有限公司
上工申贝　　　　　　　　　上工申贝股份有限公司
上海大众　　　　　　　　　上海大众汽车有限公司
上海新安纳　　　　　　　　上海新安纳电子科技有限公司

蔚来汽车	上海蔚来汽车有限公司
瓮福集团	瓮福(集团)有限责任公司
沃尔沃	沃尔沃集团
武汉新芯	武汉新芯集成电路制造有限公司
西格里公司	西格里科技有限公司
西门子	西门子股份公司
锡柴	无锡柴油发动机厂
夏普	夏普公司
先正达	先正达集团
现代(HYUNDAI)	现代集团
现代一起亚	现代起亚汽车集团
小米	小米科技有限责任公司
小鱼在家	北京小鱼在家科技有限公司
新时达	上海新时达电气股份有限公司
新松机器人	沈阳新松机器人自动化股份有限公司
信捷电气	无锡信捷电气股份有限公司
信越化学工业	信越化学工业株式会社
兴业证券	兴业证券股份有限公司
雪铁龙	雪铁龙汽车
雅马哈(YAMAHA)	雅马哈发动机株式会社
亚马逊	亚马逊公司(Amazon.com,Inc.)
延锋内饰	延锋汽车内饰系统有限公司
延锋饰件	延锋汽车饰件系统有限公司
盐湖股份	青海盐湖工业股份有限公司
一汽集团	中国第一汽车集团有限公司
一汽解放	一汽解放汽车有限公司
伊顿	美国伊顿公司
意法半导体	意法半导体(ST)集团
易观智库	北京易观智库网络科技有限公司
因果树	北京因果树网络科技有限公司

参考文献

德勤:《2017 全球化工行业并购展望》。

国家制造强国建设战略咨询委员会、中国工程院战略咨询中心编著:《智能制造》,电子工业出版社 2016 年版。

海通证券:《庞大出口背后,中国赚多少钱》,2017 年 7 月 12 日。

华泰证券:《近十五年宏观经济周期回顾:经济增长动能切换,人口红利变迁》。

科尔尼咨询:《2017 年全球化工行业并购报告》。

商务部、国家统计局、国家外汇管理局:《中国对外直接投资统计公报》。

制造强国战略研究项目组:《制造强国战略研究·综合卷》,电子工业出版社 2015 年版。

中金公司:《PRIME—中国制造业升级的全盛时代》。

中金公司:《全球竞争重回制造业——〈中国制造 2025〉之国际比较》。

European Commission, "2017 EU Industrial R&D Investment Scoreboard", 见 http://iri.jrc.ec.europa.eu/scoreboard17.html。

Executive Office of the President, President's Council of Advisors on Science and Technology, *Accelerating U.S.Advanced Manufacturing*.

Goldman Sachs, *Back to the Factory of the Future: Six Innovations Gaining*

Traction in 2017, 2017 年 1 月 11 日。

Goldman Sachs, *Factory of the Future*, 2016 年 4 月 13 日。

Goldman Sachs, *Made in the USA...or China.*

Goldman Sachs, *The Next Industrial Revolution: Moving from B-R-I-C-K-S to B-I-T-S.*

Sirkin, Harold L., et al., "The Shifting Economics of Global Manufacturing: How Cost Competitiveness is Changing Worldwide", 2014 年 8 月 19 日, 见 https://www.bcg.com/publications/2014/lean-manufacturing-globalization-shifting-economics-global-manufacturing.aspx。

Industrial Research Institute, 2016 *Global R&D Funding Forecast.*

International Federation of Robotics, *Robot Density Rises Globally.*

Levinson, M., "U.S. Manufacturing in International Perspective", *Congressional Research Service Reports*, (Feb 2013).

McKinsey & Company, *Industry 4.0-How to Navigate Digitization of the Manufacturing Sector.*

McKinsey Global Institute, *A Future that Works: Automation, Employment, and Productivity.*

McKinsey Global Institute, *Making it in America: Revitalizing US Manufacturing.*

McKinsey Global Institute, *Manufacturing the Future: the Next Era of Global Growth and Innovation.*

McKinsey Global Institute, *The China Effect on Global Innovation.*

Morgan Stanley, *Digital Manufacturing at the Tipping Point-a Deep Dive.*

Morgan Stanley, *US Manufacturing Renaissance.*

Morgan Stanley, *The Rise of the Machines.*

Xing Yuqing, Detert Neal, "How the iPhone Widens the United States Trade Deficit with the People's Republic of China", 2010 年 12 月, 见 https://www.adb.org/publications/how-iphone-widens-united-states-trade-deficit-peoples-republic-china。

WIPO, *World Intellectual Property Report 2017.*

后　记

　　中投研究院立足为中投公司战略和内部投资决策提供独立、客观和前瞻性的研究支持,并在此基础上为国家提供金融经济改革方面的政策建议,长远目标是要打造具有一定社会和国际影响力的"智库"和为公司及中国金融体系储备和培养人才的"人才库"。"跨境投资导读"系列丛书即中投研究院响应党的十九大报告提出的"创新对外投资方式"的重大战略部署,对国内企业跨境并购与投资进行的一次系统梳理和总结,希望为国内产业界和投资界在对外投资的目标和方式选择上提供决策参考。

　　本书聚焦制造业,由张栩总执笔,第八章由许真和唐昇儒执笔。

　　特别感谢公司领导在此报告编写过程中给予的大力帮助和指导。感谢众多同事为报告撰写给予的支持。此外,在分行业章节,我们选定通用设备、工控和自动化、化工、汽车等中国最具转型升级潜力的细分子行业作为报告聚焦。感谢广发证券罗立波团队、华鹏伟团队、中信证

券陈俊斌团队以及兴业证券徐留明团队对细分子行业章节的贡献和
撰写。

撰写报告之初,我们对大量制造业企业进行了走访调研,在此就不
一一提及。这些企业家们宝贵的实业经验分享,帮助我们对我国制造
业现状有了更加深入的理解和认识,为本书相关内容提供了重要参考。
这些企业家们在各自领域已取得的成就以及所展现的实业家精神也令
我们感到由衷敬佩,这是中国制造业未来发展的希望之所在。最后,感
谢优秀的实习生们(杨天伊、李大朋、金鹏宇、王乙晴等)对本报告的形
成提供的大量帮助。

责任编辑:关　宏　曹　春

封面设计:汪　莹

图书在版编目(CIP)数据

中国制造业跨境投资导读/中国投资有限责任公司研究院 编写. —北京:
　人民出版社,2020.1
ISBN 978－7－01－020023－1

Ⅰ.①中… Ⅱ.①中… Ⅲ.①企业兼并-跨国兼并-影响-制造工业-
　产业发展-研究-中国 Ⅳ.①F426.4

中国版本图书馆 CIP 数据核字(2018)第 249382 号

中国制造业跨境投资导读

ZHONGGUO ZHIZAOYE KUAJING TOUZI DAODU

中国投资有限责任公司研究院　编写

人民出版社 出版发行
(100706　北京市东城区隆福寺街 99 号)

北京盛通印刷股份有限公司印刷　新华书店经销

2020 年 1 月第 1 版　2020 年 1 月北京第 1 次印刷
开本:710 毫米×1000 毫米 1/16　印张:20.75
字数:251 千字

ISBN 978－7－01－020023－1　定价:78.00 元

邮购地址 100706　北京市东城区隆福寺街 99 号
人民东方图书销售中心　电话 (010)65250042　65289539